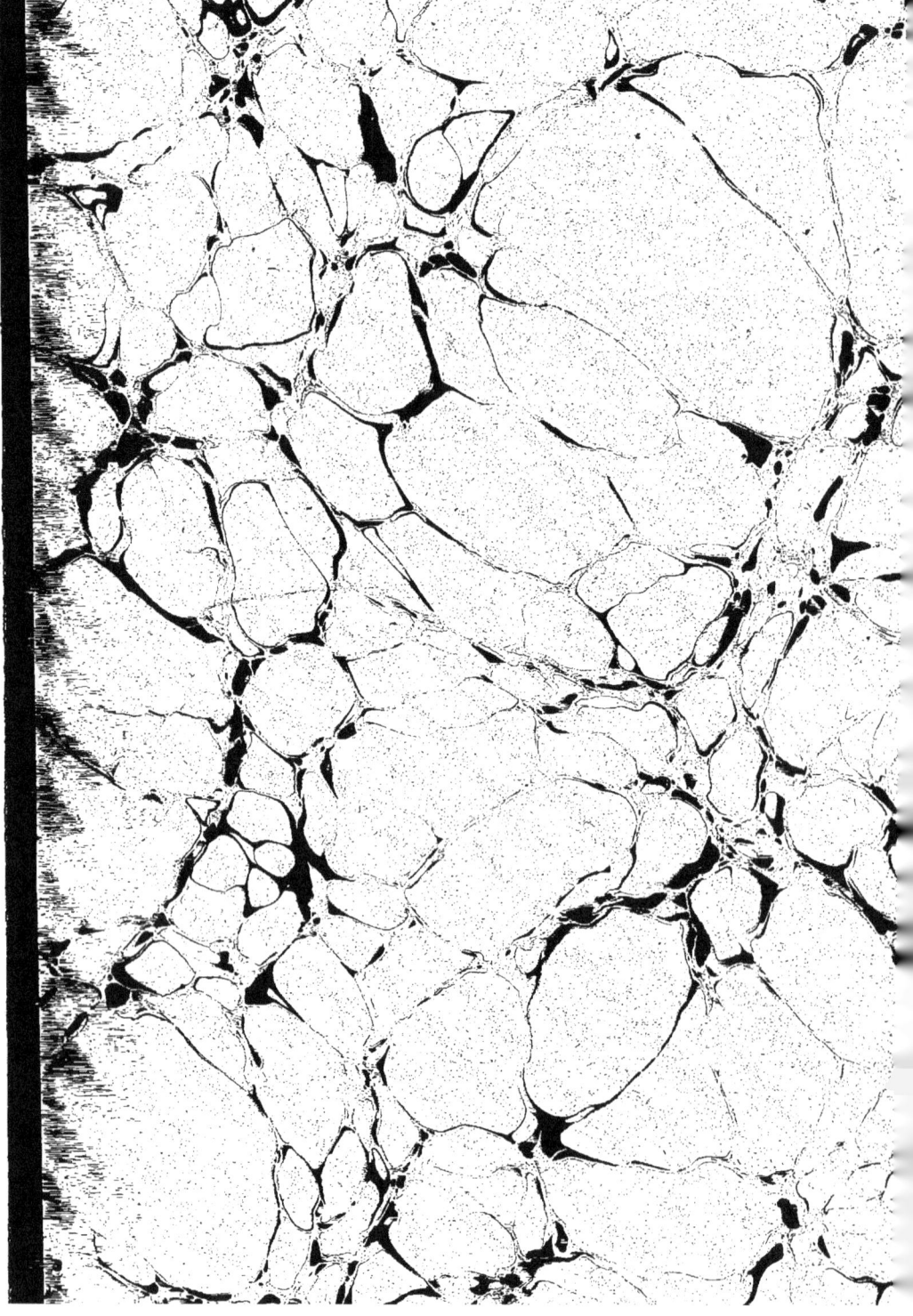

VICAIRE APOSTOLIQUE DU GABON, ANCIEN MISSIONNAIRE AU ZANGUEBAR

Au Kilima-Ndjaro

AFRIQUE ORIENTALE

Illustré
de 89 Gravures.

Avec
4 Cartes.

PARIS

AU KILIMA-NDJARO

(AFRIQUE ORIENTALE)

AU KILIMA-NDJARO

(AFRIQUE ORIENTALE)

PAR

MGR A. LE ROY

DE LA CONGRÉGATION DU SAINT-ESPRIT ET DU SAINT-CŒUR DE MARIE
VICAIRE APOSTOLIQUE DU GABON
ANCIEN MISSIONNAIRE AU ZANGUEBAR

Illustré de 6 cartes et de 89 gravures dessinées par l'Auteur.

PARIS
L. DE SOYE ET FILS, IMPRIMEURS
18, RUE DES FOSSÉS-SAINT-JACQUES, 18

A

MONSEIGNEUR RAOUL DE COURMONT

ÉVÊQUE TITULAIRE DE DODONA
VICAIRE APOSTOLIQUE DU ZANGUEBAR

Monseigneur,

Pendant dix ans, la Providence de Dieu m'a fait goûter à votre suite la vérité cachée des paroles antiques : *Beati pedes evangelisantium pacem!*

Aujourd'hui, par la décision la plus imprévue et la plus douloureusement acceptée, Elle m'enlève à cette partie de l'Afrique où j'ai semé tant de pas et où je comptais un jour coucher mon pauvre corps, à côté de ceux que j'y ai vus tomber, si nombreux déjà et si aimés...

Recevez du moins ces pages, Monseigneur, à titre de souvenir, de reconnaissance et d'affection. Nous nous retrouverons au bout de l'étape. Adieu!...

† Alexandre LE ROY,
Évêque titulaire d'Alinda, Vicaire apostolique du Gabon,
ancien missionnaire apostolique au Zanguebar.

A

MONSEIGNEUR ALEXANDRE LE ROY

ÉVÊQUE TITULAIRE D'ALINDA

VICAIRE APOSTOLIQUE DU GABON

—··∞··—

Monseigneur,

Je suis très touché de la délicate attention que vous avez eue de me dédier ces ravissantes pages sur notre voyage au Kilima-Ndjaro. En les lisant, j'ai vraiment refait ma route à travers ces belles contrées, avec ses multiples incidents et ses émotions diverses, tant votre récit et les dessins dont vous l'avez illustré ont fidèlement remis sous mes yeux chacun de nos pas.

Mon rêve, alors que vous étiez mon confident et mon soutien, était de penser que vous seriez mon bâton de vieillesse et un jour mon successeur, dans ma chère mission. La divine Providence vous réservait un autre champ de labeur; et si j'ai dû, comme vous, Monseigneur, m'incliner devant sa volonté, la séparation n'a pas été pour moi moins douloureuse.

Ma consolation est de penser que vous serez désormais l'ardent apôtre et le brillant écrivain de la côte occidentale, au Gabon, comme vous l'avez été de la côte orientale, au Zanguebar. Si je n'ai plus, hélas! la joie de vous posséder près de moi, mon cœur, du moins, sera toujours avec vous, compatissant à vos peines, heureux de vos succès.

Veuillez être assuré, Monseigneur, de mon plus affectueux dévouement en Notre-Seigneur.

† Raoul de Courmont,
Évêque de Bodona, Vicaire apostolique du Zanguebar.

AVANT-PROPOS

Les pages suivantes contiennent la relation d'un voyage au Kilima-Ndjaro (Afrique orientale), voyage entrepris dans le but d'étudier des pays inconnus et d'y fonder des centres nouveaux d'évangélisation.

Écrites au milieu des travaux d'une fondation nouvelle à Mombassa, d'un voyage sur mer de Zanzibar à Marseille et de préoccupations imprévues survenues en France, elles ont pris un développement que l'auteur ne soupçonnait pas; mais on m'a dit de les laisser telles, et les voilà.

On peut au reste en faire deux parts : la première conduira le lecteur de Zanzibar au Kilima-Ndjaro, la seconde le ramènera du Kilima-Ndjaro à Zanzibar.

Puissent-elles, du moins, l'intéresser un peu, l'édifier quelquefois, l'ennuyer rarement, en inspirant aux amis des missionnaires une prière de plus, un sacrifice, un dévouement à la cause sacrée de l'apostolat lointain!

Car la moisson est immense, le travail pressant, les ressources misérables et les ouvriers rares...

A. L. R.

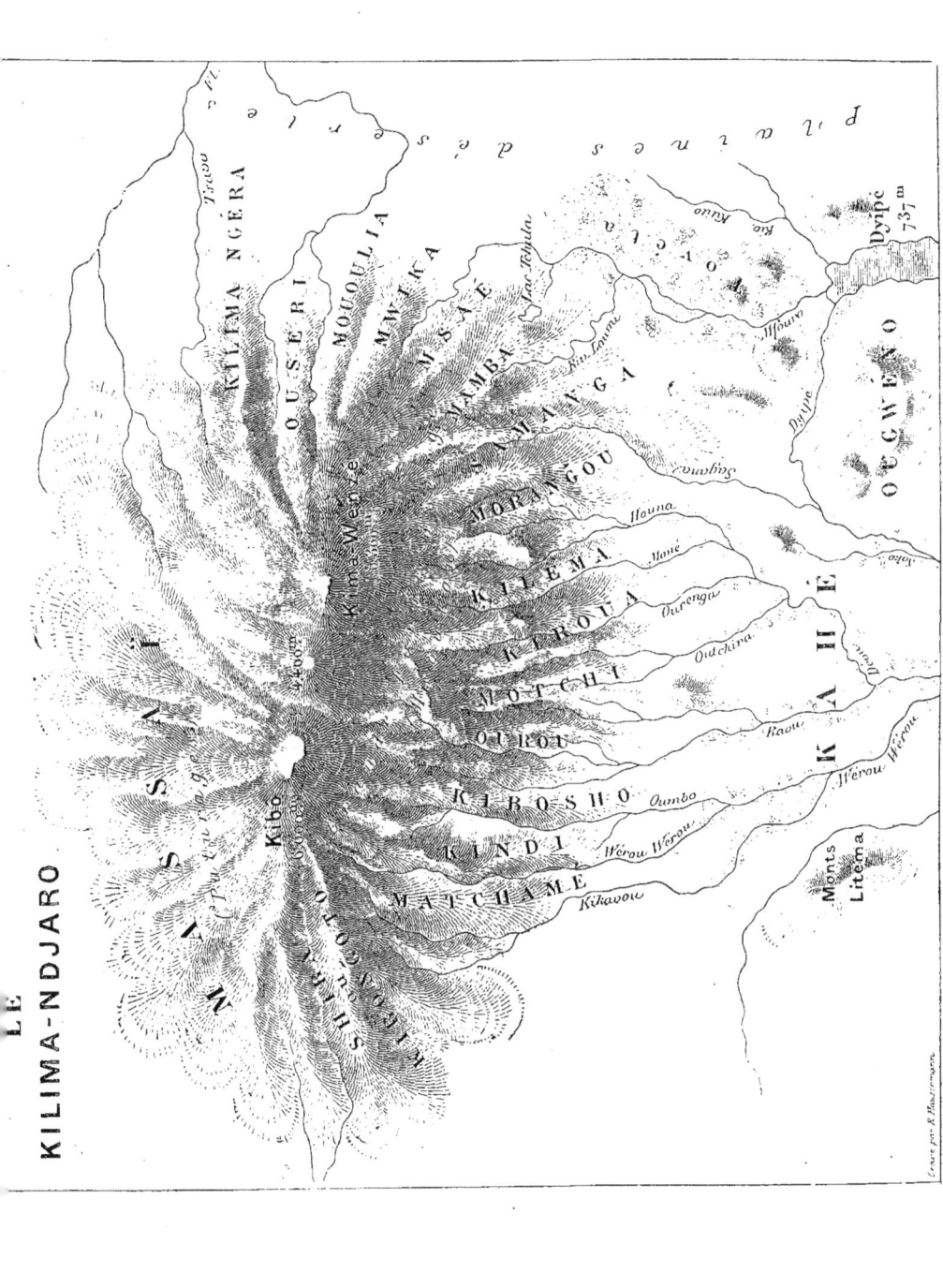

PREMIÈRE PARTIE

AU KILIMA-NDJARO

I

LE KILIMA-NDJARO

Etymologie. — Découverte. — Exploration. — Son intérêt scientifique, politique et religieux. — En route !

Les Arabes et les Swahilis de la Côte orientale d'Afrique, suivis par les voyageurs et les géographes d'Europe, désignent sous le nom de *Kilima-Ndjaro* un massif isolé, d'origine volcanique, situé un peu au-dessous du 3° de latitude sud et à environ 280 kilomètres de la Côte, en ligne droite.

Longtemps on s'est demandé et l'on se demande encore la signification de ces deux mots, ou plutôt du dernier de ces mots, car le premier, *Kilima*, veut dire clairement « montagne », en Swahili et en plusieurs des langues de l'Intérieur; mais l'autre, *Ndaro* ou *Ndjaro*, ne paraissait connu de personne. Afin cependant de ne point rester à court — et, pour un mot, c'eût été dommage — les voyageurs officiels lui ont trouvé tout de suite un sens.

Voici d'abord la version de M. Joseph Thomson, qui a passé là en 1883 :

Le nom de Kilima-Ndjaro signifie, dit-on généralement, « Montagne de la grandeur »; il me semble que ce serait plutôt « Montagne blanche », le terme *Ndjaro* ayant été jadis employé pour indiquer la blancheur. Cette acception a vieilli sur la Côte; mais on la retrouve encore chez quelques tribus de l'Intérieur [1].

De fait, sur la Côte, cette expression a tellement vieilli que nul, parmi les barbes les plus vénérables, ne se la rappelle plus; et quant aux tribus lointaines qui la connaîtraient encore, en bonne franchise, M. J. Thomson serait bien embarrassé de les indiquer.

M. H.-H. Johnston dit à son tour, en 1886 :

Ce mot vient de *Kilima*, « montagne », et *Njaro*, nom d'un démon qu'on suppose être la cause du froid [2].

C'est ce qu'on appelle, sauf révérence, faire de l'étymologie par auto-suggestion.

En réalité, l'expression *Kilima-Ndjaro* est parfaitement inconnue aux indigènes dits *Wa-tchaga* ou *Tchagas* [3], qui habitent le massif. Chez eux, la montagne n'a pas de nom général qui en désigne l'ensemble. Chaque zone habitée porte un nom particulier; la grande forêt circulaire s'appelle *Msoutou* « bois sombre »; le sommet le plus élevé porte le nom de *Kibô* « le Blanc », et l'autre celui de *Kima-Wenzé* « le Mont camarade (?). » De leur côté les *Massaïs* disent : « *Ol Doinyo oibor*, le Mont-Blanc. »

Quant à ce fameux *Ndjaro*, que Thomson prend pour une chose blanche et Johnston pour un démon, nous nous proposions de faire là-haut une enquête sérieuse à son sujet, lorsque, à *Tovéta*, nous promenant un jour avec des enfants du pays, l'un d'eux nous demanda si nous devions rester longtemps au *Kilima-Ngaro*...

— « Comment dis-tu : *Kilima-Ngaro?*
— « Oui.

[1] Joseph Thomson : *Au pays des Massaïs* (trad. franç.). Hachette.
[2] H.-H. Johnston, *The Kilima-Ndjaro Expedition*. Kegan Paul London.
[3] En réalité *M-tchaga*, *Wa-tchaga* signifie « Un *Tchaga*, des *Tchagas* ».

— « Mais qu'est-ce que cela *Ngaro?*

— « *Ngaro, Ngaré,* dans le langage des Massaïs et même dans le nôtre, c'est de l'eau. Et on appelle cette grande montagne, là-bas, la « Montagne de l'eau », parce que c'est de là que sortent toutes les rivières d'ici et de partout. »

Nous avons conclu de là que la signification vraie était trouvée. A Tovéta, placé pour ainsi dire au pied de la célèbre montagne, les trafiquants de la Côte auront entendu *Kilima-Ngaro* et répété, avec une légère altération, *Kilima-Ndaro* à *Mombassa* et *Kilima-Ndjaro* à *Pangani.* De leur côté, les Anglais écrivent *Njaro,* donnant à *j* la valeur de *dj* ; et les Allemands, pour ne point s'exposer à prononcer *Nyaro,* sont obligés d'orthographier *Ndscharo.*

A notre avis, ceux des géographes français qui voudront conserver la vraie prononciation de la Côte, feront bien de ne pas les suivre.

*
* *

Les Portugais, établis à Mombassa dès 1507, paraissent avoir soupçonné l'existence de ce massif, et H.-H. Johnston cite un navigateur de cette époque, Enciso, qui écrit :

> A l'ouest du port de Mombassa, se trouve le mont Olympe de l'Ethiopie, qui est très haut, et au delà s'élèvent les monts de la Lune où sont les sources du Nil. Dans toute cette contrée, il y a quantité d'or et d'animaux féroces. La population mange des sauterelles.

Il y a beaucoup de vrai dans ce petit texte d'un vieux marin. Jusqu'à présent sans doute personne encore n'a vu sortir de ces pays « quantité d'or » ; mais par ailleurs, si le Kilima-Ndjaro est l'Olympe, il est exact que dans la même direction occidentale, au loin, s'élèvent ces grandes montagnes d'où sort le Nil et que Stanley a retrouvées.

Partout là, les animaux féroces ne manquent point, et quant aux sauterelles, les missionnaires récemment établis au Kilima-Ndjaro ont la preuve qu'il y en a, par ce fait qu'elles ont dévoré tout leur blé.

Mais le mérite d'avoir en ce siècle retrouvé l'Olympe africain revient à Rebmann, missionnaire allemand engagé dans la *Church Missionary Society*, de Londres, dont un de ses compatriotes, le Rév. Dr Krapf, avait établi une station dans les environs de Mombassa. En 1847-1848, Rebmann s'étant mis en chemin vers l'Intérieur, avec seulement huit hommes et un parapluie, se trouva peu à peu amené vers les montagnes de *Taita*, puis, au delà d'un désert, il aperçut, le 11 mai, le superbe dôme de Kibô, couvert de neiges et resplendissant au grand soleil de l'Équateur comme une masse d'argent.

Mais sa découverte, communiquée de suite à l'Europe savante, arriva près de celle-ci fort mal à propos. Le Président de la Royale Société de Géographie de Londres, M. Desborough Cooley, venait précisément d'inventer un système fort remarquable, destiné à combler les lacunes de la carte africaine. Or ces arrangements ne comportaient malheureusement pas de montagnes, et surtout de montagnes couvertes de neige, à l'endroit où ce pauvre Rebmann en avait aperçu et gravi. M. Cooley prouva fort bien que le missionnaire avait eu une vision apocalyptique, très intéressante assurément au point de vue médical, mais dont la mention serait déplacée en un Manuel de géographie. Le Dr Krapf, qui voulut venir à la rescousse de son ami en allant aussi voir la montagne, fut traité de même; et les missionnaires confondus n'osèrent plus affirmer l'existence du Kilima-Ndjaro.

Ce ne fut que dix ans plus tard, en 1861, qu'un voyageur allemand, le baron von der Decken, tué depuis par les Somalis à *Bardéra*, sur le *Djouba*, eut l'idée d'aller chercher à son tour. Il vit la montagne, que les anathèmes de la science n'avaient point encore écrasée ; il y retourna l'année suivante, il en fit l'ascension jusqu'à 3500 mètres. Avec son compagnon de voyage Kersten, il opéra la triangulation du pays et en dressa une carte où les voyageurs qui ont suivi ont trouvé plus à prendre qu'à reprendre.

Enfin, dernièrement, un autre voyageur allemand, le Dr Hans Meyer, et un alpiniste autrichien, M. Putscheller, ont pu, munis de tout l'attirail nécessaire, faire l'ascension du dôme le plus élevé, le Kibô, auquel ils donnent une altitude de 6000 mètres ; le Kima-Wenzé en aurait 5300 ; et le plateau qui les relie 4400.

Comme bien on le pense, aussitôt que cet étonnant massif eut été connu comme existant ailleurs que dans l'imagination des missionnaires, il excita dans le monde savant le plus haut intérêt, et les mêmes Sociétés de Londres qui avaient nié son existence voulurent faire oublier cette fausse manœuvre en envoyant un voyageur distingué, M. H.-H. Johnston, l'étudier sur place. Par malheur, M. Cooley n'était plus ; il eût été plaisant de lui confier cette mission.

Dans la relation remarquable de son expédition, ouvrage qui n'a pas été traduit en français, Johnston en indique ainsi la partie scientifique :

Quoique, dit-il, le massif du Kilima-Ndjaro s'élève un peu brusquement d'une plaine franchement unie, il est difficile de l'appeler isolé ; en fait, il serait plus juste de dire qu'une suite presque ininterrompue de chaines continues et de pics indépendants le relient avec l'Abyssinie au nord, Natal au sud, et peut-être même le Caméroun à l'ouest. A en juger par la flore qui recouvre ses régions supérieures, il peut être regardé comme un terrain commun où se rencontrent nombre de formes caractéristiques de ces trois districts montagneux pourtant si éloignés l'un de l'autre.

Dans la grande élévation du Kilima-Ndjaro et dans le fait que ce massif neigeux se trouve dans la zone équatoriale, — offrant

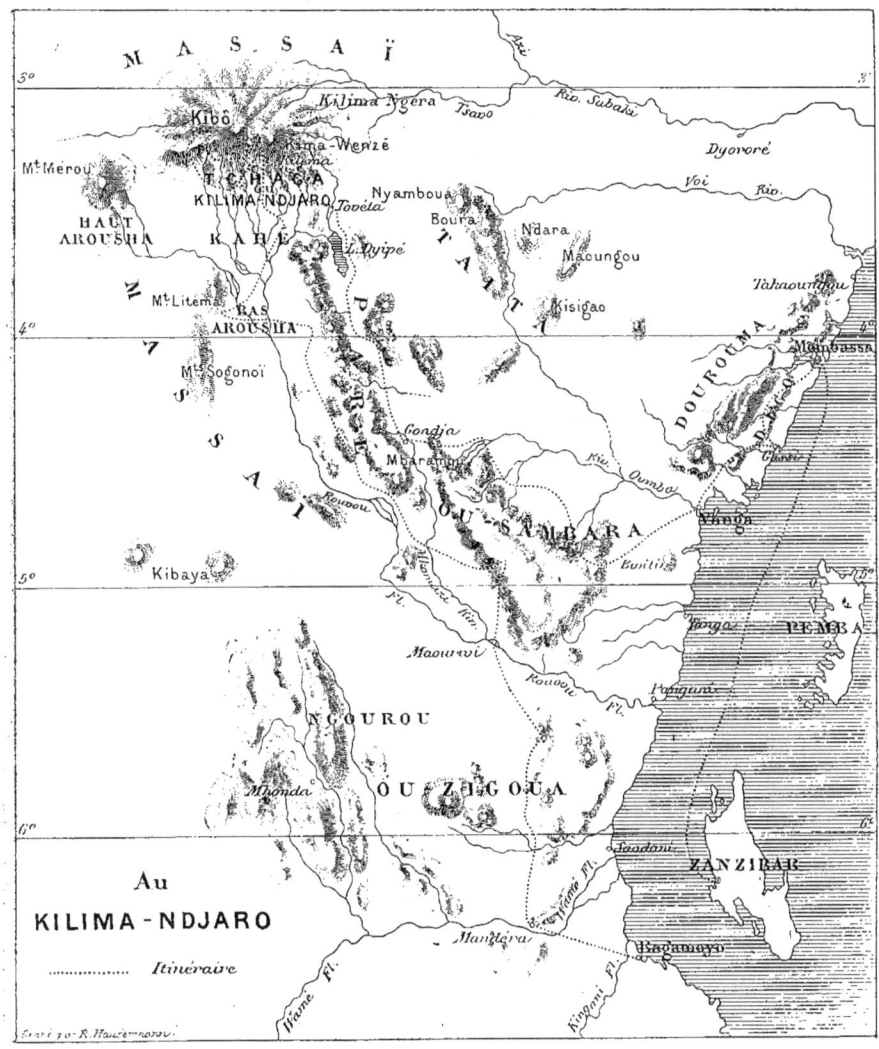

ainsi une extraordinaire succession de climats sur ses larges pentes, — on a vu des causes suffisantes pour avoir donné naissance ou développement à beaucoup de traits curieux dans sa faune et sa flore. Des conditions pareilles n'avaient été rencontrées que dans l'Amérique centrale et méridionale, nulle autre montagne des tropiques ne s'élevant jusqu'à la ligne des neiges perpétuelles. Du reste, les grandes chaines des régions peu connues sont toujours intéressantes pour les naturalistes. Les hautes montagnes isolées sont souvent comme des îles en plein Océan : elles servent de refuge et de retraite dernière à des types primitifs ou à des formes particulières qui, dans des espaces plus étendus et plus habités, se heurtent à une rivalité trop ardente et succombent dans la lutte pour la vie. Ou bien encore, quelque genre ou espèce, appartenant originairement à un type largement répandu, devient, par suite de circonstances diverses, l'habitant isolé d'une chaîne alpine ou d'une île solitaire : là, il est abrité et protégé dans son développement propre contre les obstacles naturels que lui aurait opposés l'évolution simultanée de ses semblables, et, comme il est en effet arrivé, il peut dans ces conditions, en l'absence de concurrence vitale, acquérir une exubérance de formes singulières.

Un autre fait intéressant dans la faune et la flore des hautes montagnes est que souvent elles gardent les vestiges d'une nature plus ancienne, depuis longtemps supplantée dans les terres inférieures par des espèces nouvelles. C'est ainsi que le *Kini-Bolou*, la plus haute montagne de Bornéo, garde sur ses flancs les plus élevés une flore australienne qui, dans la plaine, a depuis longtemps été remplacée par la végétation de l'Inde. Sur les Alpes on retrouve les papillons de l'Europe arctique. Les montagnes d'Abyssinie nous montrent des genres et des espèces d'animaux et de plantes appartenant aux contrées tempérées du Nord et du Sud, depuis l'Europe jusqu'au cap de Bonne-Espérance. La question des relations de la faune et de la flore du Kilima-Ndjaro avec celles des autres régions se trouvait donc être d'un grand intérêt et capable, une fois décidée, de résoudre plusieurs curieux problèmes relatifs à la distribution géographique des formes vivantes [1].

[1] H.-H. Johnston, ouvrage cité.

*
* *

Intéressant pour la science, le Kilima-Ndjaro l'a paru davantage encore pour la politique. Aussitôt qu'a été ouverte la question du partage de l'Est-Africain, on y a couru comme à un mât de cocagne : c'était à qui décrocherait la montagne à glace! Alors ceux qui assistaient, à titre de spectateurs, aux évolutions des pays et des peuples de ce coin de terre ont pu voir se succéder des scènes curieuses. Pendant trois ou quatre ans, des envoyés du Sultan de Zanzibar, de l'Allemagne, de l'Angleterre, s'en allaient au Kilima-Ndjaro, dirigeant des caravanes chargées de cadeaux, emmenant des interprètes dont la bouche était pleine de bonnes paroles. Là-haut, chacun des vingt petits chefs indépendants se disait, pour la circonstance, le maître absolu des autres, recevait l'ambassade, tirait sur les présents, promettait son indestructible amitié : à l'arrivée du concurrent, le mois d'après, il en était quitte pour changer le pavillon. C'était le bon temps!

Cependant, il faut une fin à tout, même aux successions ouvertes. Par le traité de Londres, une ligne qu'on a depuis tracée sur toutes les cartes, de *Vanga* à la baie du *Kavirondo* (*Victoria-Nyanza*), laissait expressément à l'Allemagne le massif du Kilima-Ndjaro. Mais où commence-t-il, ce massif; où finit-il? Déjà deux délégués, un Anglais et un Allemand, ont essayé de résoudre la question sans y parvenir, l'un voyant la plaine s'élever très haut dans la montagne, et l'autre affirmant au contraire que la montagne s'étend très loin dans la plaine. On avait toujours dit que la vue humaine varie suivant les individus : ceci en est une preuve intéressante. Finalement deux nouveaux commissaires, le docteur K. Peters, pour l'Allemagne, et le lieutenant C.-A. Smith, pour l'Angleterre, ont été nommés et sont à l'œuvre en ce moment.

⁂

D'un autre côté, le Kilima-Ndjaro n'était pas non plus perdu de vue par la propagande religieuse.

A la suite du voyage de M. H.-H. Johnston, la Société de l'Église anglicane (*Church Missionary So*) y envoyait de Mombassa l'un de ses membres prendre position (1885).

De son côté, Mgr R. de Courmont, vicaire apostolique de Zanzibar, désirait vivement aller sur ce calvaire planter la Croix que le Rédempteur a léguée au monde et dresser l'autel du sacrifice que l'Église catholique a fidèlement gardé. Mais chaque année, des empêchements nouveaux surgissaient et bientôt le Kilima-Ndjaro, là-bas, à notre horizon, nous parut réaliser assez bien la légende arabe qui courait sur son compte : « Une montagne enchantée, qui change de place, qu'on cherche à atteindre et où l'on n'arrive jamais! »

⁂

Cette fois pourtant, il paraît bien que nous y arriverons. De Bagamoyo, sur la côte, on nous a envoyé à Zanzibar (*fig.* 1) trente-cinq porteurs choisis parmi les meilleurs va-nu-pieds de l'endroit. Nous avions pris soin de les loger immédiatement à la mission, comme dans les pays à parlements on enferme de bons électeurs qu'on garde à vue et qu'on ne fait sortir, en charrette, que juste au moment propice. Mais, malgré tout, dix ont été débauchés par une Compagnie belge qui nous les prend pour les envoyer au Congo, et sept par une Société anglaise qui les enrôle pour le Kavirondo. En avant quand même! Il faut bien que tout le monde vive.

Nos charges sont prêtes. Nous prenons passage sur un vapeur anglais qui nous mène à Mombassa, et nous débarquons là, dans l'espérance d'y compléter notre personnel en recrutant les porteurs nécessaires.

Que l'ange du Kilima-Ndjaro nous soit en aide et nous guide jusqu'à lui!

Fig. 1. — Zanzibar. — Vue prise sur les terrasses, d'après une photographie de Mgr Le Roy.

II

A MOMBASSA

Arrivée à Mombassa. — En contravention avec les lois. — Nouvelles recrues. — Sauvons-nous! — Notre itinéraire.

Depuis que Mombassa (*fig.* 2) est devenu comme la capitale du Zanguebar anglais, le séjour de l'Administrateur général de l'Impériale Compagnie de l'Est-Africain et le point de départ du futur chemin de fer qui, reliant l'Océan Indien au Victoria-Nyanza, doit ouvrir sur la haute Egypte une porte de service, cette antique et modeste ville a repris quelque activité. En face de la grosse et sombre forteresse portugaise, souvenir d'un passé lointain, de petites constructions nouvelles, semées sous les verts cocotiers d'*English Point*, annoncent en leur style que l'Européen est revenu.

Nous ne tardons pas au reste à l'apprendre d'une façon plus authentique encore et plus directe. Pour ne point encombrer la ville de nos charges et de nos porteurs, et n'ayant d'ailleurs ni l'intention, ni le loisir, ni la possibilité de trouver une maison, nous nous sommes dirigés droit au-delà des faubourgs, en une place déserte de la banlieue et sous de grands marronniers qui étalent là-haut leurs ramures protectrices. Nous campons.

*
* *

Mais à peine les feux ont-ils commencé à lécher le fond des marmites que, dans l'ombre du soir, nous voyons accourir un soldat soudanais, membre de la police de l'*Imperial British East Africa Company* (*I. B. E. A. Co*) et porteur d'une lettre de M. l'Administrateur général. Nous prendrait-on pour une bande de forbans, et faudra-t-il aller coucher au poste?

A la lumière des feux, je m'accroupis modestement, et je lis. C'est à seule fin de nous faire savoir que notre caravane a des fusils à piston, des fusils de chasse, des carabines de guerre perfectionnées, des revolvers, et que si, par malheur, nous introduisons ces inventions dangereuses dans les ténèbres de l'Afrique, sans les faire revêtir au préalable d'une marque spéciale dont la Compagnie a le secret et le profit, nous ne saurions échapper à une amende dont le chiffre a de quoi terrifier des explorateurs plus riches que nous.

Le lendemain, je me rends chez M. le Secrétaire général de la British Co, auteur de ce charitable avis, je lui affirme en mon âme et conscience que nous ne voulons ni introduire subrepticement une contrebande de guerre, ni faire la chasse aux esclaves, ni nous soustraire à aucune des justes lois de la Civilisation. Finalement, les fusils sont marqués de l'estampille sacramentelle qui les rend désormais inoffensifs : une pièce en fait foi. Mais, pendant que l'opération s'achève, je ne puis tout de même m'empêcher de remarquer, à part moi, que nous avons l'honneur de porter le numéro un et d'étrenner les poinçons, quoique, avant nous, nombre

Fig. 2. — Assises madréporiques de l'îlot de Mombassa, d'après une photographie de Mgr Le Roy.

de fusils aient pénétré dans l'intérieur et en vue peut-être de projets moins pacifiques que les nôtres.

Dans la journée, visite de Mgr de Courmont à Sir Francis de Winton, qui le reçoit fort bien. Il nous invite à dîner, et pendant qu'il lui est loisible de constater que nous ne sommes animés d'aucune intention perverse, nous concluons de notre côté que nombre de gens sont moins terribles à leur table qu'à leur bureau.

*
* *

Le lendemain, dimanche, Monseigneur célèbre la messe dans une maison neuve pour laquelle on était venu demander une bénédiction. Elle est mise à notre disposition par MM. A. et D. Pereira, originaires de Goa, et une trentaine de personnes, — toute la colonie catholique, — viennent y assister.

Reste maintenant, pour réparer les pertes de Zanzibar, à nous procurer des porteurs. Nous avions compté sur les deux cents esclaves capturés depuis deux ans par les navires anglais, libérés et établis à Mombassa. Hélas! il ne reste plus que leurs cases et leurs femmes, les unes aussi délabrées que les autres. Eux-mêmes ont déjà été engagés par la Compagnie pour de grandes expéditions dans l'intérieur, et nous n'avons plus à choisir que parmi la tourbe innommable des esclaves marrons, voleurs, menteurs, ivrognes, déserteurs, vagabonds, fainéants, malandrins, écumeurs de caravanes, dont la profession est de s'engager chez les voyageurs européens, les nouveaux-venus, pour recevoir des avances et filer. Des racoleurs envoyés dans les faubourgs ramènent ce qu'ils ont trouvé de mieux. Je les fais mettre en rang et m'adresse à la plus honnête de leurs figures, un profil nettement taillé, mais dont la construction, tout de même, n'avait pas dû exiger grands frais :

« — Ton nom?

« — Haroun-al-Raschid.

« — Superbe! mais tu m'as l'air d'avoir bu un coup de trop?...

« — Oh! pas possible! Il n'y a pas une heure que je suis sorti de prison! »

Il faut dire que, pour un musulman, coupable seulement d'avoir manqué de délicatesse à un Européen, par exemple chipé une montre, vidé quelques bouteilles ou égaré un porte-monnaie, la prison n'a rien d'infamant, au contraire.

C'est pourtant parmi cette truandaille qu'il faut faire un choix. Le choix se fait, une petite avance — impossible d'agir autrement — est donnée à chacun, et l'heure du départ est fixée : 14 juillet, 2 heures de l'après-midi.

L'heure arrive, cinq porteurs ont disparu!

*
* *

Malgré tout, il faut sortir de là. A ne considérer que la tête des manguiers qui nous ombragent, notre campement est magnifique. Mais pour peu qu'on abaisse ses sens vers la terre, on est forcé de convenir qu'il se dégage de cette retraite champêtre une si riche odeur de charognes et de vidanges qu'elle lui enlève considérablement de ses charmes. D'ailleurs, plus nous resterons dans cette banlieue, plus elle nous fera du tort; les faubourgs n'ont jamais rien valu.

La caravane se met donc en marche. Orientés vers le sud, nous longeons sans enthousiasme les étroits sentiers de l'îlot mombassien qui se déroulent à travers de maigres sillons de patates[1], des carrés de pois[2], des plants de manioc[3]. Sur le sable brûlant, de gros bousiers noirs roulent avec leur infatigable ardeur la boule qui fait leur fortune. Point d'ombre, excepté çà et là près des épaisses broussailles où s'épanouit le jasmin sauvage[4], que recouvre de ses fleurs blanches la liane à caoutchouc[5], et d'où s'élance le panache flottant du cocotier ou la tête majestueuse des manguiers.

Au gué de *Likoni* les embarcations sont prêtes, et, en moins d'une heure, nous voilà tous sur le continent.

***

Mais au préalable il a fallu se fixer sur la route à suivre. Le but est le Kilima-Ndjaro. De Mombassa, le chemin le plus court, celui qu'on prend communément, est celui de *Taita*. Mais en cette saison on n'y trouve presque pas d'eau; de plus, le pays est connu, et, sauf en un point peut-être, il présente peu d'intérêt à l'action apostolique. Au sud, nous avons le *Digo* qui est à explorer. En le longeant, nous pouvons aboutir à *Vanga* et de là nous diriger sur le *Sambara*, *Paré*, le lac *Dyipé*, *Tovéta*. Ce trajet est le double de l'autre; mais en le faisant, nous aurons de l'eau et des vivres pour la caravane, et nous pourrons voir ce que sont ces divers pays où tôt ou tard il faudra bien établir des missions.

[1] *Ipomœa batatas*, L.
[2] *Phaseolus vulgaris*, L.; *Ph.-Mungo*, L.; *Vigna Sinensis*, Endl.
[3] *Manihot Aipi*, Pohl.
[4] *Jasminum trifoliatum*. Pers.
[5] *Landolphia florida*, L.; *L. Kirkii*; *L. Petersiana*, Dyer.

III

EN PANNE

Premiers embarras. — Likoni et les environs de Mombassa. — La caravane ; son personnel, son matériel.

Aussitôt débarqués, nous établissons notre camp sous les arbres, à proximité d'un puits antique et en face de la mer bleue (*fig.* 3).

Nous devions perdre là trois jours, presque quatre, occupés comme l'atteste ce relevé du Journal :

« 14 *juillet*. — Installation du camp à Likoni. A la recherche des porteurs qui ont déserté ou de leurs remplaçants : rien trouvé.

« 15. — Nous cherchons toujours des porteurs, et nous ne trouvons même pas de vivres pour ceux que nous avons : il faut aller en ville acheter du riz. Rien ici.

« 16. — Pluie toute la journée, une pluie fine et triste. Pour dîner, une pauvre tourterelle; pour souper, une langouste. Dans la soirée, trouvé cinq hommes : nous partirons demain.

« 17. — La nuit, six porteurs ont disparu... »

Ainsi se passe notre temps.

Cette partie de la côte, comme l'îlot de Mombassa et

comme presque tout le littoral de l'Est Africain, repose sur une couche de madrépores que depuis des siècles attaquent la lame et la brise, qu'elles découpent en aiguilles acérées, qu'elles creusent en grottes profondes.

La terre végétale est ici moins épaisse que dans le sud, vers Bagamoyo. On en tire parti néanmoins : les cocotiers y viennent bien, entourant l'ilot de Mombassa d'une demi-couronne de verdure tropicale, les manguiers [1] y sont également prospères, la pomme-cannelle [2], se voit par endroits ainsi que l'oranger [3], le citronnier [4], le jaquier [5], le faux-acajou [6] y est utilisé pour son bois, sa pomme et sa noix, et là où cessent les arbres cultivés, dans la plaine maigre et rocailleuse, ils sont remplacés par le palmier doum [7]. Çà et là quelques cases de forme rectangulaire sont dispersées sous la verdure, et le peuple qui les habite, — un mélange de Swahilis, de Digos et d'esclaves de toute provenance, le tout plus ou moins musulmanisé, — semble peu se préoccuper des graves questions qui s'agitent en tant d'autres coins de notre monde sublunaire. Les enfants promènent quelques vaches dans les terrains vagues, près de la mer; les femmes cultivent, en dehors de la bordure des cocotiers, de petits champs de manioc, de patates, de haricots, de pistaches [8], de maïs, de sorgho, etc.; les hommes s'occupent surtout des vins de palme. On sait que ce « vin », fourni par toutes les espèces de palmiers, est simplement la sève de l'arbre : on l'obtient dans le coco-

---

[1] *Mangifera indica*, L.
[2] *Anona squamosa*, L.
[3] *Citrus aurantium*, L.
[4] *Citrus limonum*, Risso.
[5] *Artocarpus integrifolia*, L.
[6] *Anacardium occidentale*, L.
[7] *Hyphœne Thebaica*, Mart.
[8] *Arachys hypogœa*, L.

Fig. 3. — Entrée de la baie de Likoni (Mombassa), d'après un dessin de Mgr Le Roy.

tier en coupant la base du régime qui devait fournir les fleurs et les fruits et en y adaptant un récipient : pour le doum, qui est moins précieux, on taille les branches en n'y laissant qu'une feuille ou deux et en l'abandonnant par la suite à son sort : quelques-uns meurent

Fig. 4. — Extraction du vin de palme sur le palmier doum.

du coup, d'autres végètent (*fig. 4*). La cueillette se fait trois fois en vingt-quatre heures, donnant chaque fois environ un verre de liquide. Frais, celui-ci est blanchâtre, sucré et légèrement écœurant; après une fermentation d'un jour, il devient piquant et enivrant; un séjour prolongé à l'air libre en fait un excellent vinaigre.

La pêche occupe aussi quelques indigènes. Les uns vont en haute mer pêcher à la ligne; d'autres ont le panier de pêche ou le filet; d'autres enfin, dans la baie, profitent du flux et reflux pour installer des barrages en fines gaulettes où le poisson s'introduit à marée montante. Quand l'eau descend, lui, reste : il n'y a plus qu'à le prendre à la main (*fig.* 5).

*
* *

En parcourant les environs, nous pouvons constater que cette population, relativement simple, est loin d'être hostile; les enfants nous entourent, et quand ils ont remarqué que, pour nous distraire, le P. Auguste Gommenginger et moi cherchons des insectes, c'est à qui nous en apportera, bousiers, charançons, carabes, tout est bon. Mais, dans le nombre, un surtout, qu'on trouve en grande quantité sous les herbes desséchées d'un champ nouvellement défriché, les intéresse, et nous aussi. C'est un petit coléoptère de $0^m,015$ à $0^m,020$, peu riche en couleurs et dont les élytres laissent à découvert une partie du corps. Les savants l'appellent *Brachine*[1] et les simples mortels *Bombardier* (*fig.* 6). Voici pourquoi : quand on veut le prendre, il lance avec force par l'anus quelques gouttelettes d'un liquide caustique qui se vaporise immédiatement, en produisant une crépitation, assez vive pour effrayer une mouche et étonner un homme.

*
* *

Mais revenons à notre caravane.

Le 17 au matin, les six individus qui avaient disparu la nuit reviennent, avec des yeux très rouges, mais des jambes suffisamment équilibrées. Ils prétendent que leur

---

[1] *Brachinus crepitans.*

Fig. 5. — Barrage des pêcheurs dans la baie de Mondassa. — Dessin de Mgr Le Roy.

bon cœur les a portés à aller faire leurs adieux à leurs chères familles. Il y a là un sentiment respectable : taisons-nous et partons vite.

Avec Mgr de Courmont, nous sommes deux missionnaires et deux jeunes chrétiens.

L'antique Séliman, notre fidèle et dévoué serviteur, est de la partie. Il fera la cuisine, et quand nos montres ne marcheront plus, c'est lui qui dira l'heure. Il a pour cela des aptitudes remarquables et rien ne le flatte autant que de lui demander où en est le soleil. Quant à la lune, c'est son affaire personnelle. Il était malade, le pauvre vieux, mais il a triomphé de tout pour nous suivre. Son mal ? Il souffrait, dit-il en son français culinaire, « d'un rhume à son jambon ». Les initiés comprendront qu'il s'agit d'un rhumatisme à la cuisse.

Les autres sont les porteurs, au nombre de quarante : chaque section a son chef. Que si vous voulez apprendre ce que peuvent bien porter ces quarante hommes, vous saurez que chacun, outre sa batterie de cuisine, ses provisions particulières et son fusil, a 30 kilos sur les épaules ou sur la tête, selon ses goûts. Il y a de la toile écrue de trois sortes; deux qualités de linge rouge; du petit calicot et du grand; de l'indienne, des cotonnades variées; des linges de formes et de couleurs particulières, dont j'ignore le nom en langue européenne; des couvertures, des rouleaux de fil de fer, du gros et du menu; des rouleaux de fil de cuivre, du rouge et du jaune; des perles de verre, de forme, de couleur et de grosseur assorties, — comme des pois, comme un grain de chènevis, comme une tête d'épingle, — des rouges, des jaunes, des blanches, des bleues, des roses, des vertes, etc.; puis des pioches, des haches, des couteaux, du savon, des flageolets, des limes, des chaînettes d'or et d'argent (à 3 sous la douzaine); des miroirs, du fil, des aiguilles, des clochettes, des colliers, des hameçons, de la ficelle, des allumettes, du pétrole, des bougies, des clous de fauteuil, que les dames se piquent sur le nez pour être belles; sans compter nos provisions, une

Fig. 6. — Comment le bombardier se défait d'un importun.

pharmacie, quelques conserves, du café, de l'huile, du vinaigre, du thé, du sucre, du riz, des haricots, trois tentes, un autel portatif, un hamac, trois barils de poudre, cent cartouches Gras, quatre bouteilles de rhum et une cruche d'eau, celle-ci renouvelable à toute rivière, ruisseau, torrent, source, lac, étang, flaque ou mare. Toute une boutique dont nous sommes les boutiquiers.

. .
. .

Depuis Zanzibar, les rôles sont distribués :

Mgr de Courmont se charge d'indiquer l'itinéraire général et de choisir le campement.

Le P. A. Gommenginger devra veiller à la cuisine, acheter nos vivres et traiter avec Séliman la grave question du menu quotidien.

Le P. A. Le Roy est chargé de la caravane et de la marche de l'expédition.

Tout est prêt. A neuf heures, on déjeune, on plie bagages et on part.

IV

AU PAYS DIGO

De Mombassa à Vanga. — Physionomie du pays. — Le peuple Digo. — Chez le chef Koubo. — Armes et poisons.

De Mombassa à Vanga, le pays est occupé par la tribu des *Wa-digo*, ou, comme on peut dire en français, des *Digos*, qu'on trouve disséminés un peu partout, une colonie de Swahilis établie à *Gassi* et un reste d'anciens autochtones cantonnés dans une partie de la côte qu'ils appellent *Vounba*. Nous passerons dans ces trois régions, rarement parcourues par l'Européen, fort peu connues et pourtant intéressantes.

. .

Au point de vue géologique, la contrée se compose comme de trois étages différents qu'on aperçoit distinctement de la mer, au large : une partie basse, une moyenne et une haute.

La première, — c'est le littoral, — est formée d'un lit d'anciens madrépores recouverts d'une couche de sable et d'humus, trop légère en beaucoup d'endroits pour être fertile. Elle est alors occupée par des broussailles, des filaos [1], des palmiers doums, des vaquois [2]. Un peu au delà, l'homme apparaît, avec les cocotiers. Quelques petits ports s'ouvrent sur cette côte, mais ils ne sont guère accessibles qu'aux boutres et aux embarcations indigènes. Ce sont *Tiwi, Gassi, Founzi, Pongwé, Tchouyou, Wassini, Vanga, Mwoa*. Vers le sud, la mer pénètre dans les terres et ouvre de larges lagunes bordées de palétuviers [3]. Les embarcations y entrent avec la marée et en sortent de même, chargées de bois pour cuire la chaux, de chevrons et de poutrelles. A l'exception de Gassi, de Pongwé, de Wassini et de Vanga, ce littoral est peu habité.

La contrée moyenne, plus élevée, est aussi plus fertile, plus cultivée, plus peuplée : c'est, à proprement parler, le pays digo, avec les districts de *Matouga, Tiwi, Ndiani, Oukounda, Mafisi, Mwa-Dounda,* etc.

La partie supérieure s'élève, dans son ensemble, à une altitude d'environ 300 mètres, comprenant *Shimba* qu'on voit de Mombassa se dresser comme une table; *Longo*, qui lui fait suite; *Mwa-Bila*, aujourd'hui presque désert, mais arrosé et fertile; *Mwélé*, où se trouve une colonie d'esclaves de Mbaroukou, de Gassi. Enfin, au sud, se dresse une petite montagne de forme régulière, mais qui est inhabitée, parce qu'elle est sans eau : c'est *Dyombo (fig. 7)*.

Derrière ce rebord de collines s'étend, entre le *Sambara, Paré, Tovéta* et le *Kamba*, tout un immense pays qui, d'un lieu élevé, apparaît comme une forêt sans fin,

[1] *Casuarina equisetifolia*, Forst.
[2] *Pandanus odoratissimus*, L.; *Pandanus*, Sp.
[3] *Rizophora mucronata*, Lam. *Ceriops Candolliana*, Arn.; *Bruguiera cylindrica*, Blum; *Avicennia officinalis*, L.; *Carapa Moluccensis; Heritiera littoralis*, Dryand; *Sonneratia*, Sp.; *Pemphis acidula*, D. C.; *Lumnitzera racemosa*, D. C.

Fig. 7. — Montagne du Dyonnoé[1]. — Dessin de Mgr Le Roy.

[1] Le bâton que tient ici le singe a été libéralement ajouté par le graveur, pour l'effet. L'auteur du dessin tient à dire qu'il n'est pas darwiniste à ce point : jamais les singes ne se servent de cannes pour aller à la promenade...

terne et mélancolique, d'où surgissent seulement les hauteurs de *Kilibassi*, de *Kassigao*, de *Maoungou*, et, plus loin, les pittoresques montagnes de *Ndara* et de *Boura*. C'est le désert, non le désert de sable saharien, mais un plateau où le sol, les herbes, les arbres, les insectes, les oiseaux, les mammifères, y compris les hommes, ont cet aspect particulier, sec et triste, qu'on résume d'un mot : désertique. Peu ou point d'eau : c'est là la raison de tout le reste.

Cependant, quelques rivières sortent de la base de ce plateau et forment ainsi parallèlement à la mer une zone d'agréable verdure. Les principales sont la rivière *Pemba*, qui se jette dans la baie de Mombassa ; le *Mkwakwa*, qui passe à Tiwi, le *Mwa-Tchéma* qui descend de *Mwa-Bila*, le *Mhouroumoudyi* qui vient de *Mwélé*, le *Ramissi* qui sort d'*Ada* (*Dourouma*) et dont l'eau est légèrement saumâtre. Il y a aussi, dans le moyen pays, un certain nombre d'étangs et de sources qui rendent de précieux services aux indigènes : c'est à leur proximité que s'établissent les villages.

*
. .

Les Digos appartiennent, par leur type, leurs mœurs et leur langue à la grande famille africaine dite *Bantou*. En général, ils sont plutôt petits que grands, maigres, dégagés et pas trop laids. Nous sommes restés huit jours chez eux, et partout nous avons été reçus avec une sympathie marquée. Les chefs apportaient leurs petits présents, les malades venaient en grand nombre offrir leur clientèle et quelques enfants que la mort guettait ont été baptisés sur l'heure. Plus tard, nous les retrouverons au ciel où ils aident à réaliser la vision de saint Jean : *Turbam magnam quam dinumerare nemo poterat ex omnibus gentibus, et tribubus, et populis, et linguis.*

Cependant, il y a Digos et Digos. La différence dépend du plus ou moins de prise qu'a eu sur eux l'Islamisme : au nord de Gassi, cette influence est presque nulle; au sud, elle est sensible.

Prenons un village païen ou, si l'on veut, fétichiste (*fig.* 8). Il est en général établi dans un épais fourré de broussailles destiné à servir de refuge aux femmes, aux enfants et même à la population virile en temps de guerre : ce cas, disons-le tout de suite, n'est pas du tout chimérique. Un long couloir percé dans la forêt épaisse et fermé de deux ou trois portes qui se succèdent y donne accès. Près de l'entrée, un vase de terre maintenu par trois piquets. C'est le vase à la pluie (*fig.* 12). Il faut avoir soin d'entretenir un peu d'eau dans cette terrine, offrir de temps à autre un petit morceau de linge qu'on suspend au dessus, faire brûler quelques essences, etc. C'est le moyen, en ces pays secs, de ne jamais manquer de pluie. On en manque tout de même, et souvent. Mais, quand on en fait la remarque au sorcier, il répond que, sans son merveilleux vase, on en manquerait bien davantage.

Près de là, dans le fourré, est la petite case du Mwanza. C'est de là qu'à certains jours on entend sortir un bruit si effrayant que chacun, en l'entendant, va se renfermer dans sa maison : c'est le Mwanza qui passe.

Qu'est-ce que le Mwanza? On ne sait pas bien, mais ce qu'il demande il faut le lui donner sans retard. Inutile de dire que cette espèce de loup-garou a pour interprète le sorcier du lieu ou le chef, deux personnages qui, souvent, n'en font qu'un. On lui fait parfois des sacrifices : c'est, par exemple, pour éloigner la guerre, la peste ou la famine, c'est pour se débarrasser d'un mal, c'est pour chasser des rêves importuns et troublants, c'est aussi

Fig. 8. — Coin d'un village de Digos. — Dessin de Mgr Le Roy.

pour voir aboutir une affaire désirée. Mais comment parle-t-il, ce Mwanza? C'est un grand secret, lecteur. Seulement, si vous me promettez de ne le dire à personne, je puis tout de même vous mettre dans la confidence. Je suppose un moment que c'est vous le sorcier. Vous prenez un tronc d'arbre facile à travailler, vous en faites un billot de 1 mètre de long, vous le creusez à l'intérieur, vous fermez l'un des bouts avec une peau bien tendue, comme celle d'un tambour; au milieu de cette peau passe par un trou une corde de boyau fixée à l'intérieur du cylindre et retenue à l'extérieur par un bâton qu'on manœuvre. Entre des mains habiles et dans les profondeurs de la forêt, l'instrument pousse des cris qui glacent d'effroi les simples et les amènent aux pieds du sorcier. « Que veut le Mwanza? » L'homme de l'art, compatissant, se charge d'apaiser la bête en courroux, moyennant telle mesure qu'il faut prendre, tel sacrifice qu'il faut faire. Chose curieuse et qui prouve l'antiquité de cette institution : on la retrouve sous une forme ou sous une autre chez tous les *Nyikas* des alentours, dans la vallée du *Tana*, et jusque sur le Congo et l'Ogowé. Mais quel dommage que les chefs d'État, en Europe, n'aient pas à leur disposition pareil instrument pour faire peur à leurs Sénateurs et les disposer à voter les projets qu'ils leur soumettent!

Le village digo n'est pas très étendu. Sur le littoral, on voit souvent des cases isolées ou réunies en petits groupes. Plus haut, on en trouve vingt, trente, quarante, jetées là sans ordre, parfois très rapprochées l'une de l'autre, d'une forme originale qui n'est ni ronde ni carrée (*fig.* 9), et dont les branches tressées du cocotier font les murailles, la porte et la toiture. Quand le feu a passé dans une cité pareille, on se demande ce qu'il en reste. J'ai adressé cette question à un conseiller municipal du lieu : il a souri de ma simplicité occidentale, et, sans mot dire, il m'a montré les cocotiers qui balançaient leurs larges panaches au-dessus du village. Et j'ai com-

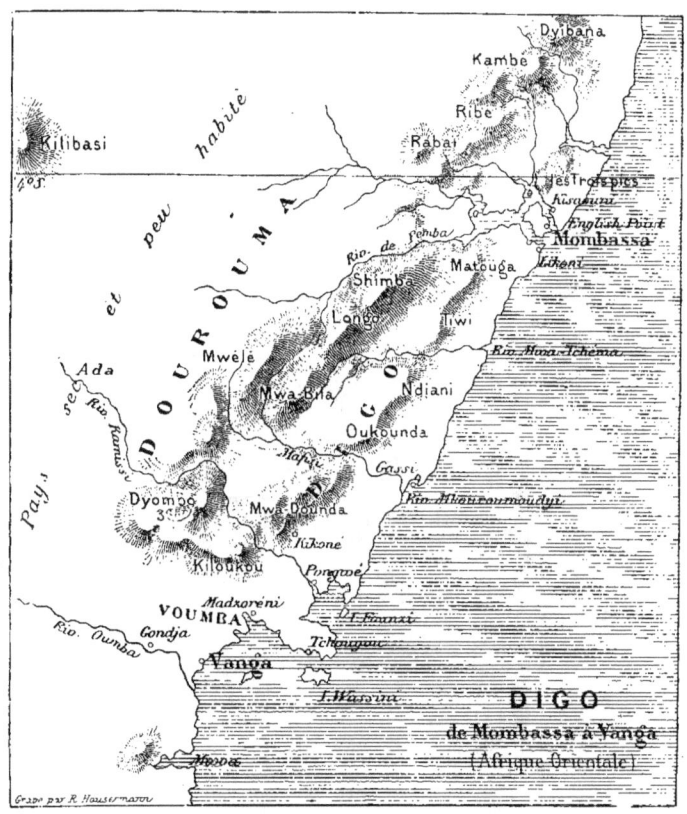

pris : quand les maisons sont réduites en un petit tas de cendres, les matériaux pour les relever sont toujours là.

Ces Digos sont peu travailleurs : le cocotier leur est une si bonne providence! Ils y trouvent à manger, ils y trouvent à boire. Souvent l'arbre est haut, mais ces gens-là apprennent à grimper en même temps qu'à marcher. Du reste, ils ont leurs moyens. Les uns, près de la côte, pratiquent des entailles dans le tronc de l'arbre à mesure qu'il grandit : c'est une sorte d'escalier. D'autres, plus dans l'intérieur, attachent contre le cocotier deux longues

Fig. 9. — Au pays Digo. — Conservation des haricots; une case.

perches qu'ils serrent de place en place avec des morceaux de lianes et dont ils font ainsi comme une échelle inamovible.

La cueillette du vin de palme est chez eux une occupation capitale. Cependant ils plantent aussi du manioc, du sorgho, du maïs, des haricots, des pistaches, des ambrevades [1], des cucurbitacées diverses [2], parfois du riz, et un peu de sésame [3]. Quand ils le peuvent, ils ont des vaches, mais en tout cas ils élèvent des poules, des chèvres, des moutons et un chien de petite taille qu'ils dressent à la chasse.

Peu guerriers, de bon caractère, quoique passant pour ergoteurs, ardents buveurs, ils aiment beaucoup la parure, la musique et la danse, où ils excellent et qu'ils font figurer aux cérémonies les plus diverses : naissances, mariages, enterrements, anniversaires de deuil, fêtes de toute sorte. J'ai vu une fois, pour clôturer le deuil annuel d'un petit chef, celui de *Matouga*, une réunion de plus de deux mille danseurs accourus de tous côtés pour ce « service anniversaire ». Il y a pour ces occasions un costume spécial, plus ou moins pittoresque, selon le goût ou les moyens. Le cosmétique ne manque pas : c'est une ocre rouge détrempée dans de l'huile de ricin et qui donne aux têtes un air flambant fort apprécié. Mais, en temps ordinaire, l'habillement consiste pour les hommes en un simple pagne avec un linge jeté sur les épaules, et pour les femmes en une sorte de double jupon court : le tout sans compter les ornements, pendants d'oreilles en fil d'archal, colliers de perles, bracelets de cuivre, etc. Beaucoup d'enfants et de jeunes gens portent suspendue au cou une pince épilatoire : ils s'en servent pour s'arracher très fidèlement le poil des paupières.

[1] *Cajanus indicus*, Spreng.
[2] *Lagenaria vulgaris*, L.; *Cucumis sativus*, L.; *Citrullus vulgaris*, Schrad; *Cucurbita moschata*, Duch.
[3] *Sesamum indicum*, L.

Le pays digo est divisé en un grand nombre de petits cantons qui ont chacun leur chef particulier. Cependant tous ces chefs reconnaissent avoir au moins un président d'honneur dans la personne de Koubo qui demeure au sud, à *Kikoné*, et que nous avons voulu visiter (*fig.* 10.)

Cet ancien, quand nous sommes arrivés chez lui, n'était point là. Nous nous sommes quand même installés sur la place qui est en dehors du village, autour d'un tamarinier dont la tête bienveillante ombrage d'ordinaire les désœuvrés de l'endroit. Une longue heure se passe : finalement, accompagné d'un nombreux cortège et précédé d'un artiste qui joue de la trompette, apparaît un grand corps, vieux et maigre, vêtu d'une houppelande rouge un peu usée et surmonté d'une tête ravagée sans pitié par la variole. C'est le corps et la tête de Koubo. Sa conversation est d'ailleurs assez intelligente, son accueil courtois, ses dispositions bienveillantes. Volontiers il nous fait part de ses sympathies et de ses haines : les premières sont pour le gouverneur arabe de Vanga, les autres pour le chef swahili Mbaroukou, de Gassi, qui lui a tué son oncle et ses trois frères, qui a ravagé tout le pays digo, et contre lequel il a de justes et terribles rancunes.

Mais nous remarquons tout de suite que la population n'est plus la même que plus haut. Les figures sont moins simples, les corps plus vêtus et les procédés moins honnêtes : c'est qu'il y a ici un levain d'Islam.

Les Digos ont pour armes des fusils, des lances, des casse-tête, de grands coutelas droits et larges, des arcs *(fig. 11).* Ici encore on trouve le poison pour flèches en usage dans tant de pays sauvages d'Afrique, d'Amérique

Fig. 10. — Moubo, Chef honoraire du peuple Digo. — Dessin de Mgr Le Roy.

et d'Asie. Il est d'origine végétale. Malheureusement, je n'ai pas encore vu l'arbre qui le donne, et je ne suis jamais passé dans le pays au moment où il fleurit, —

c'est à la fin de la saison sèche. — Par ailleurs, un vieux guerrier, qui m'en a cédé une provision, m'a fourni sur l'origine de ce poison les détails pittoresques que voici :

« Ceci vient d'un arbre, disait-il, créé tout exprès pour

Fig. 11. — AU PAYS DIGO. — Coiffure de danse (enfant); flûte, lance, flèche, arc et carquois; pendant d'oreille et pince épilatoire.

cela. Les oiseaux le savent bien, — et les bêtes, en général, connaissent beaucoup de choses que l'homme est obligé de deviner : elles ne parlent point, c'est peut-être pour ne point révéler leurs secrets. — Les oiseaux le savent, jamais ils ne se reposent sur ses branches, et l'on trouve à ses pieds quantité d'insectes morts. On prend de cet arbre le bois et les racines, on les coupe en menus fragments, on les fait cuire lentement dans un vase de terre avec de l'eau douce, en remuant toujours, toujours, avec un long bâton. Cette opération se fait au fond d'un bois, sans habits. De temps en temps on jette dans le vase du venin de serpent et de la peau de crapaud, puis des feuilles des bois, de l'herbe des prés, de la poussière des chemins, de l'ombre...

« — De l'ombre?...

« — Oui, à seule fin que, pour l'homme ou la bête atteints par la flèche, tout soit poison, mort et perdition. Est-ce que l'animal frappé ne va pas se reposer à l'ombre des arbres pour y chercher soulagement? Eh! bien, il faut que l'ombre lui soit poison. Est-ce qu'il ne s'étend pas sur l'herbe? L'herbe lui sera poison. Est-ce qu'il ne foule pas la poussière des chemins? La poussière aussi lui sera poison, et l'eau qu'il boira, et la feuille qu'il broutera. Rien ne peut le soulager : il est perdu, il est mort.

« — Alors pas de remède?

« — Il y a un remède; c'est une racine réduite en poudre que l'on porte sur soi en temps de guerre et qu'on avale dans de l'eau ou de la salive; mais souvent le temps manque pour l'administrer... Je te confie ce poison, puisque tu le désires; mais, si tu as de petits frères et de petites sœurs, ne le leur donne pas à garder... Tu ris? Eh bien! si on pique un arbre avec une flèche empoisonnée de cette matière noire, ses feuilles tomberont le lendemain.

« — Et si on pique un homme?

« — Il est déjà tombé! »

Conformément au conseil de mon vieil ami, je me suis gardé de remettre ma provision de poison entre les mains de « mes petits frères et de mes petites sœurs »; mais je l'ai fait passer à un savant spécialiste de Paris. M. le Dr J.-V. Laborde, qui en a fait l'objet d'une étude minutieuse et d'un rapport détaillé. Il résulte de ses expériences que l'influence de ce poison s'exerce primitivement sur le système nerveux et amène ensuite la mort « en suspendant le mécanisme de la fonction cardio-respiratoire. » Le Dr Laborde croit peu à la vertu réelle d'un contre-poison quelconque, en raison de la violence extraordinaire de ce toxique.

Fig. 12. — Chez les Digos. — Vase à la pluie.

V

A GASSI

Chez un négrier de marque. — Un homme intrigué. — Le repaire. — Un excellent guide à bon marché.

Le peuple digo a toujours eu à se débattre entre deux ennemis : les Massaïs et les Swahilis, les Massaïs qui leur enlèvent leurs troupeaux, les Swahilis qui leur prennent leurs jeunes gens, leurs femmes et leurs enfants.

Ce dernier fléau du pays a son centre principal à *Gassi*, où il est dirigé par le fameux *Mbaroukou*. Mbaroukou, Embareuk, Baraka et Baruch, sont un même mot d'origine sémitique qui signifie *Bénédiction*. Appliqué au chef de Gassi, c'est une assez belle antiphrase.

Descendant de l'ancienne et puissante famille des Mazroui, qui avait été chargée du gouvernement de Mombassa par l'Iman de Mascate, au siècle dernier, et qui, à l'avènement des Bou-Saïd à Zanzibar, refusa de les reconnaître, Mbaroukou a passé sa vie à batailler contre Séyid-Saïd, Séyid-Medgid et Séyid-Bargash. Presque toujours réfugié dans l'intérieur sur les hauteurs de *Mwélé*, avec une bande de partisans, il accueillait des Arabes auxquels il fournissait des esclaves et dont il recevait autant de poudre et de fusils qu'il lui en fallait pour opérer sans crainte contre les faibles villages digos. Lorsque les Européens commencèrent, il y a quelques années, à jeter un œil de [convoitise sur cette partie de l'Afrique, Mbaroukou était tout désigné pour être leur homme. Il le fut, acceptant tour à tour les divers pavillons qu'on lui donnait. Finalement, la partie

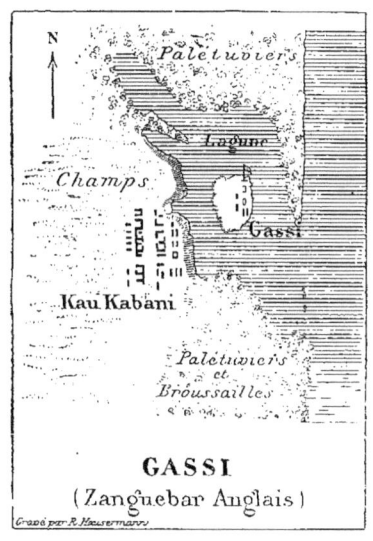

GASSI
(Zanguebar Anglais)

qu'il occupe étant devenue zone anglaise, les Anglais lui ont donné Gassi comme sa capitale, servi une pension et attribué assez de soldats et de fusils pour qu'il se croie sultan du lieu.

J'ignore quel usage il fait actuellement de cette puissance. Mais, au témoignage unanime des Digos, il a jadis ruiné leurs villages, transformé en déserts solitaires des pays magnifiques et envoyé les trois quarts de la population en esclavage, à l'île Pemba ou en Arabie. On se demande parfois, en voyant si près de

la côte tant de tribus peu entamées par l'Islam, comment
et pourquoi elles sont restées fétichistes. La réponse
est très simple. Les musulmans se sont volontairement
abstenus de faire chez elles de la propagande religieuse,
afin d'avoir le droit d'y avoir des coupes régulières et
rationnelles. Pour eux, ces tribus voisines ne sont pas
autre chose qu'un parc à esclaves, entretenu méthodi-
quement et exploité de même, où l'on donne à la famille
les moyens de se perpétuer et dont on enlève, au
moment voulu, quatre enfants sur six. Les deux qu'on
laisse sont pour la reproduction.

∴

Mbaroukou! Nous n'étions pas fâchés de voir de nos
yeux ce vaillant homme. Un petit détour vers la côte
nous conduit à sa capitale. Aux environs, de nombreux
esclaves sont occupés dans des rizières; nous traversons
des champs de sorgho, et au-delà d'une grande lagune
que nous avons le bonheur de passer à pied sec, nous
voyons bientôt apparaître deux rangées de maisons
neuves, inachevées même, de style swahili : quatre
murailles en carré long, avec une petite varangue sur
la façade, et à l'intérieur nombre de compartiments
séparés. Quelques-unes sont en pierre, mais la plupart
sont un clayonnage garni de terre et couvert de feuilles
de cocotiers. Une seule rue, mais, chose remarquable!
elle est droite.

Nos porteurs s'établissent à l'entrée de la Cité sur un
terrain vague, et nous, nous nous dirigeons immédiatement vers ce qu'on nous dit être la résidence du
« Sheikh ». Longtemps il faut attendre dans une pièce
intérieure où les notables du lieu sont assis sur deux
lignes. La conversation est peu animée, cérémonieuse,

embarrassée, telle à peu près qu'on peut se la figurer avec des visiteurs qui vous feraient plaisir d'être à 100 lieues de là. Enfin, Mbaroukou paraît, costumé à l'arabe : c'est un grand garçon d'environ quarante ans, au teint peu foncé, quoique sa mère soit une pure négresse, et n'ayant vraiment dans sa physionomie tranquille rien qui dénote les prouesses d'Ali-Baba qu'il a renouvelées dans ces pays, en compagnie des quarante voleurs qui l'accompagnaient et qui sont là.

L'accueil qu'il nous fait est celui d'un homme fort intrigué. Nous lui disons bien que nous sommes de passage, que nous allons à Vanga, et de là au Kilima-Ndjaro, que, traversant ce pays, nous n'avons pas voulu le faire sans venir lui présenter nos saluts. Il écoute, mais il ne croit pas. Il a déjà vu beaucoup d'Européens dans sa carrière, et comme chacun lui a fait des propositions politiques, il s'attend à nous voir sortir de nos poches, à tout moment, un drapeau quelconque. Il examine, tourne, retourne ; ses questions deviennent nombreuses et légèrement indiscrètes :

« — Pourquoi choisissez-vous cette route ? Qu'allez-vous faire au Kilima-Ndjaro ? Est-il vrai que cette montagne soit couverte d'argent ? Connaissez-vous les cachettes de pierres précieuses ? Qu'est-ce que les Européens cherchent en ce pays ? Les Français sont-ils toujours à Madagascar ? Que pensez-vous du sultan de Zanzibar ? N'est-ce pas qu'il est bien ladre ? Croyez-vous que les Anglais aboliront l'esclavage ? Sir Francis (l'Administrateur de la Compagnie) est-il un honnête homme ? Quel pays allez-vous prendre, vous ? Etes-vous riches ? N'auriez-vous rien à me dire en particulier ? Que voulez-vous de moi ? »

Cette dernière question est la plus pratique, et à celle-là, du moins, nous pouvons répondre sans ambages :

Fig. 13. — Attendant l'embarquement, a Gassi. — Dessin de Mgr Le Roy.

« C'est que tu nous laisses un peu tranquilles, grand sheikh, car nous sommes fatigués (sous-entendu : de ton interrogatoire). »

Là-dessus nous nous retirons, nous installons nos tentes au milieu de nos hommes, et nous faisons aux alentours notre petite promenade d'inspection.

Ce village tout neuf est sorti de terre depuis que la paix semble assurée. Il porte le nom de *Kou-Kabani*, savamment tiré du Coran, et il sera désormais la résidence de Mbaroukou. Le vrai Gassi se trouve en face, au-delà d'une petite lagune que la mer recouvre à peu près tous les jours. Nous y allons : c'est aujourd'hui une simple réunion de quelques cases occupées par des pêcheurs. En somme, triste lieu, mais éminemment propice à servir de repaire à des négriers, caché comme il est et inconnu, inaccessible à des bateaux de fort tonnage.

De plus, quand le vent est favorable, une nuit suffit à des embarcations indigènes pour passer de là à l'île Pemba, où l'on trouve toujours dans les grandes campagnes de girofliers à placer avantageusement « la marchandise qui travaille et qui parle ». Au besoin, si un vapeur anglais fume à l'horizon, rien n'est simple comme d'attacher une pierre au pied de l'esclave et de le jeter par dessus bord... Sous une varangue, voici tout juste une demi-douzaine de malheureux liés aux chevilles de solides entraves en fer, silencieux, l'air abruti, qui attendent sans doute leur passage. A côté, une badine en main, le surveillant regarde au large (*fig.* 13).

De retour au camp, nous trouvons un plat de riz et un autre de volaille. Chacun d'eux repose chaudement sous une sorte de couvercle conique, en paille tressée, orné de dessins en laine multicolore et en usage dans la haute société musulmane (*fig.* 14) : c'est un envoi du Sheikh.

Son riz est bon; mais, pour avoir mis trop de jus de citron, la cuisinière a gâté la sauce.

Lui-même vient plus tard nous rendre la visite que nous lui avons faite et paraît enfin constater que, n'ayant ni annexion à préparer, ni drapeau à offrir, ni cadeaux souverains à présenter, nous sommes des Européens beaucoup moins intéressants que les autres.

Tout de même, n'y aura-t-il absolument pas moyen de rien tirer de ces Infidèles?

Quand il est parti, voici que s'avance doucement un petit bonhomme à figure ratatinée, souriante et madrée, le dos courbé, tenant d'une main un grand chapelet musulman et de l'autre un long bâton. C'est Bohéro, qui fut, — devinez quoi? — le guide du baron von der Decken, en 1861, dans sa première expédition au Kilima-Ndjaro!... En ce moment même il revient d'un voyage à l'intérieur. Il dit connaître tous ces pays comme le creux de sa main, nous parle d'un endroit qu'il nomme Molok, chez les Massaïs, où se trouve une grotte mystérieuse dans laquelle il a pénétré un jour et qu'il assure être pleine de merveilles : de grandes pierres taillées et chargées d'inscriptions inconnues. Nous prenons grand intérêt à cette révélation, il le voit et s'offre tout de suite à nous servir de guide, — moyennant 100,000 piastres!

Oh! ce Bohéro! Sa conversation, qui promettait beaucoup, finit bientôt par devenir fatigante, écrasante, entrecoupée qu'elle est d'invocations perpétuelles qu'il lance vers le ciel en devidant son chapelet, sans doute pour s'excuser près de son patron de s'entretenir si longtemps avec des Infidèles. Finalement il nous quitte pour aller, dit-il, faire sa prière : il reviendra plus tard.

Plus tard il revient en effet, quand il fait nuit. Le malheureux! c'est pour demander cette fois une caisse de rhum.

« — Mais, Bohéro, Mohammed a défendu l'usage de ce liquide-là!

« — Oui, mais si j'en prends un peu, — oh! bien rarement, — ce n'est pas comme liqueur, c'est comme remède. Et il tousse énergiquement.

« — Combien à la fois?

« — Peut-être une demi-bouteille, une bouteille... »

Nous renvoyons l'affaire au lendemain, et, le lendemain, à notre grande satisfaction, nous prenons congé de Mbaroukou, de Gassi, de Bohéro, de tout ce trou infect de négriers et de voleurs.

Fig. 14. — GASSI. — Service de Mbaroukou.

VI

PLUS LOIN

Un beau pays désert. — Attaqués par les Amazones. — Fourmis d'Afrique.
— Le pays Voumba et ses palmiers. — Le puits du Diable.

En sortant de Gassi, nous remontons dans le haut pays pour éviter les lagunes et les embouchures des rivières que nous aurions à traverser sur le littoral. Nous avons hâte aussi de revoir nos chers Digos.

La contrée que nous parcourons est magnifique, faite de collines et de vallées, fertile, verdoyante, bien arrosée, couverte par endroits de grandes forêts, mais dépeuplée. Dépeuplée par qui? Par Mbaroukou.

Çà et là quelques tourterelles [1] font entendre leurs roucoulements sur notre passage, étonnées de voir des hommes. Sans doute, elles sont retenues dans ces solitudes par les épis de maïs et de sorgho qui poussent encore dans les champs abandonnés. Des perruches criardes volent d'arbre en arbre. Des bandes de singes [2] vont à la rapine, mais on n'aperçoit pas de gibier. Sur le sentier, beaucoup de fleurs et parmi les fleurs, beaucoup

---

[1] *Chalcopeleia Afra; Peristera tympanistria; Turtur capricola*, etc.
[2] *Cercopithecus, rufoviridis; Cynocephalus Babouin.*

d'orchidées [1] (*fig.* 15). L'une, toute petite et toute belle, tapisse une vaste clairière de la forêt; une autre, le *lissochilus* (*fig.* 18) jaune croît au grand soleil, parmi les herbes; une autre encore, superbe, couvre dans un bois un grand vieil arbre sur lequel elle croit et qui est tombé juste en travers du chemin. Plus loin, sur la lisière

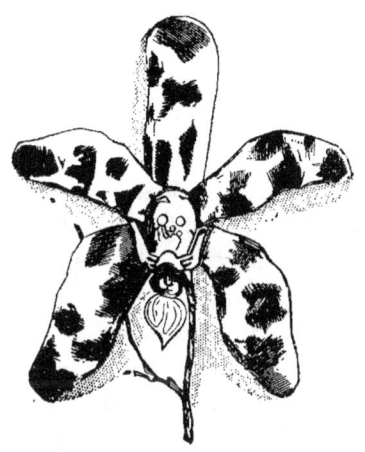

Fig. 15. — Une fleur d'orchidée épiphyte.
(*Ansellia africana.*)

d'une forêt, d'énormes fleurs odoriférantes, dont le calice mesure plus de 0^m,20 de longueur, pendent d'une sorte de liane et forment un bouquet magnifique : c'est un *gardénia*. Mais seuls les insectes paraissent l'apprécier; car on en trouve des centaines qui s'y roulent avec volupté.

∗ ∗ ∗

Nous sommes à *Mafissi*, et voici enfin un village de purs Digos. Les bonnes gens! Ici du moins nous avons

---

[1] *Lissochilus,* Sp., *Disperis,* Sp.; *Ansellia africana.*

une hospitalité franchement cordiale, et nous en jouissons tout à l'aise.

La nuit vient, on fait la veillée, on se couche, on ferme l'œil... lorsqu'un cri, parti de la tente de Mgr de Courmont, met tout à coup l'alarme au camp. C'est une attaque en règle, une surprise : aux armes!

On court, et à la lueur des tisons dont chacun s'est armé, on aperçoit les bataillons pressés de ces grosses fourmis noires connues sous le nom de *Siafou*. Elles sont ici, elles sont là, elles sont partout : c'est une invasion. Mais déjà les porteurs qui étaient accourus sont envahis eux-mêmes. Ils sautent dans les herbes avec leurs torches en mains, ils crient, ils se frottent les membres, ils jettent au loin leurs habits, ils se roulent, ils se tordent, ils tempêtent, ils rient aux éclats : c'est, le soir, un spectacle fort intéressant. Mais pendant qu'on s'en régale, voilà qu'un vigoureux coup de pince vous fait porter la main à l'endroit attaqué, un autre suit, un autre encore; à votre tour vous êtes envahi, et avant d'avoir pu mettre ordre à vos affaires, vous vous apercevez que ces bêtes endiablées ont gagné vos jambes, votre poitrine, vos bras, votre barbe, vos cheveux. C'est à devenir fou!

Car il faut vous dire que ces fourmis africaines sont d'une férocité incomparable. Leur rôle est de débarrasser le sol des débris animaux que la mort y sème; mais, si dans ce travail un être vivant les gêne, malheur à lui : les insectes, les lézards, les oiseaux, les serpents eux-mêmes sont entourés, attaqués, anéantis.

Comme beaucoup de leurs congénères, ces fourmis se présentent sous deux formes : l'une, petite, de $0^m.008$ au plus, est d'aspect régulier et de mœurs à peu près honnêtes; l'autre, d'une largeur double, a une tête proportionnellement énorme, armée d'une formidable paire de pinces, et douée d'une malice infernale. La première est le mâle, la seconde la femelle, que, pour ses dispositions belliqueuses, les naturalistes appellent amazone. Parmi celles-ci, la république en choisit une qu'on entoure d'un soin spécial, qu'on nourrit grassement et qui devient énorme, grosse souvent comme un petit doigt et qui ne peut se remuer. Son occupation unique, sa fonction, est de produire de nouvelles fourmis, et elle s'en acquitte consciencieusement, perpétuellement : il y en a toujours une petite en train de sortir, happée aussitôt par une vieille bonne de confiance et mise en place. C'est une vraie machine à fourmis. Un jour, en renversant un vieux mur, j'ai trouvé cette reine-mère des *Siafou*, et comme j'avais à exercer sur sa tribu de légitimes vengeances, j'ai pris la liberté de la mettre en un flacon d'alcool : c'est ce qui me permet d'en offrir aujourd'hui le portrait authentique (*fig.* 16).

Souvent, dans les endroits humides, on rencontre la tribu dispersée, faisant la promenade, cherchant la provende quotidienne, vaquant à ses affaires. Mais, pour des raisons qu'elles connaissent. — peut-être pour aller fonder une colonie nouvelle, — souvent aussi elles se rassemblent, se disposent en colonne serrée et se mettent en marche. C'est alors qu'il faut les voir! Un petit couloir, avec une double haie de sable fin, s'est formé par suite de l'attention qu'elles ont de marcher les unes derrière les autres. Dans ce chemin creux, s'avancent seulement les mâles, les innocents, des deux côtés sont cambrées les amazones, avec leurs grosses têtes en l'air et leurs pinces toutes grandes ouvertes, menaçantes, terribles, protégeant les autres et rappelant par leur attitude cette fameuse *voûte d'acier* que les francs-maçons font avec des épées croisées au-dessus de la tête de leurs membres chéris. Au surplus, dans la société des fourmis, peut-être celles-ci représentent-elles les francs-maçonnes, ne fût-ce que parce qu'elles ne sont pas du tout franches et qu'elles ne maçonnent point. Quoi qu'il en soit, elles vont leur chemin et si, entrant dans une case parce que cette case se trouve sur leur route ou que quelque débris animal les y attire, on les laisse tranquilles, elles passeront toutes ainsi sans laisser d'autres traces que leur petit sillon. Mais, si par malheur on les gêne, on les froisse, on les bouscule, elles se dispersent aussitôt et se

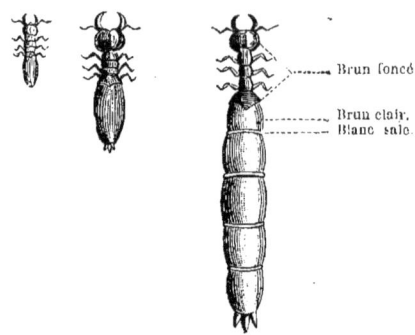

Fig. 16. — La Fourmi Siafou
Le mâle, l'amazone, la reine-mère (Grandeurs naturelles).

lancent à l'attaque du Philistin avec une énergie furieuse. Déjà les pinces sont engagées dans vos bras, vos habits, votre peau, et vous voyez la petite bête qui se tord pour mieux mordre, qui se cramponne de toutes ses forces, qui se tue de fureur. Jamais je n'en ai vu lâcher prise : il faut lui arracher le corps premièrement, et la tête ensuite. Dans l'espèce humaine, une pareille armée d'amazones serait invincible !...

Dans tous nos voyages nous les rencontrons. Mais l'habitude de l'attaque a inspiré l'habitude de la défense. Si quelqu'un de nous a remarqué leur caravane, il la signale, et aussitôt, sans bruit, sans tapage, sans remuer les herbes qui, pour ces petites bêtes, représentent une grande forêt, on prend de l'eau bouillante dans une théière et on la verse sur l'armée, tout du long. On peut aussi prendre des torches enflammées. Mais en tout cas gare à vos jambes!

Les *Siafou* ne sont pas les seules fourmis d'Afrique; il y en a bien d'autres : une petite espèce rouge dont les troupes empressées couvrent parfois les chemins et les champs; une autre, noire, plus petite encore, qui vit sous les troncs d'arbres, les écorces et les pierres. Celles-ci entretiennent souvent dans leur société de tout petits coléoptères, le Clavigère, et un autre un peu plus gros, le Paussus, qu'elles nourrissent tendrement et auxquels elles demandent en retour la faveur de les lécher de temps en temps.

Une autre fourmi, d'un rouge transparent et d'une taille médiocre, se rencontre surtout sur la côte et aime à habiter les orangers et les manguiers dont les feuilles rassemblées lui servent à faire son logis.

Une autre vit solitaire. Elle est grosse, longue, noire, et son odeur de parfaite charogne est si forte qu'une seule suffit pour révéler sa présence à 2 ou 3 mètres. J'en ai renfermé dans des flacons qui, débouchés ensuite et lavés, sont restés infectés pendant plus d'un an. L'essence de cette petite bête donnerait en parfumerie des résultats surprenants.

Une autre espèce également remarquable parcourt souvent les chemins. Elles sont un peu plus longues que les féroces *Siafou*, et très noires. Elles aussi marchent en colonnes serrées, larges de $0^m,02$ ou $0^m,03$, mais sans se donner de protection mutuelle; dans cette société-là, chacun pour soi. Seulement, l'espèce de bourdonnement qu'elles émettent alors est si fort qu'on les entend souvent avant de les voir. Mais, si déterminées qu'elles paraissent, il y a cependant un moyen simple et curieux de les arrêter; c'est le P. Gommenginger qui nous l'a appris. Avec un bâton, on tue celle qui ouvre la marche et on laisse là son cadavre. Immédiatement, celles qui suivent s'arrêtent tout autour, une grande agitation s'empare de la bande, peu à peu on se retourne, on rebrousse chemin, et l'on rentre au logis. Pour cette tribu, paraît-il, un cadavre en travers du chemin est d'un mauvais présage... Mais où vont les longues processions? Souvent, Mgr de Courmont a voulu les suivre, et chaque fois, nous a-t-il dit, il les a vues tomber sur un nid de termites ou fourmis blanches qu'elles mettaient littéralement au pillage. Ces fourmis sont donc bienfaisantes, et puisqu'on n'a jamais encore trouvé de remède contre les termites et leurs ravages, il serait intéressant de voir si en élevant près des bâtiments qu'elles dévastent une tribu de *Soungou-Soungou* — c'est leur nom, — on n'aurait pas à se féliciter des résultats.

Mais voyez comme on s'égare : j'avais à parler des hommes, et je m'attarde au milieu des fourmis! Il est vrai que, dans nos pays, ces deux espèces de créatures ne sont point sans ressemblance; nos fourmis se font des guerres perpétuelles, nos hommes aussi; nos fourmis ont des esclaves, pareillement nos hommes; nos fourmis n'amassent point de provisions, nos hommes non plus.

∴

De Mafissi, trois heures de marche nous mènent à *Mwa-Dounda*, canton dont *Kikoné* est le chef-lieu et où nous trouvons le vieux chef Koubo dont il a déjà été question.

De là nous nous rapprochons de la mer et par une plaine basse et inculte, d'où s'élèvent tour à tour diverses espèces de palmiers [1], le doum branchu, l'élégant œléis, le majestueux borassus d'Ethiopie, nous arrivons à un petit village que nous trouvons à peu près désert et où nous nous installons. Nous sommes à *Madzoréni*, c'est-à-dire : « Aux Palmiers-éventail ». Ce nom est amplement justifié par l'énorme quantité de ces beaux arbres qu'on voit ici partout. Mais l'aspect en est des plus curieux. Dans le but de s'en procurer la sève fermentée, les braves gens de ce pays n'ont rien trouvé de mieux que de leur couper la tête et de creuser au sommet de ce ce qu'on appelle le *chou* un petit trou où le *vin de palme*, tant que le palmier en a eu, est venu se déposer chaque matin. Malheureusement, on ne vit pas bien longtemps sans tête, et les arbres sont morts. Seuls maintenant leurs longs stipes, droits et renflés vers le sommet, se dressent dans la plaine et, la nuit surtout, quand passe le vent de la plage et que la lune éclaire tristement ces ruines, on dirait les temples et les palais d'une ville antique dont les colonnes attesteraient la splendeur passée (*fig.* 17).

Nous sommes ici en face de *Wassini*, îlot habité et pourvu d'un bon port, mais pauvre d'eau douce. Les habitants ont leurs puits et leurs champs sur les terres d'en face, à *Tchouyou*, à *Pongwé*, à *Madzoréni*, où nous sommes, à *Vanga* où nous allons. Tout ce pays, dont l'ensemble porte le nom de *Voumba* et qui s'étend jusque vers Pangani, fut autrefois habité par des colonies persanes de *Shiraz* : les traditions l'affirment, les ruines le prouvent. Aujourd'hui la population vit assez misérablement : les uns cultivent la terre, d'autres pêchent, quelques-uns font du sel. Tous les trois jours, un marché réunit près d'ici les gens de la Côte et de l'Intérieur et

[1] *Hyphœne Thebaica*, Mart; *Elœis Guineensis*, L; *Borassus Æthiopicus*, Mart.; *Phœnix Senegalensis*.

Fig. 17. — Restes de palmiers au pays Voumba. — Dessin de Mgr Le Roy.

l'on échange les produits et les nouvelles. Ces marchés sont de mode dans le pays digo, et l'on y vient parfois de très loin.

* * *

Or, nous étions arrivés depuis une demi-heure, lorsqu'une députation nombreuse aborde Mgr de Courmont, qui me la renvoie. Qu'y a-t-il?

« Il y a longtemps, commence le porte-paroles après avoir régulièrement toussé d'émotion, longtemps, bien longtemps, des hommes qu'on ne connait point mais qui devaient être des Européens, sûrement, passèrent ici. Nous n'étions point nés, ni nos pères non plus, ni les pères de nos pères. Il y a longtemps, et ces Européens bâtirent une ville, dont on voit les restes, et ils creusèrent un puits, un puits maçonné. Pourquoi, dans la suite, quittèrent-ils le pays? On ne sait pas; mais c'est encore leur manière, aux Européens, de circuler partout et, quand on les croit bien établis, de disparaitre. Chaque tribu a ses mœurs. Nous autres, nous restons en place; vous, vous êtes nomades... Enfin, pour en revenir à eux, depuis leur départ, le Diable a gardé le puits, et c'est d'autant plus malheureux que l'eau en parait bonne et que nous en manquons souvent.

« — Et alors?

« — Alors, en vous voyant aujourd'hui venir ici, vous les premiers Européens qui passent après ceux qui précédèrent nos ancêtres, nous nous sommes dit : C'est Dieu qui les « envoie! » De grâce, retirez le Diable que vos frères ont mis là, — vous seuls pouvez le faire, — et permettez-nous de puiser de l'eau de votre puits...

« — Allons, soit! Nous vous le permettons.

« — Merci, on n'attendait pas moins de votre bonté, mais chassez le Diable d'abord. »

Séance tenante, je rends compte de l'affaire à l'autorité épiscopale et demande pour le cas des pouvoirs extraordinaires; car évidemment nous sommes en présence d'une cause majeure.

« — Je vous les donne », dit Monseigneur.

Et tous ensemble, indigènes, porteurs, enfants, vieux et vieilles, nous voilà partis à la recherche du puits endiablé. Ah! c'est une belle histoire!

Après un quart d'heure de marche, nous nous trouvons engagés dans un lacis de lianes, de broussailles et de grands arbres, où, finalement, nous nous heurtons contre des ruines d'origine persane probablement, mais sûrement point européenne. A côté, un trou maçonné, d'environ 6 mètres de profondeur et assez large, avec au fond une petite nappe d'eau verdâtre sur un tas de feuilles pourries. Le plus vieux de la bande me prend par le bras et d'un air mystérieux me dit tout bas : « C'est ici. »

Le P. A. Gommenginger, qui rit comme un païen, rend mon sérieux très difficile. Mais enfin, dominant mon émotion, je commande qu'on cherche du bois mort et des feuilles sèches : on en apporte des brassées que je jette solennellement dans le trou infâme. Le silence est général. En face, un énorme tronc de baobab est étendu, et comme un étroit sentier y mène, je devine qu'il y a par là une de ces cases fétiches où les noirs vont faire leurs offrandes.

« — Si, dis-je, vous voulez que le Diable parte, il faut d'abord y renoncer. Y renoncez-vous? »

« — Nous y renonçons, s'écrient-ils.

« — Eh! bien, renversez la case que vous lui avez bâtie là et cessez d'y porter vos offrandes : Dieu seul y a droit. »

L'étonnement grandit :

« — Qui lui a montré cette case? dit quelqu'un. C'est sûrement un grand sorcier. »

Et pendant qu'un de nos enfants, un chrétien, se dirige vers l'endroit désigné, trouve le fétiche et le détruit, moi-même, entraîné peut-être par les circonstances, je fais un grand signe de croix sur le puits infernal... Chose curieuse! Un bruit extraordinaire se fait entendre derrière le vieux baobab, tout le monde recule instinctivement, et voilà que lentement, battant l'air de ses grandes ailes flasques, une énorme chauve-souris, un vampire, sort du trou et s'en va, d'un vol irrégulier, se perdre dans les arbres. L'assistance est muette, comme si, effectivement, elle avait le diable en face... Sans perdre de temps, nous jetons dans le fond du trou quelques poignées de paille allumée, les feuilles mortes s'enflamment, le feu s'étend, la fumée monte en gros tourbillons noirs et le puits du diable noir ressemble véritablement alors à un soupirail de l'enfer.

On a déjà compris que cette opération a pour but de chasser non le mauvais esprit, à qui le feu n'est point inconnu, mais le mauvais air; car j'ai eu l'imprudence d'avancer que je descendrais dans le puits et boirais de son eau : après quoi il serait livré au public reconnaissant.

Le feu terminé, une sorte d'échelle faite séance tenante est adaptée contre le mur et je descends dans l'abîme. Puis je remonte sain et sauf sur la terre des vivants, emportant dans une coupe de coco un peu d'eau fangeuse, dégoûtante et gardant une assez riche odeur d'œufs pourris ou, si l'on veut, d'acide sulfhydrique. Mais, justement, l'odeur et le goût s'expliquent à merveille par le long séjour que le liquide a fait sous le siège du démon. Après nous, l'assistance trempe ses lèvres émues dans la coupe, cinq ou six travailleurs descendent dans le puits et le curent, et j'aime à croire que depuis lors l'esprit malin n'en a point éloigné les pauvres mortels.

Le soir, on nous donna un vieux coq pour récompense. Quel journaliste français, dans le bulletin qu'il doit chaque jour servir à ses lecteurs contre l'Eglise, osera bien m'accuser de ne l'avoir pas gagné?

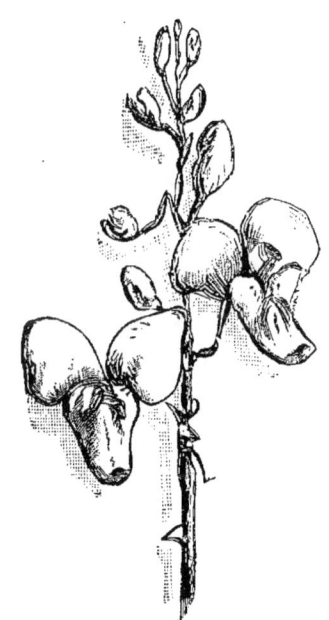

Fig. 18. — Lissochilus jaune (Orchidée terrestre).

VII

A VANGA

A qui est Vanga? — La ville et son monde. — Le secret d'un grand sorcier. — Sauvetage d'un innocent. — En grève. — Une porte de prison.

Quatre heures de marche à travers des lagunes désolées, des marigots boueux et des lambeaux de forêts, nous amènent à *Vanga* [1]. C'est une petite ville faisant partie de l'ancien pays Voumba encore représenté ici par un vieux chef impotent, un *Diwani*, répondant au nom de Mohammed. Il dit sa famille originaire de Djeddah (Arabie) et se prétend suzerain de toute la population du littoral, jusqu'à Pangani, quoi qu'en disent le sultan de Zanzibar, les Allemands et les Anglais. Hélas! qu'il y a par le monde de princes auxquels il ne manque que leurs trônes!

[1] Le baron Von der Decken, qui était Allemand, a le premier écrit *Wanga* (par un *W*), le *W* ayant en allemand la valeur du *V* français et le simple *V* celle de *F*. Mais après lui, tous les cartographes français et anglais écrivent religieusement *Wanga*, que tous les Anglais résidant dans le pays même prononcent *Ouanga*, dans la pensée peut-être que les indigènes connaissent moins bien le nom de leur pays que les auteurs de leurs cartes. Ces erreurs du reste sont innombrables, et ce qui est remarquable, c'est que les savants n'admettent pas là-dessus de remontrances.

De fait, à qui Vanga appartient-il ? Quand l'Angleterre et l'Allemagne se partagèrent le pays, ce fut entre les deux une question intéressante. On s'était fié à la carte, comme on se fie à la science. Or, la carte mettait Vanga au sud du fleuve *Oumba*, dans les possessions allemandes, tandis que la nature l'avait placé au nord, dans la zone anglaise : ce que le premier voyageur, auteur de la première carte, avait pris pour l'embouchure de la rivière-limite, n'était en réalité qu'une lagune ! Quand on ne s'accorde point et que pourtant on ne veut pas de guerre, on soumet le différend à un arbitrage, et c'est ainsi qu'il fut question, à cette époque, de charger de l'affaire le commandant d'un aviso français qui se trouvait alors en rade de Zanzibar.

« — A Vanga, demanda celui-ci, y a-t-il de l'eau salée ?

« — Beaucoup, répondit le délégué allemand.

« — Alors, c'est aux Anglais ! »

Mais comme on réclamait :

« — Alors, ajouta le commandant, recourons à la justice de Salomon. Quand à marée haute, Vanga sera entouré d'eau, Vanga sera anglais ; à marée basse, il deviendra allemand. »

Mais il paraît que cette décision n'a pas été regardée comme définitive, et il a été statué que le fleuve Oumba qui se jette dans la mer à une demi-heure de marche au sud de la ville serait la limite entre les deux sphères d'influence.

Vanga appartient donc à l'Angleterre ou à son « protégé » le sultan de Zanzibar ; il y est représenté par un gouverneur, vieux soldat béloutchi, peu lettré, — vu qu'il ne sait pas encore lire, — mais d'honnête apparence.

***

Bâtie sur un terrain un peu plus élevé que les lagunes qui l'entourent, la ville est, à l'époque des grandes marées, entourée d'eau de tous côtés et serait, je crois, un séjour peu enchanteur aux Européens qui voudraient y venir dépenser leurs rentes. Elle renferme actuellement peut-être deux ou trois mille habitants, arabes, swahilis, noirs libres et surtout esclaves, plus un Banyan qui tient la douane et quelques Hindous qui font le commerce. Le port est fréquenté par de petits boutres indigènes, et la ville, il y a quelques années, a été entourée d'un mur en pierre et de forme quadrangulaire pour la mettre à l'abri des attaques du fameux Mbaroukou, la terreur de toutes ces contrées.

Nous campons à l'ombre des cocotiers, dans un endroit sec et frais, où la brise de mer vient nous caresser doucement. Nous resterons ici deux jours.

Tel qu'il est, avec son mauvais port et sa malaria, Vanga a cependant son importance relative. D'abord, c'est comme on vient de le dire, la ville qui limite au sud les possessions anglaises, et un agent de la Compagnie réside en face, à Tchouyou. Ensuite, c'est, entre Mombassa et Tanga, le point de la côte le plus fréquenté par les embarcations indigènes, les commerçants du pays et les populations de l'intérieur : Digos, Séguédious, Parés, Taitas, Kambas, chacun arrivant avec ses produits, ses besoins, son costume et son originale physionomie.

***

Naturellement, notre arrivée, signalée comme toujours par les coups de fusil de nos hommes, cause une certaine émotion dans la place et nous sommes bientôt entourés par une foule de curieux qui assistent à l'installation de notre campement : hommes, femmes, chèvres, poules, moutons et enfants.

Dans le nombre, nous distinguons tout de suite un grand gaillard de type assez peu banal, d'allure éminemment sauvage, et, malgré tout, de tournure sympathique. Origine : pays Kamba, là-bas, au nord, loin dans l'intérieur. Etat : vagabond. Profession : sorcier. Son costume est un vrai magasin de chiffons, de peaux, de besaces, de gourdes, de cornes, de griffes, de coquillages, de morceaux de bois et de curiosités ethnographiques de toute espèce : impossible avec cette taille, cet air, cette tête et cet accoutrement de ne pas imposer le respect aux populations (*fig.* 19). Depuis sa tendre enfance, il parcourt le monde africain et peut vous nommer en détail tous les villages et les campements qui se trouvent échelonnés du Kénya au Kilima-Ndjaro, de Vanga au Kavirondo. Tout de suite il nous indique un chemin de traverse pour passer d'ici à Taita et de là à Tovéta, où nous allons, à travers le grand plateau désert dont il a été parlé. Ce chemin est inconnu; du reste, nous ne le prendrons pas. Mais pour l'homme, peut-être pourrions-nous le choisir comme guide, car ici il nous en faut un...

Or, pendant que je réfléchis à la chose, il me prend à part, m'emmène derrière ma tente et, de l'air le plus engageant du monde :

« Ecoute, dit-il, je vois que tu es mon ami, et je suis le tien. Tu es sorcier chez les Blancs, je le suis chez les Noirs : il faut nous entr'aider.

« — Entr'aidons-nous !

« — Souvent, on me demande un peu de médecine pour celui-ci ou celui-là. Tu comprends ?

Fig. 19. — LE VIEUX SORCIER DE KAMBA. — Dessin de Mgr Le Roy.

« — Oui, pour le guérir.

« — Au contraire, pour le tuer.

« — Ah!

« — Oui. Et je serais bien content, bien reconnaissant, — si c'était un effet de ta bonté, — de recevoir de ta main la médecine qui tue le monde sans bruit, sans trace, et sans faute... »

A cette requête extraordinaire, je ne puis m'empêcher de manifester mon étonnement indigné et me mets tout de suite en devoir de donner à mon « confrère » une petite leçon de morale; mais à peine ai-je commencé qu'il a déjà disparu. Que de professions tout de même il y a dans ce monde!

*
* *

Le soir de ce jour, c'est un autre cas. Un jeune homme d'aspect simple et bon vient nous trouver :

« Je suis, dit-il, de Paré — un pays de montagnes où nous passerons, — fils du chef Kimbouté, et je serais heureux si je pouvais me joindre à votre caravane pour rentrer dans mon pays. Seul, je serais pris en chemin; avec vous je n'ai rien à craindre.

« — Volontiers. Tu es fatigué de Vanga?

« — J'ai des misères.

« — Quelles misères?

« — C'est que Bohéro, l'homme de Mbaroukou, de Gassi, est venu chez nous le mois dernier, là-bas. Et il a dit à mon père : « Si tu me donnes des bœufs pour le « grand Mbaroukou, et une dent d'éléphant, je les lui « remettrai de ta part, et il t'enverra du linge gros comme « une maison. » Alors, mon père a donné l'ivoire et les bœufs, puis cinq hommes pour rapporter le linge. A Gassy, Mbaroukou a dit : « C'est bien. Voulez-vous « faire une promenade en bateau? » Moi, j'étais malade, mais les camarades ont dit oui, et ils sont partis, et ils ne reviennent plus...

« — Où sont-ils allés?

« — On dit que c'est à Pemba, une terre qui se trouve en mer, de ce côté-là... Et moi je suis venu ici, et voilà qu'un Arabe veut aussi m'envoyer promener à Pemba. Je préfère rentrer à Paré... »

Ce pauvre innocent l'a manqué belle! S'il ne nous avait pas rencontrés, lui aussi aurait été embarqué pour l'île inconnue où ses amis ont été conduits par surprise, et vendus. Pemba, c'est le tombeau des esclaves!

Il est donc convenu que ce brave sauvage restera dans notre camp jusqu'à notre départ et suivra notre caravane.

*
* *

Notre caravane! (*fig.* 20), je n'ai encore rien dit de la manière dont elle se comporte. Ce n'est pourtant pas que nos recrues de Mombassa laissent couler les jours sans incidents. Dès les premiers pas, c'est un abruti, né à Maka — les Français disent La Mecque — qui déclare en soufflant ne pouvoir porter sa charge et qu'il faut renvoyer; ailleurs, c'est un esclave engagé sans autorisation et que son maître fait réclamer; ici, c'est un porteur perdu de dettes qui par un hasard malheureux rencontre en chemin son créancier auquel il faut l'abandonner; chaque jour, c'est une conversation amicale qui dégénère tout de suite en dispute et une dispute qui finit par des coups; souvent, dans les villages, c'est un cas d'ivresse criarde et scandaleuse, avec accompagnement de tapage nocturne, joyeusetés bruyantes, insultes, bris de vases et aplatissements de nez; enfin, sur la route ou dans le camp, ce sont des propos auxquels il faut d'office faire mettre un terme, étant tels qu'ils feraient rougir des

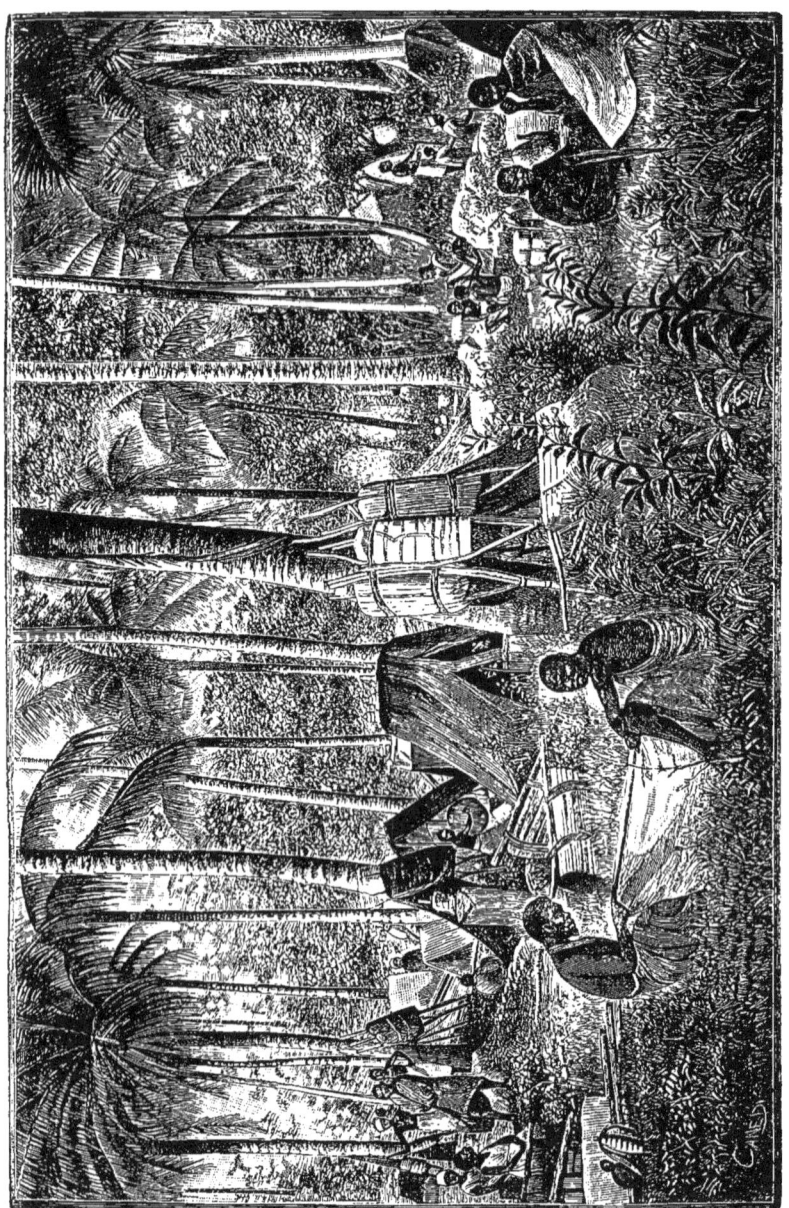

Fig. 20. — Porteurs de la caravane sous les cocotiers de la mission de Bagamoyo. — Photographie du R. P. Le Roy.

gorilles et même des journalistes. Mais la nuit dernière, c'était bien autre chose! Toute cette infecte bande musulmane de Mombassa, — nos hommes de Bagamayo sont relativement sages, — s'est promis de nous mettre une bonne fois à l'épreuve en essayant une grève : car en Afrique la grève a cours aussi. La civilisation pénètre... Donc, ce matin, quand je distribuerai le *posho*, le prix de la nourriture de chaque jour, le premier appelé, qui est toujours Hamisi le Borgne, devra le refuser et réclamer le double. Je suis au courant de la manœuvre par quelques mots entendus au hasard et des ouvertures explicites que m'a faites un témoin, membre de ma police secrète.

Le moment de l'appel est venu :

« — Hamisi le Borgne!

« — Présent.

« — Voici les *pessas*. »

Hamisi, qui a bu un coup de trop pour se donner de l'énergie, prend son argent d'un air dédaigneux et le jette à travers les cocotiers en disant : « Tout ça? Alors, va chercher des porteurs où tu voudras! » Un instant de silence, de ce silence où l'on entend voler une mouche, se fait sur la troupe. Mais comme Hamisi allait savourer intérieurement la satisfaction d'avoir produit sa phrase, une formidable paire de gifles l'a déjà tout ébloui, — il est des cas où l'Écriture dit « de se fâcher sans pécher », — et avant qu'il ait complètement repris la libre possession de ses sens bouleversés, nous sommes tous les deux devant le vénérable gouverneur, suivis de la bande qui crie : « Nous irons tous! Nous irons tous! » Sans que j'aie eu le temps de m'expliquer, sur un geste du vieux Béloutchi, ses soldats se précipitent sur leurs armes, et trois minutes après, tout notre monde était en prison. Ah! lecteurs d'Europe, si chez vous vous éprouvez des retards avec la justice, je vous recommande le gouverneur de Vanga!

Mais, en somme, les plus embarrassés de cette mesure énergique, c'est encore nous; car si tous les gens nous quittent, comment les remplacer ici, où l'on ne trouve personne? Mgr de Courmont et le P. Auguste sont restés au camp. Alors n'ayant personne à qui demander conseil, j'essaie une de ces harangues antiques, comme on en trouve dans le *Conciones* et que les généraux du temps passé s'amusaient, parait-il, à composer à l'usage de leurs soldats révoltés. Aujourd'hui que j'écris ces Commentaires, j'ai totalement oublié le texte exact de mon improvisation; mais je me rappelle vaguement que, après avoir accablé de reproches amers ce pauvre Hamisi, le plus bête de tous, je fis semblant de croire que les plus méchants étaient les plus innocents, que je pourrais les faire mettre aux fers pour le reste de leurs jours, qu'il ne tenait qu'à moi de les laisser mourir sur la paille humide des noirs cachots, mais que, ayant reçu un magnifique mouton du gouverneur, j'hésitais à les en priver tous pour la faute d'un seul... »

Ce mouton fit beaucoup d'effet.

Des avis particuliers, des remontrances amicales, de petites tapes familières distribuées sur le ventre de quelques chefs de file achevèrent la conquête de cet auditoire factieux. Bientôt Ali, un ancien matelot qui se prétendait citoyen français parce qu'il avait passé quinze jours à Mayotte et que nous avions recueilli sur notre chemin dans une dèche complète, Ali jura que, pour sa part, il nous suivrait jusqu'au sommet des cieux et au fond des enfers; et tout le monde en fit autant. Mais Hamisi passa, comme de juste, sa journée en prison : tant il est vrai que l'histoire est partout la même et qu'il est dangereux, quand on est un peu sot, de faire des révolutions.

Cependant nous ne devions pas avoir une paix de longue durée. Le soir de cet épisode émouvant, quand, à la clarté des feux qui s'éteignaient, tout commençait à dormir au camp, nouveau tapage.

Nous nous levons en toute hâte et sortons des tentes. Cette fois, c'est le gouverneur en personne qui vient à nous, suivi de tous ses soldats et escorté d'une foule considérable criant à tue-tête. « Ça des hommes? hurle une voix. Ce sont de sales vaches. Je suis lié par des vaches! Ah! Sakerrapoute! » Et Ali — car c'est notre fameux Ali — les mains liées derrière le dos, se précipite à nos pieds en criant comme un possédé : « Un citoyen français! Sakerrapoute! Ah! Sakerrapoute! »

« — Qu'est-ce que tu dis, Ali? Allons! du calme...

« — Ben? je me fâche en français, comme à Mayotte. Sakerrapoute! c'est comme ça que disait le gouverneur quand ça lui arrivait.. »

A quoi le gouverneur, celui de Vanga, ajoute que le dit Ali est très coupable parce qu'il a été rencontré en ville en état d'ébriété manifeste.

« — Mais il fallait le mettre en prison!

« — C'est ce qu'on a fait.

« — Et alors!

« — Et alors, un quart d'heure après, il a enlevé la porte de sa prison et il est venu la cogner contre la mienne. »

Cette histoire, qui éclaire d'un jour spécial celle de Samson, ennuie beaucoup le vieux Béloutchi. Tout n'est pas rose et violette, allez! quand on est en place et qu'on a charge d'âmes. Finalement, on arrive à découvrir une maison particulière plus solide que la geôle du Gouvernement, on y loge Ali, et, le lendemain, le calme étant fait partout, nous prenons congé de cet excellent fonctionnaire et de sa dangereuse cité.

VIII

LES PREMIÈRES MONTAGNES.

Le cours de l'Oumba. — Autre physionomie de pays. — Bwiti. — Séguédyous et Taitas. — Le passage de la montagne. — La savane africaine. — A Dalouni. — Un gros enterrement.

A 2 kilomètres à peine de Vanga coule la rivière Oumba, profondément encaissée entre ses deux rives, à cause de l'apport considérable de sable et de limon qu'elle y a successivement déposé. En ce moment, il y a peu d'eau; mais, à la saison des pluies, elle draine le produit d'une immense vallée, à droite et à gauche, et se répand au loin sur ses bords qui sont ainsi devenus, près de la côte surtout, de fertiles alluvions soigneusement cultivées. Nous avions pensé que, dans notre passage de Vanga à Paré, nous n'aurions guère qu'à remonter cette rivière inexplorée, ce qui aurait eu l'avantage de nous procurer tous les jours de l'eau et des vivres, sans faire de détour considérable. Mais fiez-vous donc aux intuitions géographiques, aux cartes et à la science! Nous apprenons ici que, au-delà du village de *Gondja*, peuplé de Digos, les deux rives de l'Oumba sont complètement inhabitées, les Massaïs ayant pris l'habitude de piller très fidèlement les villages qui avaient tenté de s'y établir. Du reste, de chaque côté de la rivière, la bande fertile et cultivable est assez étroite. En prenant cette direction, nous serions donc forcés de nous faire un chemin dans la forêt et de ne vivre que d'eau claire; c'est insuffisant pour nos hommes et pour nous.

En conséquence, nous nous orientons vers le sud-ouest pour aller rejoindre la base des montagnes du pays Sambara, que nous devons longer jusqu'à Paré.

Avec notre caravane qui va lentement, il nous faut trois jours pour en atteindre les premiers contreforts, à *Bwiti*. Jusque-là, par *Douga* et *Mikoundé*, nous traverserons un pays généralement sec, peu fertile, où passent de rares cours d'eau, plus ou moins saumâtres, d'où s'élèvent quelques collines, où s'étendent les grandes solitudes peuplées d'arbres souvent rabougris et croissant péniblement dans une terre rouge; çà et là, émergent le schiste et un gneiss grossier. Beaucoup de broussailles, d'épines, d'acacias, d'euphorbes, d'ampélidées, ornées parfois de quelques belles têtes de cycas [1]. Dans les vallées, aussitôt qu'il y a de l'eau, surgissent les grands arbres, les lianes et les dattes sauvages [2]. Nous trouvons cependant des villages pour camper et vivre : villages de Digos, établis ici sur des hauteurs et entourés d'estacades faites de solides morceaux de bois. En général, un sycomore ou un tamarinier est là tout près, abritant de son ombre amie le repos des indigènes et leurs propos divers. Dans ces pays du soleil, la maison, en effet, ne sert guère qu'à protéger le sommeil de la nuit, et c'est pourquoi, peut-être, elle

---

[1] *Encephalartos villosus.*
[2] *Phœnix Senegalensis.*

est si rudimentaire. A quoi bon ces immuables maisons

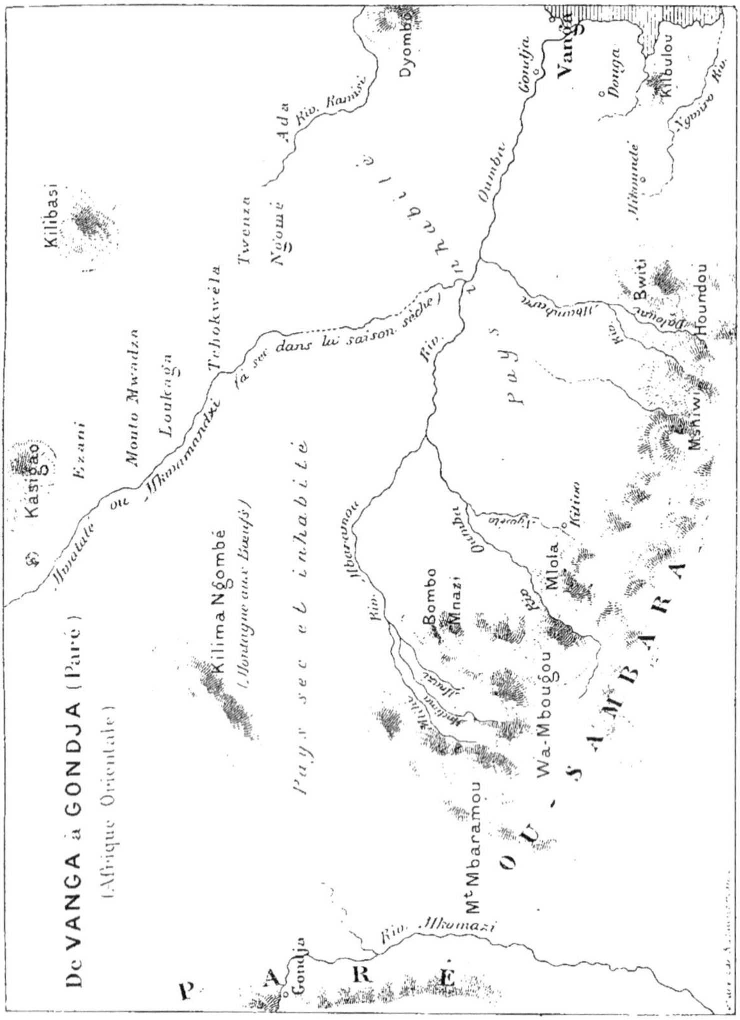

De VANGA à GONDJA (Paré)
(Afrique Orientale)

de pierre, quand on a si peu de chose à y mettre, qu'on n'a point d'hiver et qu'on est si bien au grand air?

Quant à nous, c'est un vrai soulagement lorsque, après une dernière et pénible marche à travers une forêt désertique où nous n'avons rencontré, en fait d'êtres vivants, que deux magnifiques troupeaux d'antilopes, — à les poursuivre inutilement, j'ai même perdu une vénérable calotte de paille qui me servait depuis sept ans! — c'est un vrai bonheur de nous trouver tout à coup en face d'une vallée où tout est verdure. Voici de l'eau enfin, de l'eau douce, claire et courante; une vraie forêt de cocotiers; du riz; des fleurs qui s'épanouissent, des insectes qui crient, des grenouilles qui chantent et là, sur notre passage, une plante qui croît en abondance et attire l'attention : c'est la Larme de Job[1], une graminée singulière, dont je n'avais encore vu les graines, d'un gris luisant, qu'enfilées dans des chapelets ou des colliers.

En face, se dresse une montagne, peuplée tout en haut de gens de Taïta et plus bas de Séguédyous : c'est chez ces derniers que nous campons, au milieu d'un village. Nous sommes à *Bwiti* (fig. 21).

Ces Séguédyous sont une tribu dispersée, originaire, dit-on, des bords du fleuve Tana, d'où les Gallas les auraient autrefois chassés et qui ont formé de petites colonies en divers endroits de la côte, au nord de Lamou, au sud de Gassi, surtout dans les environs de Tanga, où nous sommes. Ils se livrent généralement à l'agriculture ou au commerce, et presque tous ont embrassé l'islamisme, dont ils prennent au reste ce qu'ils en veulent prendre. Leurs noms, leurs habitations, leur costume et leurs habitudes les rapprochent par là même beaucoup des Swahilis et n'offrent rien de particulièrement intéressant. Ils nous reçoivent bien, d'ailleurs, mais en insistant pour que nous les recommandions aux autorités

---

[1] *Coix lacryma.* L.

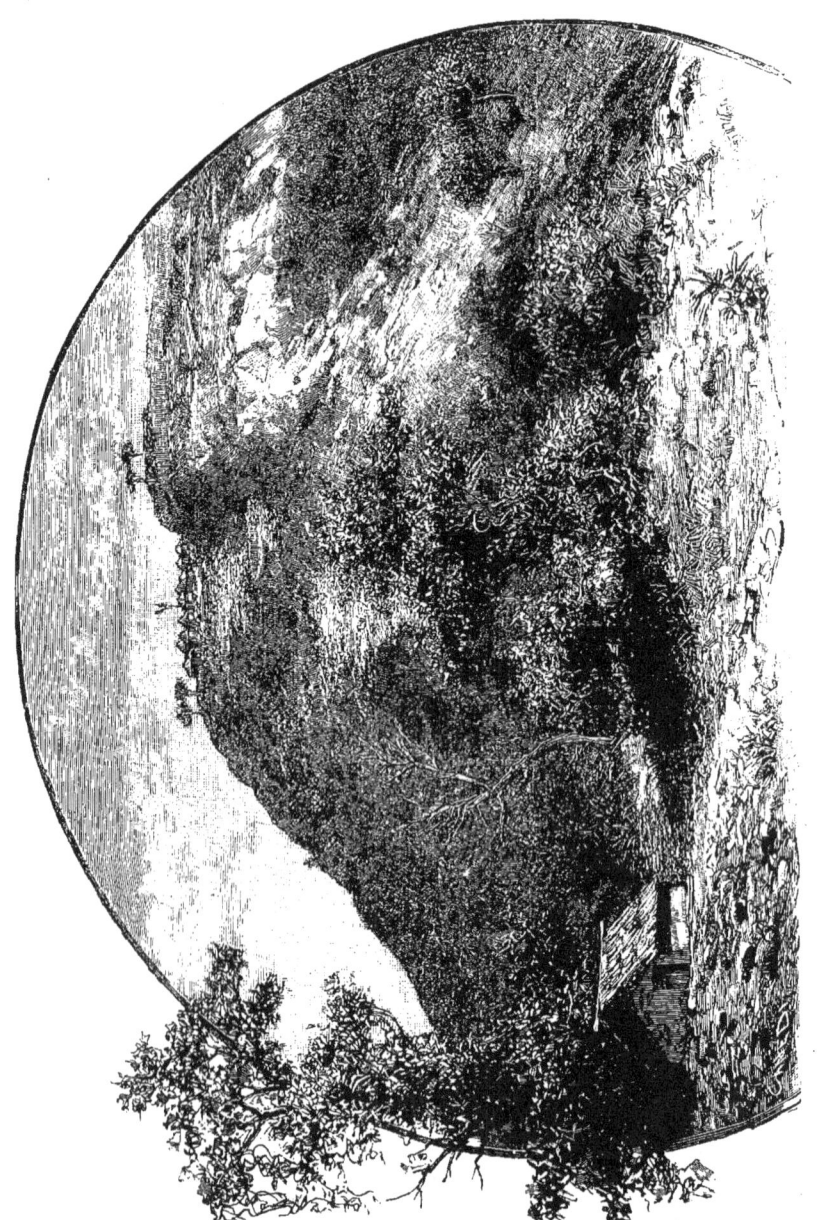

Fig. 21. — Vue de la montagne de Bwiti (Sambava). — Dessin de Mgr Le Roy.

allemandes de Tanga, dont ils ont une peur salutaire. De Bwiti, ils ont fait un petit centre où se tient un marché et où les indigènes des environs viennent à certains jours échanger leurs produits contre ceux de la côte; c'est le dernier point où l'argent a cours.

Les Taitas qui sont venus s'établir ici, fuyant de chez eux les incursions et les guerres, ont choisi les anfractuosités de la montagne pour y faire leurs nids, car ce ne sont guère que des nids, ces petites cases rondes, misérables et déséquilibrées qu'on aperçoit là-haut. Leurs propriétaires cependant y vivent à peu près heureux, sauvages et libres, avec quelques chèvres, des moutons, des vaches, des haricots, du maïs, des bananes bien au-dessus des cinquantes codes, des impôts, des prestations, de la surveillance paternelle de l'État et de l'explosion de dynamite.

*
* *

Le soir, grand conseil.

Dalouni, où nous devons aller le lendemain, se trouve juste derrière cette montagne qui s'avance dans la plaine comme un énorme contrefort du pays Sambara. Prendrons-nous le chemin direct par-dessus cette muraille, où vaut-il mieux en faire le tour? D'abord, les porteurs penchent en majorité pour ce dernier parti; mais quand ils nous voient décidés à prendre le sentier de chèvres qui se déroule là-haut devant nous, peu à peu ils se décident tour à tour à nous suivre. Nous les laissons d'ailleurs parfaitement libres, et c'est pourquoi sans doute ils se montrent si intrépides.

Le lendemain matin, tout est prêt pour l'ascension.

Nous avons d'abord à traverser le petit torrent qui s'épanche dans la vallée, sautant gaiement à l'ombre des grands figuiers sycomores et battant de ses eaux claires les roches au milieu desquelles il a creusé sa voie. Longtemps nous le suivons, pour le laisser ensuite, et nous engager sur des pentes escarpées que nous gravissons, nous, sans trop de peine, mais où nos porteurs, avec leurs charges de 30 à 35 kilos, ahanent pitoyablement. Mais n'importe! Est-ce pour faire les braves, est-ce pour se tromper eux-mêmes, est-ce pour oublier la fatigue? Toujours est-il qu'ils ne cessent d'envoyer à tous les échos de la montagne des cris, des apostrophes, des rires et des chants, qui confondent d'admiration les femmes qui récoltent en ce moment leurs haricots, les enfants qui gardent leurs chèvres.

Cependant le soleil, parfois si doux dans les matinées d'Europe, commence ici de bonne heure à piquer sans merci. De plus en plus abondante, la sueur roule sur les peaux noires, le souffle devient plus bruyant dans les poitrines haletantes, finalement les plus braves se taisent.

Mais la Providence est généreuse. Au bon moment, dans un coin tout plein de verdure où les mousses et les fougères se mêlent aux ronces et aux bananiers, voici une cuvette de granit en laquelle tombe en courant une eau si pure, si fraîche, si cristalline, qu'on ne l'échangerait pas, dans la circonstance présente, contre une égale quantité du plus fin Médoc, créé par les procédés scientifiques les plus nouveaux.

Courage! Nous voilà sur le plateau. Le même sentier qui nous a menés jusqu'ici par des pentes plus ou moins déboisées, passe maintenant à travers une végétation libre et luxuriante, des lianes superbes, des arbres droits comme de gigantesques mâts de navire (*fig.* 22). Au milieu de cette nature exubérante, de cette ombre, de ces paysages, de ce gazon et de ces fleurs, la marche est un repos.

Fig. 22. — Montagne de Bwiti, arbre envahi par les lianes. — Dessin de Mgr Le Roy.

Malheureusement, toute montée suppose une descente. Et c'est en trébuchant dans les racines qui, de l'autre côté de la montagne, barrent le sentier, en donnant de ci de là de vigoureux coups d'orteil contre les pierres aiguës, en roulant, en soufflant et en geignant que la caravane arrive finalement en bas, à Dalouni, saine et sauve tout de même, ou à peu près, et fière d'elle-même.

.*.

Mais je n'ai rien dit encore du panorama qui se déroule là-haut : il est magnifique dans sa sauvage grandeur.

Sur le plateau, le sol est humide, l'air frais, la végétation superbe. De ce poste d'observation qui s'avance comme un gigantesque promontoire, dominant tout, vous avez derrière vous, au sud et à l'ouest, l'énorme paquet de montagnes du Sambara; à droite, la vallée ombreuse de Bwiti où nous avons passé; à gauche, celle de Dalouni, toute pareille, où l'on va descendre, et au delà, et en face, partout ailleurs, aussi loin que la vue peut s'étendre sous ce ciel sans nuage, sur cette terre sans vapeurs, là-bas, là-bas, l'immense forêt de la savane africaine, d'un gris uniforme relevé de taches rouges, avec quelques pics isolés, jetés çà et là comme pour servir de points de repère aux éléphants qui traversent ces solitudes. Seule la rivière Oumba marque d'une ligne verdâtre son cours silencieux, d'où ne s'élève la fumée d'aucun village, où ne mûrit nulle culture et dont les eaux ne servent qu'aux troupeaux de bêtes qui, du fond de la savane, viennent la nuit s'y abreuver.

En Europe, une aussi grande étendue de pays renfermerait toujours quelque souvenir historique, quelque vestige du passé; il y aurait des traditions, des légendes, et parallèlement à la perspective dans l'espace une perspective dans le temps. Ici, rien de pareil : tout est sur le même plan, tout est nouveau et tout est éternel. L'homme a passé là sans doute, mais sa main n'y a rien laissé, ni palais, ni ruines, ni colonnes, ni tombeaux. A peine un étroit sentier qui, d'une saison à l'autre, se déplace ou disparait, des villages qui se renouvellent, des champs conquis sur la forêt et que la forêt vient plus tard recouvrir, voilà l'Afrique. L'homme y passe comme la barque dans l'Océan, comme l'oiseau dans l'air.

Mais cette manière d'entendre la vie a aussi sa grandeur et nous rappelle mieux notre originelle pauvreté. Ne nous attachons pas trop à la terre : nous la foulons si peu de temps, nous y faisons si peu de chose et nous lui laissons de nous-mêmes de si tristes débris!

*
* *

A Dalouni, nous retrouvons dans la vallée une nouvelle forêt de cocotiers magnifiques sous laquelle nous apercevons les restes d'un campement, et où nous nous établissons à notre tour. Sous les cendres des foyers abandonnés, le feu brûle encore, dans les huttes provisoires, la vermine attend de nouveaux hôtes, on ne pouvait arriver plus à propos.

Une remarque en passant. On dit qu'il faut au cocotier la proximité de la mer pour atteindre tout son développement. Peut-être; mais ici, nous sommes déjà à trois jours de marche du rivage, et ces arbres sont superbes, en plein rapport. On en a aussi sur les bords du Tanganyika. Il semble donc que le cocotier, s'il est planté dans un sol léger et frais, peut vivre et prospérer loin de la mer : ce qu'il lui faut avant tout, c'est l'eau et la vapeur d'eau.

La population de cette vallée est une petite colonie de

Digos, dispersée en cinq ou six villages, malfamée et digne de sa réputation, superstitieuse à l'excès, inhospitalière, exigeante et obtuse. L'agriculture a cependant l'air d'être en honneur : les cocotiers sont très beaux, de grands champs de cannes s'étendent à côté, et les Indigènes savent en extraire, en les pilant, le jus précieux qui chez les civilisés se convertit en sucre et en rhum, et chez eux en sirop et en *pombé*. Plus haut, dans les terrains moins arrosés, on cultive le sorgho, le maïs, le manioc, la patate, diverses espèces de haricots. Du reste, si les champs ne rapportent pas, ce n'est point faute d'amulettes ; on en trouve partout (*fig.* 23).

C'est, par exemple, au pied d'un grand arbre creux, une petite case destinée au *Mzimou*, à l'ombre vagabonde de quelque ancêtre ; elle y vient s'y reposer et pour s'y fixer, on lui offre un épi de maïs, quelques grains de riz, une libation de bière de sorgho ; c'est, au carrefour de deux ou trois chemins, un tortillon de paille fixé avec des piquets et renfermant une pincée de grains pour les esprits en peine ; c'est, ailleurs, une petite calebasse pleine de vin de palme, suspendue à un tronc d'arbre et destinée au mystérieux gardien de la cocoterie, afin que, par malice, il n'en fasse point tarir la sève ; c'est, dans les champs, un morceau de bois fourchu et garni d'objets bizarres pour effrayer, non les oiseaux, mais les maraudeurs ; c'est, à l'entrée d'un chemin de service conduisant à une plantation, une feuille de cocotier mise en travers sur deux piquets, avec coquillages et morceaux de bois taillés, pour dire que, si l'on franchit le passage, on sera infailliblement pris de maladies terribles, dévoré par les crocodiles ou mordu par les serpents.

※

J'ai dit plus haut que nous arrivions à propos en ce pays de Dalouni; il faut ajouter que nous arrivons pour un enterrement. Aujourd'hui même, en effet, on rend les derniers devoirs à un vieux petit chef qu'on ne paraît pas regretter démesurément, mais qui, tout de même, ayant vécu avec quelque solennité sur la terre, ne doit pas s'en aller sans pompe aux pays des morts. En conséquence, son voisin, qui doit diriger la cérémonie, vient nous demander des fusils, de la poudre et du linge, le tout, dit-il, pour relever les funérailles et faire plaisir à l'ancien; nous lui accordons cette politesse qui nous en vaudra d'autres, espérons-le. Bientôt, le cortège passe, avec son mort enroulé dans une quantité considérable d'étoffes variées, les tam-tams battent aux champs, les femmes envoient vers le ciel, par intervalles réglés avec art, des roulades de cris stridents, les coups de fusil se succèdent, et l'on s'achemine ainsi vers la tombe où ce petit grand de la terre dormira son sommeil. Nos porteurs, toujours prêts à se gaudir des « sauvages », — car il est bien entendu que eux seuls dans le monde sont civilisés, — seraient bien heureux d'aller prendre part à la cérémonie pour y essayer quelque sarabande de leur façon; mais nous les consignons tout exprès.

Cependant, nous ne pouvons éviter la fin. Pendant que les hommes, là-bas, remplissent la tombe de terre et rentrent au village, un nombreux groupe de vieilles créatures, ridées, parcheminées, hideuses, avec de maigres figures de sorcières, arrive se planter dans un carrefour de trois chemins en face du campement, quoique un peu loin, et là nous donne un spectacle gratuit comme Shakespeare n'en a jamais rêvé. Elles viennent

Contre les maraudeurs. Case de Mzimou (ombre d'ancêtre). Pour fermer un passage.
Offrande de vin de palme. Offrandes de grains de maïs.

Fig 23. — Fétiches de Digos de Dalouni. — Dessin de Mgr Le Roy.

de laver le linge du mort et le leur; et la coutume veut qu'en cette occasion elles ne soient guère habillées que de leur peau; mais, — il faut se hâter de le dire, — à cette distance et à cet âge leur costume n'est un danger pour la modestie de personne. Plusieurs portent des vases de terre dans lesquels elles poussent des hurlements épouvantables, d'autres ont des instruments spéciaux, et toutes obéissent à une antique mégère qui tient une corbeille remplie de coquilles et dirige les cris, la danse et la marche. En ce moment elles sont arrivées au carrefour où doit s'achever la cérémonie. La vieille commande, son grand bras de guenon élevé vers les montagnes, ses longs doigts écartés et tremblants, sa maigre face transformée, ses yeux dilatés, sa voix aiguë sortant en ondulations étranges auxquelles répondent les cris et les gestes des femmes qui l'accompagnent.

Que disent-elles? Ah! c'est un singulier *Libera!*

Dans des termes variés et parfois si injurieux et si comiques qu'elles en rient elles-mêmes, elles enjoignent au *Mzimou*, c'est-à-dire à *l'ombre* du mort, de rester là où elle est, au pied de son arbre, et de ne jamais venir les tracasser dans l'existence où elle les a laissées. On lui donnera du maïs, du riz, quelques trognons de cannes à sucre, un peu de ce vin de palme qu'il a tant aimé; s'il veut courir la pretantaine, qu'il aille dans les montagnes, qu'il se divertisse au désert, qu'il s'amuse dans les baobabs de la forêt, qu'il aille roupiller de jour et de nuit dans les bois, mais qu'il laisse désormais tranquilles les hommes, les femmes et surtout les petits enfants du village! Sa place est prise!...

Ces tendres objurgations durent longtemps, et l'on peut même deviner que, dans cet étrange monologue entrecoupé régulièrement d'une sorte de refrain variable répété par le chœur des assistantes, il y a place pour nombre d'allusions fines et de brûlantes épigrammes à l'adresse du vieux chef qui cependant, lui aussi, « fut bon père et bon époux ». Mais à la fin, la maîtresse des cérémonies, recueillant toutes ses forces et lançant une dernière bordée de cris stridents auxquels répondent immédiatement d'épouvantables hurlements dans les terrines, jette aux quatre vents du ciel les blanches coquilles de son panier, on brise tous les vases, et la bande se disperse.

Un grand devoir est accompli!

IX

LA MARCHE AU DÉSERT

Médecin et dentiste. — Chez des voleurs de grand chemin. — La marche de nuit. — Sur un pavé de fer, à midi. — Le désert de Gourouva.

Nous nous sommes arrêtés deux jours à *Dalouni* dans le but principal de nous procurer des vivres et des calebasses, ces dernières pour y mettre des provisions d'eau, car nous avons devant nous un redoutable désert à traverser. Vivres et calebasses ont été difficiles à obtenir chez cette population mal commode, incivile et mendiante. Le plus calme de nos porteurs a même cru de son devoir de m'adresser à ce sujet des observations respectueuses.

« — Comment! m'a-t-il dit, voilà des sauvages qui ne veulent rien nous vendre, et quand ils viennent ici promener leurs maladies, tu les guéris pour rien! C'est ridicule, à la fin... »

Il est certain que, dans le pays digo, la médecine gratuite a un succès marqué. Les malades, c'est-à-dire ceux qui le sont, l'ont été ou craignent de l'être, viennent nous trouver en foule, et ils ont en nos petites bouteilles une foi si touchante! Voici, par exemple, un vieux lépreux, qui m'amène sa digne épouse. Elle est aveugle. « Il y a huit ans, dit l'ancien, que ses yeux sont éteints; il faut que tu nous les rallumes! » Je confesse modestement que je n'ai pas ce pouvoir; on ne me croit pas. J'ajoute que j'ai d'ailleurs oublié à Zanzibar la médecine qu'il réclame : « Et cette bouteille, reprend le bonhomme en me montrant un flacon d'acide phénique, est-ce que c'est pour les singes? » A bout d'arguments, j'applique à la vieille un peu de coton mystérieusement passé dans de l'eau claire, je donne à son mari trois pilules de biscuit détrempé, et j'annonce que, si dans huit jours ils ne sont pas guéris l'un et l'autre, c'est que probablement ils ne le seront jamais. Pauvres bonnes gens! Ils auront au moins dans leur vie toute une semaine d'espérances!

Mais il n'est pas toujours possible de satisfaire ainsi sa clientèle. Hier, un enfant s'est approché : sans mot dire, il a ouvert devant moi sa petite bouche toute ronde, fermé un œil, fait une grimace et donné un coup de langue sur une dent qui branlait. Ce cas était moins compliqué que le précédent, et il a suffi de cueillir le petit morceau d'ivoire entre le pouce et l'index. Immédiatement le bruit de cette merveille se répand, et en moins d'une demi-heure, j'ai devant moi toutes les mâchoires du pays. La plupart de ces bonnes gens n'ont aucune plainte à formuler contre leur double râtelier, mais on me prie d'arracher quand même pour les douleurs à venir. Ah! le beau pays pour les artistes sur dents!

Mais voilà que, à la fin, une pratique se présente à laquelle je n'aurais jamais osé penser : c'est Séliman en personne, notre antique et glorieux cuisinier. Depuis cinquante ans environ, affirme-t-il, il y a par là une dent qui lui fait mal, par instants, et puisque l'occasion s'en présente, c'est aujourd'hui qu'il est décidé à la remercier de ses services. A l'appui de son assertion, il ouvre une bouche épouvantable; je recule d'horreur. Il fait un pas en avant. Grand Dieu! serait-il devenu anthropophage!

Rassuré enfin, je me porte devant l'ouverture et considère à loisir ce musée étrange. Il y a de tout là-dedans : une langue extraordinaire, rappelant assez bien la semelle d'un soulier de gendarme, se meut frétillante sous un palais en ruines; des molaires énormes, jaunes, blanches, rouges, vertes, s'en vont dans toutes les directions comme des souches de vieux bois taillis; d'autres dents de formes inconnues dans l'anatomie humaine poussent ici et là; puis de larges espaces vides; et là-bas, tout seul en son coin, l'objet hors d'usage qu'il s'agit d'extirper.

En un moment rapide comme l'éclair, la pensée se reporte aux jours lointains où, petit garçon déjà bien aventureux, on aimait tant à parcourir les foires du pays bas-normand et à s'arrêter devant ces voitures superbes où un grand homme, surmonté d'un grand casque qui l'était d'un grand panache, parlait si éloquemment aux foules assemblées. Poussé par l'irrésistible passion d'être utile à l'humanité souffrante, il parcourait ainsi l'univers pour arracher les dents gâtées. Et je le revoyais qui d'un geste magnifique, plongeait la main dans une vaste corbeille et en retirait des milliers de molaires, d'incisives et de canines, preuves de ses exploits : « En voici une de la reine Victoria!... Celle-ci, Messieurs, vient du Sultan de Constantinople. Et cette autre, à qui croyez-vous qu'elle ait appartenu? Eh bien, vous ne le devinerez jamais : vous êtes trop bêtes! C'est une dent fossile que j'ai retrouvée dans la mâchoire de Noé!... »

Et il ajoutait, ce grand homme, en remuant par poignées des louis d'or que j'ai soupçonnés depuis être des centimes et des sous tout neufs, il ajoutait : « N'allez pas croire au moins que je suis amené ici par un vain désir du lucre ! Messieurs-Dames, je suis un philanthrope, je fais le bien pour le bien. Donc, gardez vos sous, mais donnez-moi vos mâchoires !... »

Et pendant que les tambours et les trombones de l'artiste grondaient tout en haut de la grande voiture, un petit bonhomme montait, avec sa blouse bleue passée sur un paletot noir, avec son chapeau rond posé modestement sur le ventre, avec sa tête originale, d'une naïveté si expressive. Et l'ayant fait asseoir, l'artiste lui tenait la bouche ouverte toute grande devant l'assistance émue : « Messieurs-Dames, vous voyez cette ouverture ? C'est une infection !... C'est l'authentique étable d'Augias, ousque dans laquelle, pour l'approprier, Hercule aurait besoin de faire passer le fleuve du Mississipipi !... »

Ah ! qu'il y avait de belles choses dans ce temps-là dans les foires du pays et que les dentistes y étaient éloquents ! Pour ma part, jamais je n'aurais osé ambitionner, à cet âge, de partager un jour la gloire d'un si grand homme. Et pourtant !... Voici devant moi une foule pareille à celle qu'il rassemblait, et, comme son petit homme à la blouse bleue, Séliman attend, bouche béante. Mais la grimace est telle que Mgr de Courmont s'est retiré sous sa tente pour ne pas compromettre la situation par des rires intempestifs ; le P. Auguste, moins réservé, part en un éclat prolongé et bruyant ; les porteurs en cercle ne peuvent retenir une manifestation de douce gaieté ; les indigènes des villages voisins, massés par groupes sous le grand tamarinier qui nous prête son ombre, participent à la joie commune.

Enfin, en présence de cette assistance aussi nombreuse que joviale, je retrousse solennellement mes manches, je m'arme d'une pince à insectes, je presse, je tire, et... Séliman fait par terre une culbute épouvantable ! — Mais je l'ai, la dent. Avec une vivacité juvénile, son propriétaire se relève, se jette dessus, la lie solidement dans un vieux morceau de linge et, tout en crachant largement sur les pieds de l'assistance, court immédiatement à sa cuisine où l'appelle une forte odeur de brûlé. « Pourvu, fait alors Monseigneur en manière de conclusion, que, dans le gigot de chèvre de ce soir, nous ne retrouvions pas, en guise d'ail, cette vieille molaire ! »

*
* *

En sortant de *Dalouni*, nous traversons d'abord la petite rivière de ce nom et, une demi-heure après, celle de *Mbambara*; les deux se réunissent et coulent vers l'*Oumba*, mais sous ce soleil et sur cette terre, elles n'ont vraisemblablement la consolation de l'atteindre que pendant la saison des pluies.

Et maintenant préparons-nous; le pays qui s'ouvre est le désert. A notre gauche, de hautes montagnes jetées par paquets l'une sur l'autre; à droite, la plaine sans eau; et, sur l'aride sentier que nous suivons, des arbres rabougris, clairsemés, une herbe jaune et rare, par endroits des bosquets étranges faits d'un enchevêtrement épouvantable de lianes, d'euphorbes, de buissons de tout genre où les épines paraissent avoir remplacé les feuilles. L'une de ces plantes est surtout caractéristique : c'est une Passiflorée [1], dont le pied tuberculeux, rond, énorme, couché sur le sol comme

[1] *Adenia globosa, Engler.*

un potiron de grande taille — il y en a d'un mètre de diamètre — donne naissance à plusieurs lianes d'un beau vert de houx qui couvrent parfois une étendue très grande sur laquelle elles rampent, se tordent, montent, redescendent, s'entrelacent et forment à elles seules une jungle si compacte qu'un oiseau même a peine à y pénétrer; là-dessus des épines à profusion, longues et droites, et, à la base de chacune d'elles, une feuille ronde, mais si petite, si rudimentaire, que l'œil la cherche et la distingue à peine. La fleur est blanche et peu apparente ; le fruit est de la taille d'une groseille.

Le sol qui produit ces horreurs est sablonneux, pierreux, reposant sur des roches de grain très grossier et de couleur uniformément grise. Parfois cependant on trouve de grands espaces rouges, chargés d'oxyde de fer.

Vers 11 heures, nous arrivons à un petit torrent ombragé de grands sycomores où je tue quelques pigeons verts qui nous serviront de dîner; l'endroit s'appelle *Kihoumbi*, c'est-à-dire *Passage (des Massaïs)*. Le lit de la rivière est à sec, encombré de pierres énormes; mais on dit qu'en la remontant nous trouverons de l'eau — ce qui est vrai. — Dans la montagne de *Mshiwi* d'où elle descend, des *Taitas* qui s'y sont établis pour piller les petites caravanes nous fourniront des vivres. On tire en conséquence quelques coups de fusil pour avertir ces obligeants détrousseurs que nous sommes là et les inviter à nous faire une petite visite.

Vain espoir. A la fin, cinq ou six porteurs s'aventurent dans ces gorges reculées et le reste de la caravane s'installe pour prendre un repos sommaire et repartir ce soir pour une marche de nuit.

Nous passons ainsi l'après-midi, sans nouvelle aucune des hommes qui sont allés là-haut; ces montagnards les auraient-ils pris, retenus, mangés? C'est possible, puisque c'est leur métier. En conséquence nous nous disposons à aller faire de ce côté une reconnaissance armée, lorsque tout à coup nous entendons des cris et des chants sortir du torrent; ce sont nos explorateurs qui reviennent chargés de vivres, de grains, de miel, de poules, de citrouilles et de calebasses. Les coups de fusil que nous avions tirés avaient convaincu ces gens qu'une forte expédition venait venger les Arabes qu'il leur était arrivé de détrousser dernièrement, et ils s'étaient enfuis, mettant en sûreté les troupeaux de chèvres, de moutons et de vaches qu'ils entretiennent sur ces hauteurs. Et c'est à les rappeler que nos hommes avaient passé tout leur temps.

⁂

A 6 heures du soir nous partons. En face, le soleil disparait derrière une montagne que nous devons tourner. Comme un œil immense, son globe rouge nous jette un dernier regard par-dessus la grande muraille, puis s'enfonce tout d'un coup, laissant les ombres indécises couvrir encore quelque temps l'espace jusqu'à ce que la lune le remplace au ciel pour nous guider dans cette marche aventureuse.

Mwalimou, notre guide, a eu grand soin de faire à sa troupe ses recommandations :

« *Wangwana*, mes frères, écoutez bien.

« Nous allons passer une nuit de misères. Mais il le faut pour abréger la marche de demain et traverser le grand désert de *Gourouwa*. Ecoute-moi donc, *Toumbo-Roumbo!*... Le grand désert de *Gourouwa*... Suivons-nous tous, l'un derrière l'autre, doucement, sans une parole, sans un bruit, sans éternuer, sans cracher. Si l'un ou l'autre a besoin de s'arrêter, un vrai besoin, il dira : « J'ai un vrai besoin! » Et tout le monde s'arrêtera. Et quand il repartira tout le monde repartira. Car ce serait dommage s'il était gobé par un lion; comment ferait-on pour porter sa charge? Qu'est-ce qui réclame?... Sans un bruit, sans éternuer, sans cracher... Car si les buffles nous entendent, ils vont se dire : « Qui est-ce qui passe là? » Et ils vont se jeter sur nous, et ils vont nous éventrer... Sans un bruit... Les rhinocéros de même, avec leurs cornes. Ah! je voudrais t'y voir, toi, *Toumbo-Roumbo*, dans une corne de rhinocéros, de part en part, grand sot!... Allons, *Wangwana*, mes frères, c'est entendu : tous à la file, doucement, sans un bruit, sans tousser, ni éternuer, ni parler, ni siffler, ni cracher!... »

Après cette improvisation brillante, la caravane se met en marche dans un ordre parfait. Malheureusement, à vingt pas de là, un porteur s'empêtre dans une racine et roule avec sa charge sur son voisin qui roule sur un autre qui roule sur un troisième, comme dans un jeu de quilles; d'où cris et rires à réveiller tous les échos. Le guide se fâche, recommence sa harangue, et l'ordre se rétablit pour ne se plus troubler que de temps à autre, quand, par exemple, un homme s'endort tout en cheminant et tombe sous son fardeau.

Marche intéressante cependant que celle d'une nuit pareille, à travers cette forêt et ce silence! A nos pieds, le sentier paraît à peine, là-haut le ciel se couvre d'étoiles innombrables, les nuages qui passent en courant devant la lune jettent tour à tour devant nous l'ombre et la clarté, les arbres prennent des formes fantastiques, la vue plonge dans des profondeurs inconnues et mystérieuses, les chansons variées des insectes s'élèvent de partout, douces, perçantes, saccadées, monotones; c'est un vrai concert. Parfois le cri de l'hyène, comme un long ricanement, nous arrive de loin, ou, plus rapproché et plus sinistre, un bruit sourd, indistinct, quelque chose comme un grognement, un souffle, des herbes froissées, font penser à la présence de quelque grand fauve. Et la caravane, silencieuse, glisse toujours, toujours, doucement, les pieds nus sur l'étroit sentier, comme une longue procession d'ombres...

Alors l'esprit se recueille sans effort et l'âme monte d'elle-même vers Celui qui créa toutes ces choses, qui du commencement jusque aujourd'hui les a suivies dans leurs développements séculaires et les recouvre encore de sa paternelle Providence.

L'activité de l'Univers ne connaît pas de repos. Et pendant que, dans sa liberté simple et fière, le missionnaire s'en va au cœur de l'Afrique, le long des chemins que la lune éclaire, voilà que l'herbe respire et l'arbre pousse, l'insecte chante, l'oiseau se repose, le fauve cherche sa pâture, les Noirs dans leurs villages dansent au son des tambours et, par le reste du monde, dans les grandes villes et les riches campagnes, l'un dort pendant que l'autre travaille, le malade appelle les premières heures du jour, l'ouvrier est à son œuvre, le soldat à son poste, le financier à son coffre, le moine à sa prière, l'impie à son blasphème. En ce moment-ci, pendant que j'aligne mes pas dans la nuit silencieuse, il se commet peut-être des atrocités sans nom; l'un jouit grassement de la vie, l'autre attache au clou la corde où le désespoir va le pendre, un enfant naît, un vieillard meurt, ici l'on adule, là on conspire, ailleurs on danse, ailleurs on s'égorge... Que sais-je encore et qui donnera la somme de tout ce qui se fait sur terre, à la même minute, pendant que la lune l'éclaire d'un côté et le soleil de l'autre? A la fin des temps, Dieu fera l'addition de ces pensées, de ces paroles, de ces actes : l'important est que notre compte y fasse bonne figure...

⁎
⁎ ⁎

Vers minuit, nous arrivons à une sorte de grande clairière où nous nous arrêtons enfin.

En un instant, les feux flamblent de toutes parts, chacun s'est vite trouvé un lit provisoire, et en moins d'un quart d'heure les ronflements consciencieux témoignent déjà de la bonne volonté qu'on a de dormir.

⁎
⁎ ⁎

A trois heures du matin, Mgr de Courmont est de nouveau sur pied : comme tous les jours, il dit la sainte messe sur son autel portatif, et quand il a fini, les francolins gloussent déjà dans les herbes, les porteurs s'étirent et Séliman présente une potion noire qu'il affirme être pour l'usage interne : c'est du café selon sa formule. Nous absorbons le plus clair de ce breuvage, et le soleil n'a pas encore paru derrière nous que nous sommes en route.

⁎
⁎ ⁎

La fraicheur du matin dure peu. Point de rosée sur les feuilles : la journée sera dure. Au reste, à mesure que nous avançons, le paysage devient de plus en plus triste. A droite, c'est toujours la même chaine de montagnes; mais ici elle s'élève comme un mur, sans rien qui en tapisse l'uniformité désolée. La plaine a une physionomie pareille. Partout le sable roulé des montagnes s'y mêle au minerai, on marche péniblement sur ce sentier en coupant des lits de torrents desséchés où l'eau a passé comme dans des canaux, et l'œil se fatigue vite d'avoir toujours devant lui ces étendues stériles, couvertes de rouille, pavées de fer. Quelques

Fig. 24. — Sous l'acacia parasol, dans le désert de Gourouwa.
Dessin de Mgr Le Roy.

maigres touffes de graminées se dressent çà et là; des acacias parasols (fig. 24) étendent seuls dans le désert leurs têtes à peu près vertes; des euphorbes arborescentes, spéciales à ces solitudes (*fig.* 25), se dressent parfois devant nous; une flore particulière s'est acclimatée en cet affreux pays, mais les feuilles grillées, recoquillées, faisant peine à voir, en disent assez les souffrances. On ne voit aucun animal courir dans ces plaines, nul battement d'ailes ne trahit la présence de l'oiseau, aucun bruissement d'insecte n'anime ce morne paysage, la brise elle-même se tait.

*
* *

A mesure que le jour avance, le soleil devient plus ardent, la route surchauffée brûle la plante des pieds, le regard fatigué ne distingue devant lui qu'un étrange miroitement, le sol est rouge, la brousse est grise, et là dessus, tout en haut, le ciel lui-même semble réfléchir les rayons implacables de son astre en feu comme un immense bouclier d'argent.

*
* *

La caravane, dispersée, avance avec une sorte de désespoir, lentement, sans un mot. Seulement, de temps à autre, un porteur à bout de forces jette son fardeau et tombe dessus : le malheureux a trouvé l'ombre d'un acacia et il espère que, comme celle de la tombe, elle lui sera légère. Hélas! elle est bien légère en effet, l'ombre de l'acacia. Mais enfin c'est un prétexte pour reprendre haleine, et nous en usons nous-mêmes quelquefois.

Peu à peu cependant, le sol paraît devenir moins dur à la végétation qui l'habite et vers midi on nous signale à l'horizon une ligne qui paraît verte.

C'est *Kitivo* et sa rivière où l'on a dit que nous devions camper. Courage!

Fig. 25. — EUPHORBE DU DÉSERT DE GOUROUWA. — Dessin de Mgr Le Roy.

Les plus intrépides pressent le pas, et à mesure qu'ils

arrivent, s'étant désaltérés, nous les renvoyons avec des calebasses pleines d'eau à la rescousse de leurs camarades épuisés.

Dans la soirée, tout le monde a rallié le campement : nous avons traversé le désert de *Gourouwa*.

X

LA VALLÉE DE L'OUMBA

Les sources de l'Oumba et son cours. — La vallée, son aspect, ses habitants. — Une réunion contradictoire. — L'Islam.

A partir de *Kitivo* le pays change complètement d'aspect. Ici, les rivières descendent de la montagne et elles apportent avec elles la fraicheur, la fertilité, la verdure et la joie, parfois aussi la fièvre. L'*Oumba* ramassant toutes ces eaux, les distribue libéralement à qui veut en prendre et emporte le reste dans le désert qu'il coupe en deux; elles ne serviront plus désormais qu'à abreuver les troupeaux de bêtes sauvages et, tout près de la mer, à fertiliser les champs de Vanga.

La vraie source du fleuve (*fig.* 26) est sur le plateau Sambara, là-haut, dans la grande forêt de *Handei*: il descend le long de la montagne dans une gorge qui se voit très distinctement d'en bas et reçoit trois principales rivières : le *Ngwélo*, le *Kivingo*, et le *Mbaramou*, qui en emportent beaucoup d'autres.

A *Kitivo*, le baromètre anéroïde donne une altitude de 389 mètres.

Ainsi arrosées, toutes ces vallées ont une végétation

superbe. Dans les lambeaux de forêt qui restent encore, on peut marcher tête nue sur un sol uni; le soleil se devine mais ne se montre pas. Seules les lianes barrent le passage, et il y en a parfois d'énormes; on en voit le pied, mais il est impossible de dire jusqu'où elles vont tendre leurs câbles, leurs cordes et leurs fils. Dans la tête des grands arbres qu'elles enlacent et sur lesquels elles s'en vont chercher la lumière, on les perd de vue.

L'homme n'a pas manqué de venir utiliser le riche humus que la végétation dépose. Chaque année, il abat un bout de la forêt, quitte à la laisser repousser derrière lui. On coupe le sous-bois, on coupe les herbes, on coupe les lianes, on coupe tout ce qui est accessible à la faucille, au couteau, à la serpette et à la hache. Mais les grands arbres défient ces petits moyens; alors, on leur enlève une bande circulaire d'écorce et on les laisse mourir, ou, s'ils tardent trop, on ramasse en tas, à leur pied, des branches sèches, de l'herbe, des feuilles, et on y met le feu. Nous avons passé à travers une forêt exploitée de cette façon; le sol était nu, et les grands arbres se dressaient desséchés, droits comme des mats, magnifiques, sans une feuille, sans une brindille verdoyante, sans un oiseau, blancs et tristes. Cela fait peine à voir; mais nul Africain n'a jamais eu pitié des arbres, rarement des bêtes, et pas souvent des hommes.

La population de la vallée est très mêlée; on trouve des villages de *Sambaras*, de *Zigouas*, de *Kambas*. Les uns et les autres vivent même parfois dans la même enceinte. Chaque région a son chef distinct auquel s'adresse l'étranger qui veut s'établir en cette fertile oasis; mais la naturalisation s'obtient aisément. Au reste, les divers villages se ressemblent à peu près; une estacade les entoure, avec généralement, un fourré impénétrable d'épines et d'euphorbes; en dehors un hangar ouvert, parfois remplacé par un grand arbre à la tête ombreuse, sert de lieu de réunion aux hommes qui s'y rassemblent

Fig. 26. — Les sources du fleuve Oumba (Sambara). — Dessin de Mgr Le Roy.

pendant la chaleur du jour pour parler, plaisanter, discuter, philosopher et médire du prochain, tout en tressant des nattes, des sacs, des paniers, etc.; pendant ce temps les ménagères sont à l'ombre des cases sous les varangues, écossant des pois et mouchant les enfants, comme partout.

Les maisons sont rondes. Par endroits, se dresse au village un tronc d'arbre chargé de grains, maïs en paquets, haricots en sacs, qu'on conserve à l'air libre (*fig.* 27).

Fig. 27. — Réserve de maïs, conservé à l'air libre à l'abri des insectes et des rats.

A l'entrée de la cité, devant la porte (*fig.* 28), une longue perche armée d'un coquillage défend la population contre les incursions de l'ennemi. Malheureusement, il en est de cet épouvantail comme de ceux qu'on met dans les champs pour effrayer les oiseaux; il y a des oiseaux peu scrupuleux qui viennent piller le champ en se moquant du bonhomme de paille.

Ces gens ne nourrissent que très peu de gros bétail, afin, disent-ils, de ne point attirer les Massaïs, car les vaches attirent les Massaïs comme le lait fait des ser-

Fig. 28. — Entrée de village a Kitivo (*Sambara*). — Dessin de Mgr Le Roy.

pents. Ils ont des chèvres, des moutons, des poules, des petits chiens. Parfois une antilope du désert, un sanglier du bois, un rat des champs vient rehausser leur menu qui du reste est souvent arrosé d'un excellent *pombé* où entre le jus de la canne à sucre.

∗ ∗ ∗

Sur le haut plateau du *Sambara* que nous apercevons d'ici, erre une autre population très peu connue : les *Mbougous*. Ils parlent, dit-on, un mélange de *paré* et de *massaï* et se livrent presque exclusivement à l'élève du bétail. Ce sont de beaux hommes, maigres et élancés; mais on les voit rarement dans la plaine, où la fièvre les attend. Hélas! quand pourrons-nous les voir de plus près pour leur porter la seule chose qui leur manque, et la seule nécessaire?

∗ ∗ ∗

Nos hommes vont mieux. L'influence de la côte est fatale à cette pègre musulmane : nous le voyions, nous le savions, mais nous ne pouvions rien y faire. Maintenant que nous avons mis le désert entre Vanga et nous, nous n'avons plus à craindre qu'ils nous quittent, d'autant que, au fond, ils se trouvent excellemment bien en notre compagnie. La plupart d'entre eux ont déjà couru l'intérieur avec des explorateurs européens, avec Stanley, Thomson, Téléki, etc., et leur dos porte encore les traces des coups de cravache qui s'y sont abattus : ils s'étonnent, cette fois, de n'avoir point jusqu'ici reçu d'avances de cette nature. Mais on ne saurait leur promettre qu'il en sera toujours ainsi.

En paix avec nous, entre eux ils sont en guerre. L'origine de la querelle est cette fois de nature théologique ; elle remonte à quelques jours déjà et a commencé par une chèvre. Il faut raconter cela.

Nous avions donc reçu cette innocente dans un village ami, et, par bonté de cœur, nous l'avions donnée à nos hommes : Séliman s'était seulement réservé un gigot pour nous, et, vu l'état de sa mâchoire, un morceau de foie pour lui. Tout le reste devait être partagé entre les divers carrés ou *Kambis* de la caravane, qui sont au nombre de cinq :

Le carré de *Fardyattah*, composé de huit vieux esclaves musulmanisés des campagnes de Bagamoyo, gens calmes un peu bêtes et pas méchants ;

Celui de *Mpenda-Safari*, comprenant des jeunes gens de l'intérieur, remuants, tapageurs, dernièrement arrivés à la côte où, pour la forme, ils se sont laissé enrôler dans l'Islam ;

Celui de *Daringo*, groupe d'indépendants ;

Celui de *Mbéga*, païens réfractaires au Coran, bons enfants ;

Enfin celui de *Hamis*, ramassis de Mombassiens crapuleux, musulmans enragés, les purs des purs.

Ainsi, chaque carré a son chef, son campement, son esprit, ses principes et sa marmite. Quand on distribue du linge et des perles de verre, c'est au chef qu'on les donne pour qu'il les répartisse ; quand on remarque un manquement, c'est à lui qu'on s'adresse ; quand on tue une bête, c'est à lui que revient la part cédée, toujours faite proportionnellement à l'importance de son groupe.

Or, cette première chèvre ayant été abandonnée à la caravane, Ali, du carré de Mombassa, celui-là même qui renouvela dernièrement à Vanga les merveilles de Samson, Ali s'en empara, l'égorgea et la divisa, sous le prétexte modeste que lui, seul avec les camarades de son groupe, possédant la plénitude de la perfection musulmane, l'animal devait être tué de ses mains, pour ne pas être souillé. Seulement, les parts étant faites, on remarqua que cette chèvre extraordinaire n'avait ni cœur, ni foie, ni poumon, ni pattes, ni tête...

Le jour d'après, un mouton nous ayant été pareillement donné par un chef, les néophytes de Mpenda-Safari, heureux de s'exercer et de partager à leur tour, égorgèrent la bête. Là-dessus, grand tapage. « Sale charogne ! s'exclament les gens de Mombassa : elle est crevée entre des mains impures. Plutôt mourir que d'en manger ! » Les vieux esclaves de Bagamoyo ont bonne envie d'y mettre la dent, mais, par respect humain, ils affirment que cette viande est aussi contraire à leur conscience. Les indépendants trouvent la bête belle et bonne. Les païens affirment avec une audace scandaleuse que lors même qu'elle serait morte depuis quatre jours, ils ne la laisseraient pas perdre pour si peu. D'où discussion, discordes et injures.

Une autre fois, nous recevons un vieux bouc. Les purs de Mombassa l'égorgent, mais, pour se venger de l'affront qu'on leur a fait, les autres crachent dessus.

Aujourd'hui, voici la querelle qui recommence, les Mombassiens tenant pour abominable tout animal que leurs mains sacrées n'ont pas tué. Mgr de Courmont dit son bréviaire, assis sur un tronc d'arbre; le P. Auguste montre à Séliman la manière d'éplucher des oignons sans pleurer; pour moi, j'écoute le débat et insensiblement m'y trouve mêlé.

« — Par ainsi, mes garçons, vous ne mangez que de la viande pure?

« — Toujours.

« — Et la viande pure, c'est...

« — C'est celle d'une bête qu'un vrai musulman a

égorgée, en se tournant du côté de *Maka* (la Mecque) et en disant : *Bismillah!*

« — Ah! oui, par exemple un cochon que je tourne du côté de Maka...

« — Oh! là! là! de n'importe quel côté, celui-là ne vaut jamais rien!

« — Il y a donc des animaux purs et des animaux impurs?

« — Mais oui!

« — Les rats, les chats, les chiens, les singes?...

« — Impurs.

« — Le chameau?

« — Pur, tout ce qu'il y a de plus pur : c'est la viande de Mohammed!

« — L'hippopotame?

« — Pur... Non! impur... Enfin... »

Ici, le cas est embarrassant et les avis sont partagés. Hamis, le chef de la bande, vient à la rescousse et donne le principe :

« — Écoute bien, me dit-il, voici la règle qui t'éclairera : toutes les bêtes sont pures qui, après avoir mangé, font de la bouche comme ceci; — et il fait les mouvements d'une vache qui rumine; — les autres, non.

« — Alors, dis-je, pourquoi manges-tu les poules? »

Cette question jette l'argumentateur dans une grande perplexité. Les musulmans sont visiblement gênés, les païens exultent, et mon ami Mbéga reprend triomphalement :

« — C'est cela, pourquoi manges-tu les poules?

« — Et pourquoi, fait un autre, n'égorges-tu pas les poissons?

« — Les poissons, reprend Hamis qui a retrouvé son aplomb, ce ne sont pas des bêtes; et quant aux poules, eh bien! les poules ruminent!

« — Les poules ruminent?

« — Aussi sûr que c'est sûr; elles ruminent un peu; mais comme elles ne font cela que la nuit, nous ne les voyons pas bien.

« — Au fond, conclut Mbéga d'un air goguenard, cela peut tout de même leur arriver de temps en temps, quand elles têtent! »

Sur cette remarque ingénieuse, je continue :

« — Voyons, Hamis, qui est-ce qui a fait toutes les bêtes, pures et autres?

« — C'est Dieu.

« — C'est Dieu, tu as bien dit. Or, Dieu qui est tout grand, tout parfait, tout bon, peut-il faire quelque chose d'essentiellement sale? Il ne le peut pas. Si quelqu'un fait une chose sale, c'est qu'il est sale lui-même. Lors donc que toi, Hamis, et toi, Ali, et toi, Abdallah, vous dites des bêtes créées par Dieu : celle-ci est pure et celle-là ne l'est pas, vous jugez l'œuvre de Dieu et vous blasphémez. Dieu a bien fait tout ce qu'il a fait; seulement, c'est à nous à voir ce qui nous convient et ne nous convient pas comme nourriture, médecine, boisson et le reste. »

Après un silence embarrassé, Ali, qui est un malin, répond avec assurance :

« — Ce n'est pas nous qui avons fait la loi, c'est Mohammed. Il n'y a rien à dire à cela!

« — Il y a beaucoup à dire, Ali. Qu'est-ce que Mohammed lui-même pour faire à Dieu des observations sur les animaux qu'il a créés? Diras-tu que Mohammed a reçu cette loi de Dieu?

« — Précisément, maître, je n'y avais pas pensé!

« — Eh bien! s'il a reçu cette loi de Dieu, il aurait dû nous en donner des preuves, faire des miracles, ressusciter des morts... Au lieu de cela, il n'a jamais fait que piller des caravanes, rêver que la lune lui passait dans la manche, monter au ciel sur une jument. Après quoi il disait : « Si vous ne me croyez pas, je vous coupe le cou! » Est-ce là une manière de faire les choses, voyons! quand on est véritablement envoyé de Dieu? »

Silence général. Les païens sourient d'aise, mais les musulmans sont consternés. Je reprends :

« — Puisque vous ne pouvez pas répondre, je vais le faire pour vous; écoutez bien. Il y a longtemps, très longtemps, Dieu créa le monde et tout ce qu'il y a dedans, dessus et dessous. Et tout ce qui tomba de sa main est bon, du moins pour ce qu'il a voulu en faire. Et au-dessus des pierres, du plomb, du fer et de l'argent, au-dessus des herbes, au-dessus des bêtes, il plaça l'homme et il lui dit : « Tout cela est pour toi. Sers-t'en, soit pour te nourrir, « soit pour te guérir, soit pour embellir ton séjour qui « sera, par ailleurs, bien assez triste. Mais pas d'excès : « prends ce qui t'est bon pour une fois, laisse le reste « pour plus tard. Voilà une femme, rien qu'une : elle sera « ta compagne dans la vie, mais pas ton esclave. Les chè- « vres marcheront en troupeau, avec le bouc; mais les « hommes iront famille par famille, le père, la mère et les « enfants. Et vous serez tous frères, et vous m'adorerez, « et vous me servirez, et vous ne tuerez point, et vous ne « volerez point, et vous ne ferez point d'adultère. Et à « mesure que chacun mourra, je demanderai compte à « son âme de ce qu'il a fait pendant son passage à travers « la vie. » Écoutez donc, têtes de citrouilles! »

Cette dernière observation, toute paternelle, était devenue nécessaire; car toutes les fois qu'on cause morale avec un musulman, incontinent son attention faiblit.

« — Donc, mes amis, les hommes se multiplièrent; et en se multipliant, en se dispersant, en suivant chacun leur genre de vie, les uns devinrent blancs, les autres jaunes, et d'autres noirs; mais nous sommes tous des mêmes père et mère, dont je n'ai jamais vu la couleur. C'est comme les pois : il y en a de gris, de rouges, de blancs, de petits, de moyens et de gros, mais ce sont tout de même des pois... (*Assentiment général*.)

« Seulement, voilà, en devenant plus nombreux, les gens devinrent moins bons.

« — Toujours comme cela, fait un assistant.

« — Et Dieu se choisit sur la terre une tribu pour garder ses enseignements, et dans cette tribu un chef pour la diriger. Or, la tribu fut celle des Juifs, et le chef s'appela Moyse, *Moussa*, comme vous dites.

« — C'est juste, interrompent quelques-uns : c'est incroyable comme il connaît notre religion!

« — Ah! notre religion, dit Ali, ils la connaissent mieux que nous, mais ils n'en veulent pas. Leur cœur est endurci.

« — Non, dis-je, mon pauvre Ali, notre cœur n'est pas endurci. J'ai étudié ta religion et j'ai étudié la mienne : c'est à cela que nous passons notre vie. Et c'est parce que nous les connaissons très bien toutes les deux, c'est parce que nous voulons sauver notre âme, c'est parce que nous voyons la vérité, que nous ne sommes point musulmans, mais chrétiens.

« — Et Moussa?

« — Bien. Dieu dit à Moussa : Un jour, j'enverrai quelqu'un dans le monde qui lui donnera la religion parfaite, définitive, universelle, et après lequel il n'y aura plus rien à dire; on le reconnaîtra à tel et tel signe. Mais en attendant, c'est toi, Moussa, qui seras le chef de cette tribu et tu lui donneras une loi particulière, afin qu'on la distingue parmi toutes les autres.

« Et il fut fait ainsi. Et dans la loi que Moussa donna aux Juifs, il était défendu de manger les poissons sans écailles, le hibou, le lièvre, le porc, ainsi que les autres animaux morts de maladie, étouffés, non saignés. Pourquoi ? Ce n'est pas notre affaire. Peut-être voulait-on former ces gens-là à l'obéissance et les séparer nettement des tribus païennes qui les environnaient. Ces prescriptions, d'ailleurs, étaient excellentes pour la santé et le développement du peuple.

« Plus tard, Dieu envoya lui-même Celui qu'il avait promis : ce fut Jésus, que vous appelez *Iça*.

« — C'est vrai. » *A part :* « Ce diable d'Européen connaît tout. Pour sûr, il a lu le Coran ! »

« — Et l'on sut bien qu'Iça était l'Envoyé de Dieu, parce que toutes les prophéties qui avaient été faites à son sujet depuis des centaines et des milliers d'années se trouvèrent réalisées dans sa personne. De plus, pour prouver que Dieu était avec lui, au nom de Dieu, il guérit des malades d'un seul mot, il ressuscita des morts, il fit les choses les plus extraordinaires.

« Alors, il dit : Jusqu'à présent, vous aviez deux choses, la Religion et la Loi. La Religion est pour tout le monde et il faudra s'en aller l'enseigner à toutes les tribus de la terre, aux Blancs et aux Noirs. C'est ce qu'on fit : on l'enseigna d'abord aux Blancs, et maintenant les Blancs viennent l'enseigner aux Noirs. Et c'est pourquoi nous voilà, nous trois, au milieu de vous, mes chers petits amis ! (*Marques d'étonnement : les païens sourient de bonheur, les Musulmans montrent un dépit visible.*)

« Donc, la religion de Dieu et d'Iça, c'est pour tout le monde. Quant à la loi des Juifs, eh bien ! c'est la loi des Juifs. Les Arabes, qui sont leurs frères, en ont pris une partie, et c'est pourquoi eux non plus, ne mangent pas telle et telle viande. Mais ni vous ni moi ne sommes ni Juifs ni Arabes ; nous ne sommes donc pas obligés de suivre les Arabes et les Juifs. Chaque tribu a ses coutumes. Est-ce que, parce que les Banyans ne tuent pas leurs puces, vous devez respecter les vôtres ? »

Une voix : « Moi, je tue toutes les miennes! »

Pendant qu'on rit de cette confidence, je cherche à lire sur les têtes qui m'entourent, l'effet de mon homélie :

« Sortons d'ici, dit Ali à l'oreille de son voisin. Il est capable de nous pervertir! »

« — Te pervertir, Ali? Tu l'es depuis longtemps, des pieds jusqu'aux cheveux, mon pauvre ami!... Voyons, qui est-ce qui fait la pureté de l'âme?

« — C'est de ne jamais manger de viande souillée!

« — Non, Ali. La viande souillée ne souille que le ventre! Tu confonds ton ventre avec ton âme, Ali. (*Rires et approbations bruyantes de la part des païens et des indépendants.*)

Je reprends :

« Ce qui souille l'âme c'est de faire autrement que Dieu ne l'a établi. Par exemple quand Dieu maria Adam, qui fut le premier homme, combien lui donna-t-il de femmes?

« — Une, répond quelqu'un.

« — Eh bien! alors, pourquoi vous autres Musulmans lui en donnez-vous quatre, et lui en permettez-vous, à côté, tant qu'il en peut rassembler?

« — C'est, répond Ali, un privilège des Musulmans...

« — Oui, un privilège que les Musulmans se donnent, mais que Dieu ne permet pas... Voilà ce qui souille l'âme! Ce qui souille l'âme encore, c'est, par exemple, de s'en aller dans l'intérieur piller des villages paisibles, voler de l'ivoire, ramasser hommes, femmes et enfants sans défense, les mettre à la chaîne et les vendre ensuite à la côte, comme des troupeaux de bêtes, eux qui sont vos frères et les créatures bien-aimées de Dieu. Ce qui souille l'âme, c'est de commettre tous ces vols et tous ces adultères. Ce qui souille l'âme, c'est de tenir entre vous, comme vous faites, des propos capables de renverser des singes. Hypocrites, vous vous lavez le corps jour et nuit, et jour et nuit vous salissez votre âme. Iça a bien parlé de vous quand il vous a comparés à ces tombeaux que vous couvrez de chaux dans vos cimetières ; vus du dehors, ils sont tout resplendissants de blancheur ; ouvrez-les, vous n'y trouverez que pourriture et infection... »

« — Avec tout cela, reprend mon adversaire après un long silence, nous oublions d'aller manger...

« — Oui, je te comprends, mais réponds-moi d'abord.

« — Eh bien! dit Ali en se levant, la réponse est facile. Quand un Musulman a péché, tout simplement il se lave les mains en répétant la formule de sa foi : « *La Ilaha il Allah, wa Mohammad rassoul Allah!* » (Il n'y a de Dieu que Dieu, et Mohammed est l'envoyé de Dieu!) Voilà, et le péché est effacé!... Quant aux sauvages de l'Intérieur, Dieu nous les a livrés comme esclaves, car il est écrit : « Le païen dessous, le Musulman dessus!... »

Mais à peine Ali a-t-il achevé de proférer cette fière maxime avec une satisfaction supérieure, que mon ami Mbéga ramassant une poignée de bouse de vache la jette à la figure de l'orateur en s'écriant :

« Tu mens : le Musulman dessous, et *mavi* par dessus! »

C'est le résumé et la fin de la réunion contradictoire qui se termine, comme à Paris, dans une bagarre pittoresque.

*
* *

Eh bien! lecteurs, voilà l'Islam.

Certes, nous sommes remplis de vénération pour l'antique patriarche Abraham, celui qui mit au monde Ismaël et Isaac, *unum de ancilla et unum de libera*. Mais, révérence gardée, il faut tout de même convenir que cette progéniture, dans la personne des Arabes et des Juifs, nous cause bien du tintouin, à nous les Gentils, pauvres enfants de Cham et de Japhet!

D'un côté, les Chamites africains joignent à une bonne nature le sentiment de leur infériorité relative auquel s'ajoute encore la couleur humiliante de la peau.

D'un autre, les Japhétiques, les Aryens, les Européens si l'on veut, éblouis par l'éclat de leur civilisation matérielle, vaniteux, jouisseurs, intelligents sans doute, mais distraits, sont par-dessus tout supérieurement naïfs.

Enfin, à côté de leurs frères puinés, ou parmi eux, les Sémites sont pétris d'une hypocrisie si profonde qu'elle ressemble à la loyauté même, d'une rouerie si naturelle qu'on la confond avec la simplicité bonasse, d'un sentiment si intime de leur supériorité surnaturelle que rien jusqu'ici n'a pu le réduire. Et ils s'en vont parmi nous, les Noirs et les Blancs, écrasant les faibles, minant les forts, profondément convaincus que tout est licite, souvent méritoire, contre ceux des hommes qui ne sont pas « Fidèles », c'est-à-dire qui ne sont pas Juifs ou qui ne sont pas Musulmans. C'est là leur force.

Et chose singulière! Ces hypocrites et irréconciliables ennemis ont parmi nous des partisans. Beaucoup d'hommes politiques, d'orateurs, d'écrivains — et pas des moindres — disent que l'Islam doit être favorisé en Afrique comme un étage vers la civilisation...

Entendons-nous. Si par civilisation africaine, on comprend un état dans lequel les Noirs porteront de longues chemises blanches, l'Islam peut contribuer à amener ce résultat; mais si l'on pense que la civilisation doit être un développement intellectuel et une amélioration morale, l'Islam est fatal à la race noire. Après l'avoir soulevée légèrement et dégagée de quelques pratiques païennes, il la fixe éternellement dans un fanatisme orgueilleux, une irréconciliable défiance, une hypocrisie souveraine et une immoralité crapuleuse.

Les païens, fétichistes, anthropophages, sauvages, tout ce qu'on voudra, peuvent être hostiles aussi à la Civilisation européenne — et comment ne le seraient-ils pas quand cette Civilisation est parfois si étrangement représentée ? — mais au fond, ils aiment l'Européen, et s'il a soin de se montrer constamment au milieu d'eux comme un être juste, digne et bon, ils l'aiment avec enthousiasme : les païens, en Afrique, sont une réserve précieuse pour la Civilisation et la foi, les Musulmans y représentent un champ à jamais stérilisé. C'est là qu'est la différence et tout véritable ami du progrès l'appréciera.

Cependant, disent les théoriciens, lorsque l'Islam triomphe en un point du continent noir, il y met pourtant fin à de grands maux : à l'ivresse, par exemple, à l'anthropophagie.

Que l'Islam supprime l'ivresse, la meilleure preuve à donner du contraire est ce fait que dans la ville de Zanzibar, où la population est musulmane, des chargements entiers de gin et d'alcool frelaté s'écoulent avec une rapidité effrayante. Seulement, tout cela s'absorbe de nuit et à la maison : les Européens qui passent n'en voient rien. Ils sont les seuls à tomber dans la rue...

Quant à l'anthropophagie, il ne faut pas croire qu'elle soit universelle en Afrique : l'horrible coutume est localisée en certaines tribus connues, spéciales, et ce sont précisément ces tribus-là que les Musulmans respectent, et pour cause.

Mais l'Islam aurait l'avantage de diminuer sinon de supprimer ces habitudes vicieuses ou criminelles, en quoi la Civilisation s'en trouverait-elle mieux s'il les remplace par ce fanatisme irréductible, cette immoralité dégradante et ces maladies honteuses, fatales aux races qui en sont infectées, et dont il a la triste spécialité? Et d'un autre côté, qui nous dira lesquels font le plus de victimes des quelques tribus anthropophages destinées bientôt à cesser leurs pratiques devant les forces européennes grandissantes, ou des Musulmans eux-mêmes qui considéreront toujours les « Infidèles » comme autant de troupeaux à exterminer ou à réduire en esclavage, à capturer, à exporter et à vendre ?

Il existe un autre préjugé. On pense qu'il est naturel que les missionnaires chrétiens et les Musulmans soient mécontents les uns des autres à cause du choc de leurs opinions religieuses. Mais, dit-on, prenez un « libre penseur » qui sache faire des concessions et au besoin des avances aux idées confessionnelles des fils de Mohammed; vous verrez le succès! — J'entends bien : implacable contre l'exercice de la foi et de la charité chrétiennes, on sera plein de déférence pour la propagande musulmane, on la favorisera, on la paiera. Eh bien! en cela encore, en cela surtout, le « libre penseur » qui, pour le dire en passant, a son dogme à lui d'autant plus tolérant qu'il n'en a pas conscience, sera supérieurement joué. Le Musulman en effet respecte encore, même il admire, souvent il aime le missionnaire catholique dont il sait la foi et le dévouement; mais tout en profitant de l'aide qu'il en retire, il est plein du plus profond mépris pour ces apostats du Christianisme dont les uns contrefont mal les Musulmans et dont les autres affectent vis-à-vis de la Religion et de Dieu une inexplicable indifférence. Que de fois on nous a dit : Vous, les *Padri*, vous serez encore sauvés sans doute, par la grande miséricorde d'Allah! Car vous croyez en lui, vous le servez, vous l'invoquez, vous adoptez même en son nom un genre de vie dont nos plus grands saints ne seraient pas capables. Mais ces Européens vos frères qui ne prient jamais, quelle différence y a-t-il entre eux et la bête? Et comment Dieu, que ces infidèles n'ont jamais voulu reconnaitre pendant leur vie, les reconnaitra-t-il à leur mort? Eh bien! maudits d'Allah, ils sont méprisés des Croyants. »

Voilà la vérité.

Et cependant, le Musulman a des manières qui séduisent : il sait être poli, hospitalier, prévenant, serviable, généreux. A ces qualités de circonstance, le naïf Aryen se laissera toujours prendre : « Baise, dit un de ses proverbes les plus caractéristiques et les plus aimés, baise la main que tu ne peux couper. »

Vis-à-vis des *Kafiri*, de vous, de moi, toute la ligne de conduite du Musulman est là.

Un piège à rats.

XI

LE PASSAGE DU COL DE MBARAMOU

En garde contre l'ennemi. — Face au danger! — Sur le col de Mbaramou.
Une nuit de misères.

Nous voici au 3 août. Au dernier village où nous sommes, sur une petite rivière qui descend des montagnes et va se jeter au loin dans l'Oumba, on nous dit :

« — Prenez garde, les Massaïs sont sur votre chemin, descendant chez les Digos pour y porter la guerre et y voler des bœufs. Tenez-vous prêts à leur faire face, car, en campagne, les Massaïs attaquent tous ceux qu'ils rencontrent. »

Ceux qui nous parlent ainsi sont des courriers qui prétendent avoir vu l'ennemi; ils paraissent sincères et nous devons prendre nos précautions en vue de tout événement.

A ceux des hommes qui sont armés de fusils à répétition, on fait donc une distribution extraordinaire de cartouches; les autres, qui n'ont que de simples fusils, reçoivent un supplément de poudre, de balles et de capsules. Après quoi l'ordre du jour, l'exercice et la harangue :

« Hommes de Bagamoyo, de Mombassa et de partout, écoutez bien !

« On dit que les Massaïs sont sur le chemin. C'est leur affaire ; mais nous y sommes aussi... Nous marcherons tous ensemble, l'un derrière l'autre, le long du sentier. Toutes les heures, arrêt : en dehors de là, défense de se mettre en retard ou de s'écarter dans les brousses... Silence en marchant : pas de cris, pas de chants, pas de tapage. Le guide nous précédera de vingt pas, suivi de deux hommes. Aussitôt que vous l'entendrez pousser le cri : « Attention ! » vous vous arrêterez tous, et, tranquillement, posément, à la place que je vous montrerai, vous vous formerez en cercle étroit, chacun derrière sa charge. Et ainsi, accroupis à l'abri des caisses et des ballots d'étoffes, vous laisserez venir les Massaïs avec leurs lances, et, au commandement, quand ils seront tout près, feu ! Ils tomberont comme des lapins... Mes amis, lorsque je vous ai inscrits à la côte sur mon papier que voici, vous m'avez tous donné des noms d'hommes ; cependant, si, par erreur, une femme se trouvait parmi vous, qu'elle se déclare ! Elle restera ici ; quant à nous, les autres, nous allons à la bataille ! »

Des acclamations formidables saluent cette proclamation renouvelée des beaux jours de l'Histoire. Les enivrantes fumées de la gloire militaire commencent à me monter à la tête et j'ai l'idée d'ajouter, comme cet héroïque général haïtien, que, au moment de l'action, plus de quarante singes les contempleront du haut de leurs arbres.

Mais Mgr de Courmont, à qui je demande son avis, me fait observer que ce souvenir classique aurait un effet déplorable, et je dis simplement :

« Passons à l'exercice ! »

L'exercice se fait, donne des résultats satisfaisants, et

il est prouvé théoriquement que, si nous sommes attaqués, nous nous couvrirons de gloire.

Il est midi. Nous nous mettons en marche.

* * *

Au sortir de cette riche vallée de l'Oumba, le pays que nous avons à traverser reprend un aspect peu enchanteur, mais moins affreux cependant que dans le désert de Gourouva, de sinistre mémoire. Ici et là, des baobabs [1], des ébéniers [2], des strychnos [3], des broussailles touffues où, parmi les épines, des euphorbes en lianes et en arbres [4] se mêlent à de grosses ampélidées quadrangulaires [5]; de beaux groupes d'*adenium* [6] à fleurs rouges, superbes, et partout cette passiflorée étrange, hérissée d'épines, que nous avons déjà rencontrée et dont un seul pied forme des masses entières de verdure. Doucement, nous montons vers un col que nous devons franchir, le col de *Mbaramou*. Le soleil est relativement modéré. A gauche, la montagne; à droite, la plaine. Pas l'ombre d'un Massaï.

Nous avançons encore, montant toujours.

Tout à coup, à vingt pas en avant de la caravane, le guide s'arrête, lève la main bien haut, fait signe de rester en place et s'accroupit sur le chemin...

C'est le moment de nous former en cercle. Il y a là, tout à côté, un petit tertre qui convient à merveille pour nos opérations, d'autant qu'il est couvert en arrière

---

[1] *Adansonia digitata*, L.
[2] *Dalbergia arbutifolia*, Baker; — *D. melanoxilon*, Guill. et Perr.; — *D. saxatilis*, Hook.; — *D. bracteolata*, Baker.
[3] *Strychnos spinosa*, Haw.
[4] *Euphorbia tirucalli*, L.; — *E. spec.*
[5] *Vitis quadrangularis*, L.; *V. crassifolia*, Baker; *V. Mossambicensis*, Kl., etc.
[6] *Adenium speciosum*, Fenzl.

par des broussailles épineuses qui diminueront l'aire à défendre; mais, à vrai dire, nos hommes ont maintenant l'air beaucoup moins valeureux qu'à l'exercice. Plus n'est besoin de recommander le silence : chaque guerrier ne le trouble même pas de son souffle.

Enfin, voyant toujours le guide inspecter le sentier, comme hypnotisé devant un point précis, nous nous demandons s'il ne consulte pas les sorts, et, un pas entraînant l'autre, nous le rejoignons tout doucement :

« — Qu'est-ce? » lui demande-t-on?

Et, d'un air profondément anxieux, il nous montre du doigt... une bouse de vache!

Un grand éclat de rire accueille cette révélation surprenante.

« — Il n'y a pas de quoi, reprend-il indigné; cette bouse ne s'est pas faite toute seule! »

A l'appui de cette observation, très judicieuse au fond, nous distinguons bientôt des traces de pas nombreuses, pas d'hommes et pas de bœufs. Des herbes broutées, des branches cassées, et enfin de petits sentiers tout frais ouverts et s'enfonçant dans la plaine de l'Oumba nous convainquent bientôt qu'on ne nous avait pas trompés : ce matin, les Massaïs ont passé par ici, emmenant avec eux, comme ils le font toujours, quelques vaches pour leur entretien, et c'est en cet endroit qu'ils ont laissé le chemin pour s'enfoncer dans le désert et gagner la rivière en droite ligne.

A cette constatation, nos courageux guerriers respirent bruyamment, parlent tous ensemble, rient, exultent et se disent mutuellement : « C'est dommage. Nous les aurions exterminés! »

Fig. 29. — EUPHORBE DES MONTAGNES (*Col de Mbaramou*). Dessin de Mgr Le Roy.

※

Avançant toujours et toujours montant, nous nous trouvons bientôt sur la crête du contrefort que nous avons à passer. Là, le spectacle est magnifique.

Derrière nous, nous avons, depuis Bwiti, laissé trois demi cercles de montagnes orientées dans leur ensemble du sud-est au nord-ouest : le premier de Bwiti à *Bombo*, le second de Bombo à *Panga*, le troisième de Panga au col de *Mbaramou*, où nous sommes. La plaine s'étend au loin, grise et immense. Au nord, les pittoresques montagnes de Taita dont la silhouette bleue se perd dans le bleu du ciel. En face, la chaine de Paré que nous devons rejoindre et dont une grande plaine nous sépare.

Assis sur les pierres, délivrés des Massaïs, contents d'apercevoir enfin ce nouveau pays où nous allons nous engager et que nous dominions du regard, nous nous reposons volontiers à l'ombre des maigres arbustes de la montagne (*fig.* 29). Malheureusement, il n'y a point d'eau et le sol, très pierreux, ne nourrit guère qu'une grande euphorbe arborescente, d'un aspect pittoresque et sauvage.

※

Sur la pente que nous avons maintenant à descendre, le paysage est plus fourni et plus gai. A chaque instant, des bandes de cailles, de francolins et de pintades, s'envolent à tire-d'aile et tout le monde marche allègrement vers le campement où Mgr de Courmont, qui est à l'avant, a fixé sa tente : c'est au milieu de la plaine déserte où seuls quelques acacias étendent ici et là leurs branches épineuses et leurs feuillages déliés. Pas d'eau, pas de bois. On s'arrête, parce que la nuit qui tombe ne permet pas d'aller plus loin et on s'installe tant bien que mal dans l'espoir au moins de passer une bonne nuit.

Or voilà que tout doucement les nuages qui couvraient le ciel semblent descendre vers nous, se fondant en une pluie qui, faible d'abord, devient de plus en plus dense. Qu'allons-nous devenir? Ici, pas un arbre, pas un arbuste, pas une broussaille pour s'abriter. Peu à peu les feux s'éteignent sous l'eau qui tombe. Les porteurs rassemblés par petits groupes, accroupis, présentent leur dos à l'inclémence du ciel; d'autres, plus familiers, se glissent sous nos tentes d'où nous n'avons pas le courage de les chasser; ils s'enhardissent se pressent, se ramassent, c'est comme une nichée de rats dans un trou. Mais la fatigue est telle qu'on dort quand même, de temps en temps, tout en roulant l'un sur l'autre parmi les caisses qui croulent et les ballots qu'on pince, les prenant pour des dormeurs gênants et obstinés.

Et sur la tente encombrée la pluie tombe, tombe, tombe toujours, jusqu'au matin...

XII

A GONDJA

Un campement Massaï. Le village de Gondja. — Un traitement contre
le diable.

Le réveil — pour ceux qui ont dormi — ne se fait pas longuement attendre, ni la fin du déjeuner matinal, ni les préparatifs du départ : tout le monde a hâte de secouer sur le chemin ses membres mouillés et engourdis.

Lentement le ciel gris s'éclaire, et nous revoyons devant nous les montagnes de Paré (*fig.* 30), se dressant comme un mur gigantesque.

En face de nous et tout en haut, voici une longue trainée blanche qui se détache sur le vert sombre des forêts : c'est, nous dit-on, le *Mhomazi* qui tombe en cascade et que nous devons franchir aujourd'hui pour arriver à *Gondja*. Quant à la plaine que nous traversons maintenant, elle est toujours la même uniformément plate, noire dans son ensemble, crevassée, misérable, avec quelques affleurements de gros morceaux de quartz blanc qui s'y détachent avec vigueur. Par ailleurs elle est couverte de graminées courtes et légères, au milieu desquelles s'élèvent par des places des asclépiadées singulières, et presque uniquement ombragée d'acacias divers, de mimosées, qui plus loin forment de vraies forêts d'épines.

Le guide revient encore à la charge avec ses menaces de Massaïs; mais, depuis qu'on l'a vu si agité en face d'une bouse de leurs vaches, la considération respectueuse qu'on lui portait est bien tombée; on ne l'écoute plus... Lui, froissé, marche en grommelant. Puis, tout d'un coup, nous le voyons s'arrêter; penché en avant, il parcourt l'horizon du regard et de sa main étendue indique une ligne rougeâtre qui, là-bas, semble se mouvoir à travers la claire forêt d'acacias. Derrière lui la caravane s'arrête et regarde :

> Enfants, voici les bœufs qui passent;
> Cachez vos rouges tabliers.

Car cette fois, ce sont eux, les bœufs des Massaïs; ils passent, passent, passent toujours, se suivant en longues files, lentement. Il y en a des centaines, il y en a des milliers.

Aussitôt que les trainards nous ont rejoints, nous reprenons notre marche le long du sentier, tous ensemble, comme en une procession. En tête le guide, qui parle suffisamment massaï, suivi immédiatement de Mgr de Courmont et du P. Auguste; puis, la caravane; et tout au bout, derrière le dernier porteur, je ferme la marche. Nous allons ainsi, graves et silencieux; et subitement, nous nous trouvons en face du camp. Le guide salue, on lui répond, et la caravane passe...

.**.

Il faut dire de suite que tout autre est le jeune guerrier massaï en expédition, dont nous n'avons vu que les traces, et le Massaï civil en son campement ordinaire, chez lui, avec les anciens, les enfants et les femmes, tel que nous le trouvons ici.

A l'arrière-garde où je me trouve, les intentions de ces fameux écumeurs du désert paraissent tellement paci-

Fig. 30. — PARÉ. — Profil d'un groupe de montagnes.

fiques et leur rencontre est pour moi si intéressante que je ne puis résister au désir de me porter vers eux, sans autre arme qu'un très long bâton, la main tendue et le sourire aux lèvres. Immédiatement je suis entouré. Quels superbes sauvages! Jamais les champs de foire, en Europe, n'en exhibèrent de pareils. Tout près, en avant de leurs tentes en peaux de bœufs, de vénérables matrones, habillées de cuir et chargées d'ornements en cuivre et en fer, sont en train de déchiqueter un mouton. Elles me présentent en souriant leurs grandes mains d'où le sang ruisselle. Je réponds bravement à leurs avances, et pour un peu je me ferais inviter au repas pantagruélique qui se prépare et qu'attendent patiemment, sur les arbres voisins, des familles de vautours, de corbeaux et de marabouts, puis en dessous, de beaux petits enfants chassieux et morveux. Tout de même il faut en convenir, ces derniers me regardent d'un air ressemblant beaucoup au dédain, un peu à l'intérêt, pas du tout à la peur, l'air de jeunes Européens de « bonnes familles » qui, dans le parc du château paternel, verraient un beau jour surgir un petit bonhomme de mauvaise mine. Mais les auteurs de leurs jours ont de ma vagabonde personne une impression plus favorable, sûrement, et quand le guide, effrayé de la légèreté avec laquelle j'entre en relation avec du monde que je ne connais pas, vient me ressaisir d'une autorité sévère, nous nous quittons dans l'effervescence d'une admiration réciproque.

Une heure après, nous étions à Gondja.

*
* *

Gondja est un fort village au pied des montagnes de Paré, presque au milieu de la chaîne, et sur la route très fréquentée de Pangani au Kilima-Ndjaro et au pays massaï. À l'est, coule le Mkomazi, petite rivière qui se jette dans le *Rouvou*, un peu en avant de *Maourwi*, et que nous voyons là-haut, dans la montagne, tomber en cascade. Les bords, formés d'un humus lentement accumulé par les siècles, sont d'une fertilité qui rappelle la vallée de l'Oumba; mêmes restes de forêts, mêmes bananiers plantureux, mêmes cultures, même verdure.

Mettant la rivière entre nous et l'indiscrétion des Massaïs, nous nous établissons sur l'autre bord, près du village.

Celui-ci est fortifié d'une estacade en troncs d'arbres, garnis partout de buissons, d'euphorbes et de cette petite asclépiadée[1], dont la sève abondante, très corrosive, s'échappe au moindre coup qu'on frappe sur elle et, tombant dans les yeux de l'assaillant, l'aveugle et le réduit à rien.

* *

Les maisons sont assez mal tenues, les unes rondes comme dans l'intérieur africain, les autres carrées comme à la côte. C'est que c'est ici, sur cette route de Pangani, le point terminus de la pénétration de l'Islam; c'est la dernière étape où l'on voit la longue chemise blanche, symbole de la civilisation musulmane, laquelle, il est vrai, pour être chemise et pour être blanche, dissimule étonnamment plus de malpropretés que le simple pagne de toile ou de peau des simples sauvages. Quoi qu'il en soit, la population actuelle, qui a conquis le pays sur les *Parès*, se compose de *Zigouas* et de *Sambaras*, parle le swahili couramment, mêle quelque teinture d'Islamisme à ses vieilles pratiques africaines et obéit à *Mwasi*, l'un des fils de *Sembodya* qui, lui, réside plus bas à *Mazindé* et est devenu le chef le plus en vue du *Sambara*. Ce Mwasi est en ce moment parti pour la côte et nous ne voyons que son *akida* ou lieutenant : circonstance heureuse d'ailleurs, qui, au lieu d'un bœuf, ne nous vaut qu'un mouton. Car, pour un bœuf qu'on reçoit, on doit honnêtement rendre en valeur un bœuf; pour une

---

[1] *Sarcostemma.*

chèvre, une chèvre; une poule pour une poule; un œuf pour un œuf, et rien pour rien.

***

Cependant, il y a des exceptions et, quand le cœur s'en mêle, on se laisse tout de même aller à faire de petits cadeaux. Par exemple, dans la soirée, voici que nous arrivent trois énormes gaillards, suivis de deux petits enfants. Ce sont des Massaïs; l'un d'eux surtout a certainement plus de 6 pieds de haut, des membres comme des pièces de fonte, et, avec une peau noire, un type apollonien : en main de superbes lances; sur les épaules, une peau de veau. Il y a cinq ou six jours, nous dit-on, ils ont pris un bœuf et sont allés faire un piquenique dans la forêt, en bons camarades. Aujourd'hui, de tout cet animal, il ne reste plus que la peau, qu'ils traînent derrière eux, et ayant su que les Blancs étaient dans le pays, ils viennent leur faire une petite visite. En un instant, ils ont traversé la rivière, et les voici dans notre campement, regardant tout avec une curiosité grande et une pointe d'envie mal dissimulée. Puis, subitement, voilà ces grands corps qui s'agitent, tressautant en l'air, en même temps que de leur gosier part un chant d'un étrange accent. Après dix minutes de cette danse, simple et sauvage, le guide passe au cou des jeunes hommes un morceau de linge rouge, il donne aux enfants quelques perles bleues, et nos hôtes nous quittent en nous promettant — ce à quoi nous ne tenons guère — de nous amener tous leurs camarades pour le lendemain. Telle fut notre première entrevue avec cette extraordinaire tribu des Massaïs; nous les retrouverons plus tard.

.˙.

Cependant la journée ne devait pas se terminer ainsi ; soit que la fatalité de la chose me poursuivît, soit que l'indiscrétion d'un porteur eût averti le public que je jouissais de pouvoirs surnaturels, voilà que sur le tard un grand bonhomme du lieu m'aborde d'un air suppliant, expliquant que sa pauvre vieille épouse est possédée du diable depuis un temps immémorial et que je rendrais grand service à eux deux si je les débarrassais de cet étranger. Une centaine de personnes sont là qui confirment l'authenticité du cas, ajoutant que les plus grands sorciers du pays ont toujours échoué devant ce démon exceptionnellement tenace.

On amène la patiente. C'est une particulière d'environ cinquante ans d'âge, grande, forte, droite, raide, aux yeux roux, aux traits réguliers. Debout devant elle, je la regarde fixément, m'apprêtant à l'interroger sur l'origine et le développement de sa maladie, que je suppose être une névrose quelconque. Or voici que peu à peu, sans mot dire et sans changer d'attitude, la vieille se met à trembler doucement, puis plus fort, puis très fort, puis à sauter, puis à danser, mais tout d'une pièce, comme si elle était mue par un ressort interne ; on dirait une bonne femme de carton, au théâtre de Guignol.

A vrai dire, je commence à être fort embarrassé de ces gambades.

« — Tirez-vous de là », me crie Mgr de Courmont.

« — Vous avez la spécialité », ajoute le P. Auguste Gommenginger.

A ces invitations moqueuses de mes supérieurs et confrères, eux qui cependant devraient me réserver leur bienveillant appui ! — s'ajoute l'attente anxieuse de la foule, et je sens que, si je n'agis pas immédiatement, mon autorité en la matière va subir un désastre. Pendant que la vieille saute toujours, je prends donc la parole pour expliquer que cet état ne vient point du diable — au fond, je ne sais pas du tout d'où il vient — mais que, si on continue à lui offrir des sacrifices pour le prier de sortir, il pourrait bien venir et ne partirait plus. J'ajoute, puisque l'occasion s'en présente, une explication sommaire concernant les cinq ou six vérités religieuses de nécessité première, et finis en disant que, malheureusement, je n'ai pas apporté dans ce voyage le remède propre à ce genre de maladie.

« — Cependant, mère, je ne t'abandonnerai pas, tu boiras ce breuvage, et cette nuit, avant que le coq ait chanté, tu sentiras qu'une révolution s'opère en toi, et tu sortiras promptement. Gens du village, tenez la porte ouverte! »

Et, séance tenante, je donne la chose à boire; la patiente l'avale religieusement.

Or ce breuvage était un purgatif énergique... Évidemment, le diable sortit pendant la nuit.

XIII

PARÉ

La chaîne de Paré. — Un salut mélodieux. — A Kisiwani. — Le Roi de la création. — En vue du lac Dyipé. — Les Indigènes.

De Mombassa à Vanga, nous avons constamment marché du nord au sud; de Vanga à Gondja, la caravane avait tourné à l'ouest; de Gondja au lac Dyipé et à Tovéta, nous devrons prendre la direction générale du sud au nord, en suivant d'abord la base des montagnes de Paré.

C'est, dans sa plus grande partie, une chaîne granitique de même formation que le massif du *Sambara* à l'est et du *Ngourou* au sud. Elle se divise en trois sections séparées par des gorges, où passent les indigènes : *Paré*, proprement dit, *Paré-Ousanghi* et *Paré-Ougwéno*. A notre droite, s'élèvent aussi quelques montagnes, formant ainsi comme une sorte de large couloir, pierreux, sec et peu engageant, que nous mettrons cinq jours à longer.

* *

Avez-vous souvenir que, lors de notre passage à Vanga, nous avons recueilli dans notre caravane un jeune homme de ce pays-ci? Il s'appelle *Pouré*, c'est-à-dire *Grain de Maïs*. Pour un joli nom, c'est un joli nom. Chez les musulmans de Bwiti, Grain-de-Maïs a retrouvé quatre de ses cousins qui, eux aussi, étaient en train de prendre le chemin de la côte, où d'honnêtes industriels, sous prétexte d'une promenade en mer, devaient les faire passer à Pemba et les y vendre. Ces jeunes gens, très simples, très naïfs, nous ont rendu de vrais services en remplaçant, de temps à autre, ceux de nos porteurs malades ou fatigués qui ne pouvaient plus faire honneur à leurs charges. Maintenant, nous arrivons chez eux. Leur village est précisément celui que nous trouvons après Gondja, et Grain-de-Maïs est bien, comme il nous l'avait dit, le propre fils du chef, le vieux Kimbouté. Qu'il est content, ce brave patriarche, en revoyant sa progéniture! Mais qu'il est désappointé en apprenant que le fameux Mbaroukou de Gassi, au lieu de lui envoyer les mirifiques présents qu'il lui avait promis, lui a gardé ses veaux et qu'il a voulu vendre ses enfants.

*
* *

Mais qu'est-ce qu'on entend là?

A peine ont-ils déposé leurs charges sur la place du village, que nos jeunes gens de Paré sont entourés de leurs parents, amis et connaissances. Et voilà que, de tous côtés, s'élèvent dans l'air tranquille comme de petits soupirs prolongés en forme de chant, doux et tendres, *piano, pianissimo*. N'est-ce pas la voix atténuée d'un maître de musique qui, dans un pensionnat bien tenu, donne le *la* à ses élèves et à qui ses élèves répondent? On dirait une cinquantaine de diapasons qui résonnent.

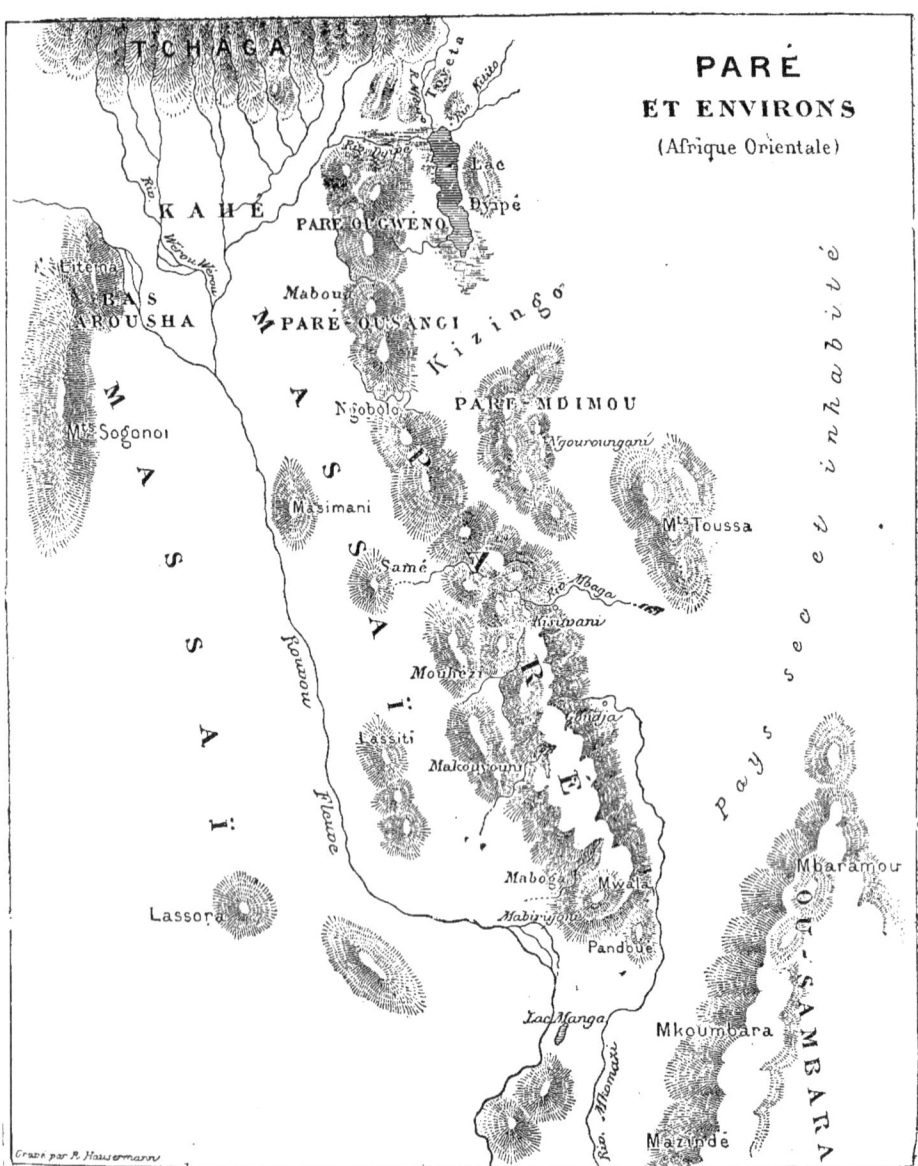

Eh bien, ce sont les gens de Paré qui se saluent. Oh! ce salut, je vous le recommande! Tout près, voici Grain-de-Maïs que sa femme vient de reconnaître. Il arrivait avec sa charge de linge, la sueur au front; elle s'en allait à la fontaine, la cruche sur la tête; or, les deux s'étant aperçus, déposent leur fardeau, s'avancent l'un vers l'autre, se donnent la main, puis détournent la tête lui vers le Levant, elle vers le Ponant. Et, sans une parole, sans un sourire, sans une trace d'émotion quelconque, les voilà qui commencent cette musique ineffable, véritable roucoulement perfectionné par l'homme, tout en se balançant la main qu'ils prennent d'abord près du poignet et abandonnent ensuite peu à peu, en pressant la paume, puis les phalanges, puis l'extrémité des doigts. Après seulement, on se regarde, on se sourit, on se parle, on devient humain : la politesse de convention étant finie, le naturel reprend ses droits.

*
* *

L'étape suivante nous mène à *Kisiwani* (A l'Ile »), où nous nous arrêtons deux jours pour faire des vivres; car d'ici Tovéta, nous ne trouverons plus de villages.

Kisiwani (*fig.* 31) est, comme Gondja, un endroit fertile et peuplé, grâce, comme Gondja, à une rivière qui descend de la montagne et s'en va dormir en une large dépression de terrain encombrée de papyrus. Les Égyptiens, on le sait, se servaient des pellicules membraneuses de sa hampe pour y écrire leurs comptes de cuisine et leurs Mémoires, mais les gens de Kisiwani, parmi lesquels on trouve peu d'antiquaires, n'ont pas l'air de se douter de l'intérêt rétrospectif que présente ce végétal célèbre, répandu dans toute l'Afrique tropicale. Dans la saison des pluies, il paraît que la rivière qu'on appelle *Mbaga*, va parfois rejoindre le Mkomazi ; mais c'est à tort que les cartes la dirigent vers le désert après l'avoir grossie d'un fleuve imaginaire qui partirait de *Ngouroungani*, où l'on trouve à peine quelques restes d'eau de pluie dans des bassins de pierre.

Nous sommes ici à 600 mètres d'altitude, et le froid des montagnes environnantes nous impressionne assez vivement ; pendant la nuit, le thermomètre est descendu à 8 degrés ; à Zanzibar, nous l'avions laissé a 30.

*
* *

Le 8 août, on nous avait annoncé cinq heures de marche jusqu'à un campement situé quelque part au pied des monts et près duquel nous trouverions peut-être de l'eau. Nous partons à six heures du matin et nous allons ainsi jusqu'à deux heures de l'après-midi, traversant une large plaine desséchée et grise, où le paysage n'est relevé que par la vue de quelques troupeaux de zèbres et d'antilopes, sur un terrain ingrat, sous un soleil implacable. A la fin, nous nous laissons tomber de fatigue et de désespoir sous un petit arbre épineux et rabougri, comme ils le sont tous en ce triste pays. Le guide, qui ne se reconnait pas bien, mais qui n'ose l'avouer, part en reconnaissance du côté de la montagne, avec ordre, s'il trouve de l'eau, de tirer un coup de fusil pour nous avertir.

Une heure se passe, quelques porteurs nous rejoignent, le coup part enfin, très loin, et nous nous dirigeons dans la direction indiquée. Voici en effet les restes d'un campement ; nous nous y établissons. L'eau se trouve près de là, dans le creux d'une roche où elle descend en filet de cristal, ombragée d'un large sycomore ; doux abreuvoir ménagé par la Providence aux troupeaux de bêtes qui peuplent ces solitudes et aux hommes qui, d'aventure, les parcourent. En arrivant, nous prions quelques gazelles de vouloir bien nous céder la place; car ce sont elles en réalité, qui, par les chemins qu'elles ont tracés, ont donné au guide la direction de ce bassin d'eau fraîche.

Personne ici. A la longue cependant, là-haut dans la montagne, nous arrivons à distinguer quelques carrés qu'on dirait être des champs, puis trois huttes misérables, et enfin, vers le soir, une petite fumée qui s'élève timidement d'entre les pierres et les broussailles et trahit la présence de l'homme, roi de la Création. Pauvre souverain!

*
* *

En marche!

On nous a dit ce matin, au réveil : « Aujourd'hui vous verrez le grand Lac où vous courez, vous verrez le Dyipé! » Après l'affreuse étape d'hier cette espérance nous donne encore des jambes; toujours la plaine devant, des montagnes à gauche, des montagnes à droite, des antilopes partout. Enfin, trois heures après avoir quitté notre campement, nous montons sur un arbre qui se trouve là tout exprès, sur le sentier, et là-bas, là-bas, tout au bout du désert, par-dessus les feuilles, par-delà la plaine, voilà comme un long miroir couché à l'horizon dans les grandes herbes : c'est le Dyipé (*fig.* 32), mes amis! Hourrah pour le Dyipé!

Aussitôt les coups de fusil partent tout seuls, comme dans les révolutions parisiennes, mais c'est ici dans le double but d'informer les échos de l'endroit de la joie qu'on a et les habitants de celle qu'on aurait, s'ils nous faisaient le plaisir de nous apporter de l'eau et des vivres. C'est là le signe employé par toutes les caravanes

Fig. 31. — Au pied des montagnes de Paré (*Kisiwani*). — Dessin de Mgr Le Roy.

de Pangani, qui s'en vont chercher de l'ivoire au lointain Intérieur.

Une petite heure s'écoule, après laquelle les Indigènes descendent dans un accoutrement tout à fait pittoresque, apportant tout ce dont nous avons besoin; de l'eau fraiche dans de grandes calebasses qu'ils ont sur le dos, retenues par une courroie qu'ils passent autour de la tête, des poulets par paquets, des haricots par paniers. Ils veulent en retour du linge, des perles et du fil d'archal; on s'entendra (fig. 33).

Ici, les Parés de divers villages qui ne se sont pas vus depuis quelque temps se rencontrent, comme au marché, et naturellement les saluts mélodieux dont ils ont la spécialité recommencent. Nos porteurs, en gaieté, se donnent mutuellement la main, se saluent à leur tour à la mode du pays, et cette petite comédie finit par de grands éclats de rire, signe que, de part et d'autre, on fera de bonnes affaires.

*
* *

Cette population du Paré est des plus intéressantes.

Répartie sur toute la chaîne, elle s'est peu à peu retirée dans les hauteurs pour plusieurs raisons excellentes : éviter les Massaïs qui venaient en bas faire rafle des troupeaux, mais qui n'osent guère s'aventurer en haut dans des défilés traitres et mal connus; fuir les mauvais voisns, — il y en a partout, — principalement les *Zigouas*, les *Sambaras*, les *Taitas*, les *Tchagas*, les *Aroushas*, qui, poussés par les Musulmans de la Côte, esclavagistes enragés, s'en vont faire des razzias périodiques chez ce peuple simple et mal armé; enfin, mettre à profit les plateaux supérieurs, plus frais, plus fertiles, plus avantageux à bien des titres que les versants et les vallées où la sécheresse du désert voisin se fait déjà sentir.

Les Parés, noirs, point difformes, mais en général petits, maigres et nerveux, appartiennent à la grande famille dite des *Bantou*, un mot qui signifie *Hommes* et qu'on a donné, faute de mieux, à toute une population d'origine commune et couvrant l'Afrique d'un Océan à l'autre, entre le Cap et le Soudan.

Ils ont dû être jadis plus répandus qu'ils ne le sont aujourd'hui, car on trouve des traces de leur langue au Sud, sur les hauts plateaux du Sambara, et au Nord, dans les plaines de Tovéta, Kahé et Arouha. Cette langue est, comme l'indique leur origine, agglutinative, avec préfixes indiquant les genres que d'autres appellent les classes, et a des rapports de grammaire et de vocabulaire avec celles des tribus congénères, du Zanguebar au Congo.

Ils sont à la fois agriculteurs et pasteurs, vivent par villages ou par familles, et irriguent leurs cultures au moyen de canaux fort bien faits. Mais l'eau qui n'est pas captée pour leurs besoins est généralement dirigée, quand elle n'est pas en trop grande abondance, dans les forêts et les rochers où elle se perd, afin que, en bas, les Massaïs ne soient point attirés par les courants d'eau claire où leurs troupeaux, venant s'abreuver, se grossiraient aux dépens des Parés. Ce plateau est froid et humide : tout n'y peut pousser. On y a cependant des bananiers en grand nombre, du maïs, des haricots, des ignames, des patates, des citrouilles. etc. On y élève des poules, des chèvres, des moutons, des vaches. On s'y est ménagé la compagnie d'un chien, un petit chien rouge et hargneux, aux oreilles en pointes, qui n'aboie point, mais qui crie, qui mord et qui chasse. Il y a beaucoup d'abeilles, moitié domestiques, moitié sauvages, comme le peuple. Celui-ci leur dresse des ruches

Fig. 32. — En vue du lac — Dessin de Mgr Le Roy.

faites de troncs d'arbres évidés, qu'on pend aux branches des arbres avec des lianes (*fig.* 34). Les abeilles y fixent le siège de leur gouvernement, y accumulent leurs familles et leurs biens, et, quand le tout prospère à souhait, la race humaine l'enlève.

Au nord, le Paré-Ousanghi renferme beaucoup de fer, et les indigènes le travaillent parfaitement, font eux-mêmes leurs pioches, leurs couteaux, leurs lances, leurs hachettes, leurs pointes de flèche, et en fournissent leurs voisins.

Chaque district de la montagne a son chef, parfois chaque village. Et malgré la mélodie enchanteresse des saluts, les disputes sont fréquentes, les jalousies point rares, les guerres perpétuelles. Enfin, c'est comme en Europe, et partout.

Par ailleurs, le goût de la parure, les attraits du goût, les exigences de la mode, les divers états d'âme par lesquels passent à ce sujet les enfants, les jeunes, les mères, les mûrs, les vieux et les décrépits; le besoin de danser, de faire de la musique, de se rassembler dans des repas où l'on dépasse parfois les justes bornes de la tempérance, vertu cardinale; le respect des choses surnaturelles; l'observance des lois morales; les cérémonies plus ou moins compliquées qui accompagnent la naissance, la puberté, le mariage et la mort, tout cela se retrouve chez les Parés, car tout cela est humain, tout cela est un peu d'idéal!

Le linge a beaucoup de peine à pénétrer jusqu'à ces hauteurs : on l'apprécie, mais sans fanatisme, et, s'il vient à manquer, on le remplace sans trouble par des peaux tannées et apprêtées, dont la solidité et la résistance n'ont jamais été égalées par les meilleurs produits de Manchester. Sur le rebord de ces peaux, les femmes arrangent avec des coquillages et des perles de verre aux couleurs variées, des desseins qui témoignent d'une bonne intention. Quant aux colliers de fer et de cuivre, gros et menus, la mode en a mis partout : aux cous, aux bras, aux reins, aux genoux, aux pieds.

Les hommes ne sont pas non plus sans sacrifier aux Grâces, comme on disait si bien au siècle passé, entre deux guillotinades. D'abord, s'il y a du linge à la maison, ce sont eux qui le prennent : à tout seigneur tout honneur. Les jeunes gens sont, en outre, fidèles à se tresser les cheveux en forme de petites cordelettes, qu'ils enduisent en même temps de terre rouge délayée dans de l'huile de ricin. Ce produit végétal, dont le nom seul rappelle à celui qui en usa des heures difficiles, est, dans toute cette partie de l'Afrique, fort apprécié, mais pour l'usage externe. Partout on cultive le ricin, on en recueille le fruit, on le fait bouillir dans l'eau, on l'écrase au besoin, et on recueille goutte à goutte l'huile qui surnage pour préparer divers cosmétiques et s'en frotter le corps. Le Noir a besoin de cela : les matières grasses lui lubrifient la peau, diminuent la chaleur des jours, préservent du froid des nuits. Les mères de familles apprécient ces soins pour leurs enfants presque à l'égal de la nourriture. Aussi, les tribus qui n'ont pas de cultures, comme les Masseïs, emploient le beurre; celles qui n'ont ni cultures ni troupeaux, comme les *Ndorobos* et les *Bonis*, y mettent la graisse des animaux qu'ils tuent.

Le pendant d'oreille est aussi, chez les hommes de Paré, d'un usage universel : ajoutez-y, pour être complet, quelques colliers et bracelets, une longue pipe, une tabatière en bambou, un couteau à la ceinture, un arc, un carquois en cuir rempli de flèches, parfois une lance, et enfin, chez les gens qui se respectent, un meuble qui mérite une mention spéciale. C'est un siège, mais un siège qui les suit partout, d'une simplicité merveilleuse,

Fig. 33. — INDIGÈNES DE PARÉ, VENANT VENDRE DES VIVRES. — Dessin de Mgr Le Roy.

d'une utilité incontestable et d'un effet décoratif puissant. Cet ustensile fait partie de l'habillement, et supprime l'encombrement des escabeaux, tabourets, bancs, stalles, chaises, fauteuils, canapés, divans, berceuses, causeuses, bergères, voltaires et trônes divers; s'il était présenté dans un pays civilisé, comme la France, par un industriel intelligent et progressif, il serait immédiatement breveté, avec garantie du gouvernement. Il consiste en une épaisse peau de bœuf découpée en forme ovale, avec les dimensions voulues, et ajustée une fois pour toutes, au moyen d'une simple ficelle, à cet endroit que l'homme ne se voit jamais, mais que, par toute la terre habitée, il a judicieusement deviné avoir été fait pour s'asseoir dessus.

Tel est ce cher peuple de Paré. Hélas! nous ne pouvons maintenant que passer en courant au pied de ses montagnes, en priant Dieu de hâter le jour où il nous sera donné d'aller lui apprendre tout ce qu'Il a fait pour lui!

XIV

AU LAC DYIPÉ

Perdus et retrouvés. — Sur l'antilope. — Le bonheur des premiers âges. — Une rude étape. — Double alerte. — Le Dyipé et ses bords.

Si distinctement qu'on aperçoive le lac *Dyipé* du haut de notre arbre, il paraît que pour l'atteindre il faut bien marcher dix ou douze heures : c'est trop pour une seule traite, notre caravane étant chargée et fatiguée comme elle l'est. Il est donc réglé que, après avoir repris quelques forces à cette halte de *Mdimou*, nous continuerons notre course en avant et nous en irons coucher dans le désert de *Kizingo* qui s'étend sous nos yeux : ce sera diminuer d'autant l'étape du lendemain.

Laissant donc la plupart de nos porteurs prolonger leur repos et leur repas, — l'un complète l'autre, — nous prenons les devants avec quelques fidèles. Il est deux heures. Comme on nous a dit qu'il n'y a qu'un sentier, nous le suivrons indéfiniment jusqu'au coucher du soleil et là où nous nous arrêterons nous serons tôt ou tard rejoints par la caravane.

Confiant dans notre renseignement, nous allons aussi devant nous, au petit bonheur... Mais ce malheureux sentier incline tellement à gauche qu'il finit cependant par nous devenir suspect. Nous nous arrêtons pour nous reposer et pour délibérer. Or, pendant que nous faisions l'un et l'autre, voici que le guide accourt nous criant de loin que nous sommes perdus : sans nous en apercevoir, nous avions négligemment pris le chemin d'*Arousha* qui passe à *Lo Ndjaro*, entre le *Sanghi* et le *Gwéno!*

Vite, nous nous mettons en mesure de chercher, à travers le désert, le sentier vrai qui doit nous conduire au *Dyipé*. Heureusement, les herbes ne sont pas hautes, la marche est relativement facile et à travers un paysage égayé de temps en temps par la rencontre de quelques troupeaux de bêtes, nous finissons par retomber dans notre chemin.

*
* *

Mais la vue de ces bêtes est provocante. Nous avons de l'avance sur la caravane; nos provisions s'épuisent, la belle affaire si ce déjeuner qui marche pouvait se mettre à bonne portée! Mgr de Courmont me donne mission de tenter l'aventure : c'est une fonction comme une autre, j'y vais.

Or, peu à peu, emporté par l'ardeur des passions ataviques, je me trouve seul et loin en présence d'un magnifique troupeau de grandes antilope dites *Pofou* (*Bosélaphe Canna*). Elles sont bien quinze ou vingt, le mâle en tête, une superbe bête à la robe noire, à la crinière au vent. Immédiatement je me porte vers elles, me dissimulant derrière les arbustes, les touffes d'arbres, les accidents de terrain, prenant le vent, glissant, rampant. A quelles bassesses ne s'expose pas l'homme pour vaincre la bête!

Enfin, j'arrive au lit desséché d'un torrent, où je me cache. Le troupeau n'est plus qu'à 200 mètres. Je tire :

Fig. 34. — Village au pied des montagnes de Paré. — Dessin de Mgr Le Roy.

course générale! Le beau mâle s'en va de son côté vers les montagnes, abandonnant lâchement son intéresssante famille qui file dans la direction du lac. Je me lance à sa poursuite et je m'aperçois, tout en courant, qu'une antilope galope à part, se retire de la bande, se repose, reprend sa marche et se repose encore : elle est touchée. De loin, je lui adresse une seconde balle. Pendant que les autres s'enfuient de plus belle, la pauvre bête fait quelques pas, lentement et comme accablée de fatigue, puis tout doucement prend une dernière bouchée d'herbe, — telle qu'un condamné à mort, — me regarde et se couche dans la prairie... La voilà : c'est un animal superbe, un peu plus grand qu'un bœuf, mais moins gros, plus dégagé, plus élancé, plus élégant, avec une robe rouge, tachetée de blanc, des cornes droites et longues, de grands yeux noirs tout humides et, à l'endroit du cœur, une petite traînée de sang rose... Avec un indéfinissable sentiment de pitié, presque de remords, je lui donne vite le coup de grâce. Tout est fini.

Mais que faire maintenant? La caravane est loin derrière, l'avant-garde elle-même ne paraît pas, et si je m'aventure à sa recherche retrouverai-je ma bête en ce désert où tout se ressemble? Je noue un large mouchoir rouge au bout de mon fusil que j'élève en l'air, je monte sur la croupe de l'antilope et je reste là, debout, faisant des signes...

Or, voilà que presque aussitôt le grand corps d'Abdallah se détache sur l'horizon : il a entendu les coups de fusil, il a jeté sa charge sur le chemin et il accourt « en grande diligence », comme disent les règlements, un long couteau en main. Sans se demander plus longtemps si l'animal vit encore, le fidèle enfant de l'Islam cherche le nord, — la direction de la Mecque, — se décide pour le sud, et marmottant l'invocation prescrite, qu'il oublie d'émotion, coupe le cou de la victime. Peu à peu la caravane arrive elle-même, chantant, dansant : l'enthousiasme est général. Plus de disputes ritualistes, plus de discussions, plus de contestations, plus de distinctions entre les purs et les impurs. « Mauvaise viande ! dis-je à un fidèle musulman, la bête était morte quand on l'a égorgée. » — « Oh ! répond-il avec conviction, morte en dehors peut-être, mais pour sûr elle vivait encore par dedans. »

*
* *

Nous coucherons ici, en plein désert, puisqu'en plein désert la Providence nous envoie notre souper.

Avec un entrain sans pareil, les porteurs réunissent les charges et organisent le campement, dressent les tentes, cherchent du bois et dépècent l'animal. Les parts sont bientôt faites : chaque compagnie reçoit à manger pour trois jours au moins, en s'en donnant jusque-là !... Malheureusement l'eau manque et chacun n'a que la provision prise à la dernière halte. N'importe ! A mesure que la nuit descend dans la plaine, des feux énormes s'allument de tous côtés, des pièces de viande homériques grillent sur les charbons, en même temps qu'on en boucane d'autres découpées en longues tranches ; chacun devise à sa manière, les groupes se forment près des feux, on cause, on rit, on raconte des histoires, on crie, on tisonne, on chante, on mange, on s'allonge dans l'herbe, tandis que le vent souffle de la montagne, que l'odeur de la cuisine en plein vent se mêle aux parfums des bois odoriférants qui brûlent et que le sentiment intime de la grande solitude, de la belle indépendance, de la vie sauvage et primitive, répand sur toute cette scène africaine quelque chose d'ineffablement grand et d'ineffablement doux. Nous autres, gens d'Europe, nous avons tellement compliqué cette pauvre vie, en cette fin du dix-neuvième siècle surtout, qu'elle est devenue très difficile en vérité. Nous cherchons le bonheur, nous le cherchons même avec frénésie; mais nous l'avons fait consister en tant d'éléments qu'il en manque toujours quelques-uns. Heureux les simples! Paix aux primitifs! Que sous les lustres éblouissants des théâtres les beaux jeunes gens d'Europe aillent porter les ennuis, les misères et la stérilité de leur vie; que l'on s'amuse d'office aux salons dorés, qu'on montre son habit, qu'on tourbillonne et qu'on danse; nous du moins, cette nuit, nous jouirons longuement du bonheur des premiers âges : Dieu sur nos têtes, des monceaux de viande à nos pieds, la paix dans l'âme et la liberté partout!

Le temps passe ainsi. Nos hommes qui, dans ces circonstances, goûtent grandement la joie de vivre ont peu ou point dormi et nous les trouvons bien surpris quand nous nous levons le lendemain vers trois heures pour assister à la messe que Mgr de Courmont dit sous sa tente, comme d'habitude. Les retardataires prennent alors le parti de se coucher : c'est un peu tard, mais enfin à cinq heures, tout le monde est en route, chacun portant sur sa charge un morceau de viande boucanée.

*
* *

L'étape est rude, très rude. Au bout du désert de *Kizingo* commence l'ancien bassin du Dyipé d'où les eaux paraissent s'être retirées depuis longtemps, mais où elles ont laissé des traces parfaitement visibles. Ce lac a dû être très étendu; peu à peu, il a perdu de ses eaux, peut-être en perd-il encore, semblable en cela du reste à ce qu'on a remarqué de la plupart des grands lacs africains. Le Ngami, le Tanganyika, même le Victoria-Nyanza. Car il faut se résigner à cette constatation, désagréable surtout pour ceux qui vivront dans dix mille ans : l'Europe se refroidit et l'Afrique se dessèche.

Ici, dans l'ancien bassin du lac, les fines graminées cèdent peu à peu la place à une végétation spéciale de plantes ennemies dont les fruits piquent, dont les feuilles coupent et dont les épines s'enfoncent dans les pieds. Toute trace de chemin a disparu : nous allons à l'aventure, en nous dirigeant sur un bouquet d'arbres que le guide nous a signalé et qui ressemble de loin à une petite colline arrondie. Mais si l'on serre le lac de trop près, on tombe dans d'énormes trous cachés dans les herbes et il faut faire un long détour pour arriver enfin vers midi, sur un terrain solide où nous nous comptons : nous voilà six en tout, nous trois, le vieux Séliman, le guide et un enfant. Le reste est dispersé là-bas par le désert, dans les grandes herbes, sous les arbres, au fond des trous. Puisse leur bon ange, nous les ramener à peu près tous !

*
* *

Nous nous remettons en marche, l'un derrière l'autre, fatigués, silencieux, les yeux fixés sur le bouquet d'arbres, où nous devons enfin trouver un peu de fraîcheur et de repos. Le soleil est brûlant, la brise nulle, l'air embrasé, le sol nu. Et nous allons, et nous allons toujours... Or, voilà que, subitement, de dessous un misérable mimosa qui se trouve sur notre droite part un bruit sourd, quelque chose comme un grognement, en même temps que s'agite une masse fauve qui ne tarde pas à se trouver sur ses pattes et à présenter à nos regards étonnés un magnifique spécimen de vieux lion, jaune et chevelu, mais point content d'être dérangé dans sa sieste et d'aspect fort rébarbatif. Il fait trois ou quatre pas lentement, comme pour prendre son élan, il agite douce-

Fig. 35. — UNE RENCONTRE PRÈS DU DYIPÉ. — Dessin de Mgr Le Roy.

ment sa grosse queue, nous regarde fixement tête haute, et pousse un hurlement prolongé, terrible (*fig.* 35). C'est l'heure de recommander à Dieu sa pauvre âme et de faire face à l'ennemi :

« — Mon fusil, dis-je au guide, vite ! »

Mais le guide jugeant que s'il donne le fusil, lui-même restera les mains vides, ne se presse pas du tout de se rendre à l'ordre.

« — Attention ! fait bientôt le P. Auguste. Il file ! »

Et Mgr de Courmont ajoute, en ajustant son lorgnon : « La belle bête ! »

Le « roi des animaux » voyant en effet ces six hommes debout devant lui, fermes sur leurs pieds, et ces douze yeux dans les siens, avait cru que la lutte serait trop inégale, et il s'esquivait, lentement, il est vrai, très lentement, mais enfin il s'esquivait, pendant que les six hommes le laissaient volontiers commettre cet acte de lâcheté bien placée... Mais tous nous fûmes d'avis que les choses auraient autrement tourné si nous avions été moins nombreux ou si, parmi nous, l'un ou l'autre avait tenté de fuir.

Le lion parti, nous reprenons notre chemin, parlant cette fois, oubliant le soleil, la fatigue, la soif, et nous communiquant nos impressions ; on s'applaudit généralement de n'avoir pas cédé d'un pas, pas même froncé le sourcil — c'est peut-être, entre nous, parce que nous avions été surpris. — Mais nous avions à peine fait quelques pas que de nouveau les herbes s'agitent ; aussitôt le guide s'arrête, épouvanté ; quelque chose se précipite entre les jambes de notre pauvre vieux Séliman qui, de terreur, tombe à la renverse, lâchant à la fois panier, casseroles et carabine : C'était un lièvre (*fig.* 36).

Un quart d'heure après cette double alerte, nous arrivions enfin sous le bosquet d'acacias dont le feuillage délié forme comme un dôme et qui de loin nous avait

Fig. 36. — Séliman en danger.

servi de point de repère. Peu à peu nos porteurs nous rejoignent; ils sont fatigués, mais au complet, et le campement s'installe.

Nous méritions bien un peu de repos. Nous le prîmes

Fig. 37. — Le lac Dyipe et le Kilima-Ndjaro. — Dessin de Mgr Le Roy.

le lendemain un peu plus en avant, et dans un endroit où le lac à peu près débarrassé des hautes herbes et des roseaux qui l'entourent était assez accessible pour qu'on pût y tenter un bain, en compagnie des hippopotames qui reniflaient sous nos yeux comme pour nous souhaiter la bienvenue (*fig. 37*).

*
* *

Le Dyipé ou, comme prononcent les gens de Tovéta, l'*Ipé* (*I-pé*) est une nappe d'eau relativement peu profonde mesurant environ 5 kilomètres de large sur 16 de long, du nord au sud. Son altitude est de 737 mètres au-dessus du niveau de la mer, et ce chiffre peut être pris comme celui de la pente totale du Rouvou, qui après avoir réuni les cours du versant méridional du Kilima-Ndjaro, va se jeter dans l'Océan Indien, à Pangani. En effet, le lac Dyipé est précisément formé par un des affluents de ce fleuve dont il n'est qu'une expansion : le *Loumi* des *Tchagas*, le *Mfouro* des *Tovétas*. Ce cours d'eau, grossi de tout l'excédent qui sort de l'oasis de Tovéta, de la rivière *Kitito* qu'il reçoit à gauche et, dans la saison des pluies, d'un autre torrent, Lo-Ndjaro, qui descend des montagnes du Taita, ce cours d'eau se déverse au nord dans le bas-fond du Dyipé et en ressort presque dans la même direction, un peu vers l'ouest, en formant un marais difficile à franchir; c'est pourquoi on prend ordinairement le lac par sa rive orientale, celle où nous campons.

De ce côté, la plaine s'étend jusqu'au massif du Taita avec seulement quelques collines calcaires vers le nord-est; mais, sur le bord opposé, s'élèvent jusqu'à 2000 mètres les belles montagnes du Gwéno, riches, boisées en haut, cultivées et peuplées. Par ailleurs tout est plaine, et tout ce qui est plaine est aride et désert.

Sur le pourtour du lac lui-même, on ne trouve guère que des acacias (*fig.* 38), de grandes mimosées aux fleurs odoriférantes, aux feuilles délicates et aux riches épines,

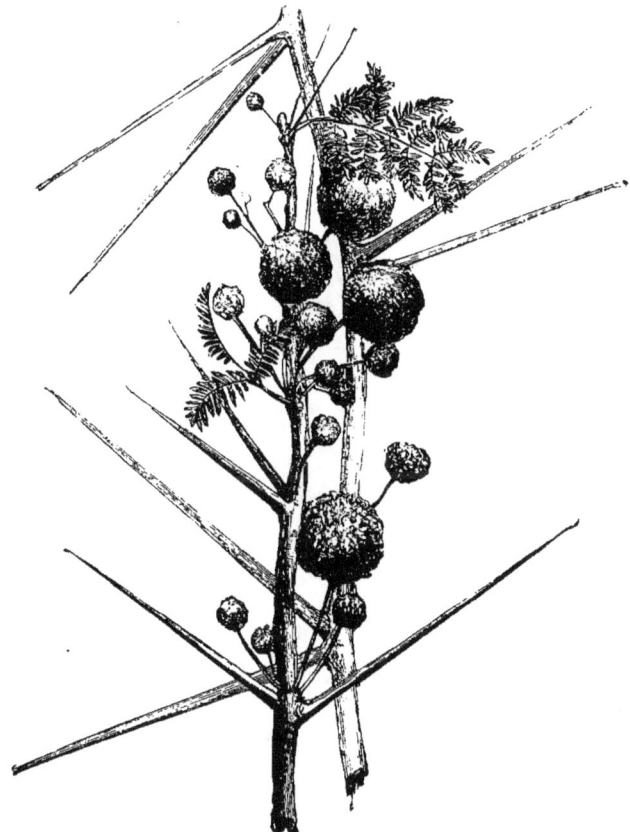

Fig. 38. — Acacia des bords du lac Dyipé.

puis dans l'eau de petits arbustes, des roseaux, des papyrus, des cypéracées diverses [1]. Beaucoup de coquilles intéressantes (*fig.* 39), quelques-unes d'espèce nouvelle. Les poissons y sont nombreux aussi et de belle

[1] *Cyperus, Scirpus, Sclera,* etc.

taille, mais peu variés et peu délicats; des siluroïdes et des cyprinoïdes, les mêmes au reste que ceux qui descendent de la montagne et forment le Rouvou. Les crocodiles n'y manquent point, non plus que dans le lac *Tchara* qui occupe au-dessus du Tovéta un ancien cratère. Quant aux hippopotames, le jour, ils y prennent leurs ébats en toute liberté et s'en vont la nuit se balader dans les roseaux et les grandes herbes; leurs chemins qui y sont tout tracés, servent à nos hommes comme de

Fig. 39. — Coquilles du lac Dyipé (grandeur naturelle).

longs couloirs par où ils vont prendre l'eau du lac. C'est à ces endroits un liquide épais, boueux, vert et dégoûtant. Pour ne pas l'absorber tel, nous en remplissons un seau, nous y mettons une forte pincée d'alun pulvérisé et après avoir agité le tout avec un bâton, les détritus de tout genre ne tardent pas à se précipiter; de sorte que, à la grande admiration de nos porteurs qui ne comprennent rien à ce sortilège, nous pouvons boire de l'eau claire. Aux voyageurs africains et autres qui manqueraient de filtre perfectionné j'ose, en passant, recommander ce simple système.

La gent volatile est ici représentée par de nombreuses tribus d'aigrettes, de pluviers, de canards, de pélicans, et d'oies sauvages. Mais nulle part ailleurs nous n'avons vu tant de pintades. Sur les bords du lac à travers ces courtes graminées et sur ces terrains secs et sablonneux qui leur conviennent, on en voit des bandes de vingt, trente, cinquante sujets, les mères conduisant leurs couvées, et tout ce peuple s'appelant, gloussant, picorant, courant et voletant. La nuit, elles se retirent sur les arbres. Nous en avons tué quelques-unes. Nous en aurions pu faire un massacre.

Fig. 40. — Poissons du lac Dyipé (1/3 grandeur naturelle).

XIV

AU LAC DYIPÉ

Le Dyipé et ses bords. — Le diable dans le corps du guide.
— Un coucher de soleil.

Au reste, ces environs du Dyipé peuvent être donnés comme le paradis du chasseur. De tous côtés, sauf les enclaves de Gwéno et du Tovéta, s'étendent d'immenses plaines rebelles à la culture, et qui paraissent n'être faites que pour servir d'asile aux bêtes.

Dispersés sur ces vastes espaces, les troupeaux ont un lieu commun de réunion; c'est le lac, où la nuit ils viennent se désaltérer, pour s'enfoncer de nouveau dans leurs solitudes. Aussi, les bords du Dyipé sont piétinés et broutés comme ceux d'une mare où de grands troupeaux de bœufs viendraient boire tous les jours. Une simple promenade sous les acacias qui environnaient notre camp, nous fit réveiller plus d'un buffle et, dans la crainte d'avoir à subir un assaut, — n'étant point suffisamment armés pour ce tournoi, — nous dûmes bientôt nous replier en bon ordre. Dans cette affreuse marche à travers le Kizingo et au delà, à chaque instant, nous voyions se dresser la forme étrange de la girafe, la robe éclatante des zèbres, les espèces variées et parfois si gracieuses des antilopes africaines [1]; de temps à autre, des autruches qui, elles, se tenaient toujours à de grandes distances. Ces autruches, il n'est pas inutile de le signaler, sont d'espèce nouvelle, et n'ont été décrites que depuis quelques années [2].

Chose curieuse! Ces animaux ont des habitudes parfaitement régulières et tout à fait en rapport avec leurs besoins. Vivent-ils en société? Mieux vaudrait peut-être dire qu'ils sont en familles, car il est rare que dans un troupeau deux mâles adultes se trouvent ensemble : l'un tue l'autre, le chasse ou le réduit en servitude. C'est de là que viennent ces individus isolés que l'on rencontre assez souvent et que connaissent bien les chasseurs : ces solitaires sont des proscrits, des expulsés, et leur caractère s'aigrit singulièrement dans leur vie vagabonde. Dans ce monde-là, malheur aux vieux! Quant aux autres, ils trainent après eux dix, quinze et vingt têtes dont ils sont les chefs respectés et obéis : ce sont eux qui conduisent le troupeau, qui donnent le signal du danger, ou dont l'attitude rassurée permet les ébats des jeunes.

On croirait que, la nuit venue, ces animaux n'ont rien de mieux à faire que de se cacher dans les bois. Eux, au contraire, se réunissent alors dans un endroit bien découvert, loin de tout bosquet où l'ennemi, lion, léopard ou homme, pourrait se mettre en embuscade, et là, pressés les uns contre les autres, ils se reposent, ruminent, dorment et attendent. Parfois le soir, parfois le matin, ils vont boire; mais leurs sentiers sont toujours tracés

---

[1] Gazelle de Grant; Kobe à croissant; Céphalophe de Natal; Céphalophe raseur; Tragélaphe des bois; *Apyceros melampus;* Nésotrague musqué; Éléotrague des roseaux; Égocère noir; Strepsicère coudou; Boléaphe canna; Catoblépas gnou, etc.

[2] *Struttius danaoides.*

de manière à éviter les endroits suspects. Aux premières lueurs du jour, ils se rendent au pâturage, se retirent vers dix heures à l'ombre des arbres, et reparaissent dans l'après-midi, vers quatre heures. Mais toujours il y a des sentinelles qui veillent, un peu en avant du troupeau, le cou tendu, la tête haute, l'oreille au vent, et ne prenant qu'une bouchée d'herbe de temps à autre, uniquement pour s'occuper, pendant que le gros de la troupe pait tranquillement, que les vieux se reposent, que les jeunes gambadent. Qu'un cruel coup de fusil vienne abattre ce chef, ce guide, ce sultan, le troupeau déconcerté erre quelque temps à l'aventure; mais bientôt, le plus vigoureux, peut-être le plus ambitieux parmi les jeunes mâles qui restent, voit que la place est libre et comme dans toute maison, république, principauté, royaume et empire, il la prend, et la famille reconstituée continue sa marche à travers les solitudes.

Les alliances ont toujours leurs raisons d'être. On voit assez souvent deux ou trois espèces d'antilopes ensemble, et c'est ordinairement un petit troupeau qui s'est adjoint à un plus grand pour mettre sa faiblesse à l'abri de la force du voisin. On recherche aussi volontiers la compagnie du zèbre, son oreille particulièrement fine et sa taille élevée le mettant en mesure de signaler plus tôt le danger qui menace. La girafe, à ne considérer que ses dimensions, pourrait être utilisée comme un véritable sémaphore; mais on la juge comme mal préparée à ces délicates fonctions, — un peu trop bête, pour dire le mot, — et son alliance ne paraît guère appréciée. Les buffles, un tas de mauvais caractères, n'acceptent généralement que la société d'un oiseau qui, avec une adresse, une familiarité, une persévérance et un sans façon extrêmes les débarrassent, en se régalant, de la vermine qui les couvre. Il en est de même du rhinocéros et de l'éléphant :

ce sont d'ailleurs de trop gros propriétaires pour admettre la compagnie de quelques petits et pauvres parents. Mais les autruches, et surtout les grues couronnées, circulent volontiers et librement à travers les plus grands troupeaux, dans les excréments desquels ils ramassent le dessert de chaque jour. Le lion voyage seul ou en compagnie de sa petite famille, le léopard aussi. Mais l'un et l'autre sont suivis de près par l'hyène, qui recueille avec volupté les restes de ces maîtres : l'hyène, c'est le chiffonnier du désert!

Mais une hospitalité curieuse est celle qu'un troupeau de zèbres a donnée à un âne, ici même et l'an dernier. Cet âne, une magnifique bête, pure race de Mascate, avait été acheté à la côte par des officiers allemands du poste d'*Arousha*. Mais un jour, pris de vagues idées d'indépendance en face de tout l'espace qu'il voyait ouvert devant lui, il s'évada. Après beaucoup de recherches inutiles, on l'avait oublié, pensant qu'il avait servi de déjeuner à un lion du voisinage; mais voilà que, depuis, on l'a revu plusieurs fois avec un troupeau de zèbres qui semblait lui témoigner grande affection, et malgré tous les efforts, toutes les avances, il a été impossible de le reprendre. Encore un exemple de civilisé qui préfère la liberté de la vie sauvage à tous les raffinements de la servitude, à tous les honneurs de l'écurie!

Les quelques voyageurs qui ont passé au Dyipé en ont mal parlé : c'est que peut-être n'avaient-ils pas bien choisi leur campement. Pour nous et pour nos hommes, c'est une bonne fortune de pouvoir nous arrêter deux jours sur ses bords. Le guide, particulièrement surmené, paraît enchanté de nous avoir amenés jusqu'ici sains et saufs.

Mais décidément les Noirs, hommes et femmes, ont fréquemment à souffrir de maladies qui sembleraient devoir n'être réservées qu'aux gens de civilisations avancées.

Ce brave garçon, d'environ vingt-cinq ans d'âge, sec, nerveux, impressionnable, était hier soir assis près d'un feu où grillait un reste d'antilope, lorsque tout à coup ses camarades s'aperçurent qu'il prononçait des paroles inintelligibles. Ils le secouent, ils le pincent, ils l'appellent : autant vaut, pour le résultat, s'adresser à une souche. Plus de doute : « l'esprit » vient de s'emparer de Mwalim. Un vieux, le plus vieux de la bande, accourt aussitôt nous prévenir :

« — Père, donne-moi une tasse de faïence, sauf respect.

« — Une tasse, Fardyallah? Et de faïence?

« — Oui, pour offrir à boire à Mwalim...

« — Mais Mwalim n'a qu'à boire aujourd'hui comme il a toujours bu!

« — Ah! C'est que... aujourd'hui..., enfin voilà : le Diable vient de lui entrer dans le ventre, et il remonte jusque dans la tête.

« — Le diable, Fardyallah!

« — Oui. Nous connaissons cela, nous autres Noirs; les Blancs n'y entendent rien, sauf respect. Et pour que l'esprit le quitte, il faut lui offrir de l'eau fraîche dans une tasse de faïence, sauf respect,

« — Le diable, Fardyallah?

« — Le diable, Père! »

Nous nous levons immédiatement, très désireux de voir de si près l'antique ennemi du genre humain. Le pauvre Mwalim est là, en effet, assis au pied de son arbre, serrant ses genoux dans ses bras allongés et ses mains croisées, le corps ployé, les yeux fixes, psalmodiant des syllabes rappelant de loin le langage massaï, mais absolument insensible à notre appel aussi bien qu'aux pincées délicates dont nous le caressons. Ce diable doit être simplement une attaque d'hystérie. Sans accorder ni faïence, ni tasse, nous le laissons là tout bonnement, attendant le lendemain matin : le lendemain, frais et dispos, il avait complètement oublié la possession de la veille...

*
* *

Mais le Kilima-Ndjaro, où est-il ? Si gros et si peu visible ! C'est bien la peine de se donner de telles dimensions pour se montrer si rarement, et nous commençons à nous expliquer la tradition des voyageurs arabes d'après lesquels cette montagne enchantée se cache, change de place, pour reparaitre et se cacher encore...

Il est vrai, nous l'avons vue. C'est au moment où nous avons quitté les dernières montagnes de Paré, à l'entrée du désert. Le garde arrêtant la caravane a étendu la main à gauche, vers le nord-ouest : « Regardez là ! » Nous regardons : des nuages, rien que des nuages, les uns noirs et d'assez vilaine apparence, puis là-haut, très haut, dans une déchirure, un autre plus petit et tout blanc.

« — Eh bien, qu'est-ce ?

« — C'est le Kilima-Njaro, ce point qui brille... »

Et tout de suite après, une autre nuée, comme un voile tiré par une main invisible, nous cache le sommet du Kibô ; car c'était lui.

Depuis, bien souvent nos regards se sont portés de ce côté : nous n'y avons vu qu'un ciel, tapissé de gris.

Notre parti était donc de ne contempler le Kilima-Ndjaro que sur le Kilima-Ndjaro même, lorsque, le soir de notre second jour de campement, peu avant le coucher du soleil, nous nous aventurons encore dans les eaux du Dyipé. A cette heure, un bain de pied est si bon !

Mais à peine avons-nous dépassé la bordure de roseaux qui nous cache la vue même du lac que nous ne pouvons retenir un cri spontané d'admiration : le Kilima-Ndjaro!

Le spectacle que nous avons sous les yeux est de ceux en effet qui restent inoubliables. Sur le fond d'un ciel tout bleu, là devant nous, se détache comme dans un vigoureux tableau l'immense profil de la montagne merveilleuse. Deux sommets : l'un à gauche un peu arrondi et d'un éclat éblouissant, c'est le Kibô, le géant africain, qui porte à plus de 6000 mètres, sa tête couverte de neiges éternelles; l'autre, à droite, plus près de nous, déchiqueté, noir et terrible, avec seulement quelques traînées blanches : c'est le Kima-wenzé qui n'a que 5300 mètres, mais qui d'ici paraît égal à l'autre. A cause de la position que nous occupons, le plateau qui relie ces deux sommets disparaît presque. On ne voit non plus aucun détail du massif, point de forêts, point de vallées, point de pics isolés : les deux cratères paraissent supportés par ce piédestal énorme, coulé tout d'une pièce, comme pour servir de candélabres allumés dans le cours des siècles à la gloire du Créateur. Hélas! c'est à peu près le seul hommage qu'il ait reçu dans ces contrées, et il l'a reçu de sa main! Les Massaïs cependant, poussant leurs troupeaux à travers les savanes africaines et considérant cette merveille qui de partout se dressait à leur horizon, l'ont appelée « la Maison de Dieu ». Puissions-nous à notre tour en faire un autel!

En ce moment tout contribue du reste à nous le représenter comme tel. En bas, sur les contreforts habités, brûlent les grands feux d'herbes sèches que les indigènes allument en cette saison dans leurs champs, et les longues fumées blanchâtres s'élevant lentement dans l'air pur et recueilli du soir rappellent autant de cassolettes posées au pied de la montagne.

Ici plus près, de l'autre côté du lac, le grand soleil d'Afrique descend comme un disque rouge emporté par son poids : on le voit s'enfoncer rapidement derrière une longue chaine de collines pittoresques, couvrant les unes de l'indigo le plus sombre, les autres du plus clair azur, et, de tous côtés, sur les premiers contreforts du Kilima-Ndjaro, sur la chaine de Paré, sur la ligne d'arbres qui borde le rivage, sur le lac lui-même, dans l'immensité du ciel où pas un nuage n'apparait, le voilà répandant la gamme admirable de toutes les couleurs qui se fondent et passent de l'une à l'autre avec des nuances d'une délicatesse infinie : le vert, le bleu, le pourpre, le violet, l'orangé, l'opal, l'émeraude, tout s'y trouve. Puis pour compléter ce tableau superbe que la main du Créateur repeint au même endroit depuis des siècles, voici devant nous la masse du Kilima-Ndjaro qui vient se projeter dans les eaux calmes du Dyipé, uni comme une glace, pendant que du haut des mimosas les insectes préludent timidement à leur chanson nocturne, que les oiseaux aquatiques regagnant leurs demeures passent lentement sur la surface du lac où se mirent leurs grandes ailes et que du fond des savanes lointaines s'avancent par troupeaux les bêtes qui pensent, peut-être avec raison, que c'est pour elles que la Providence prépara ce réservoir.

Inoubliable spectacle que le silence de la solitude, l'ombre croissante du soir, l'immobilité de toute cette nature tropicale couvrent comme d'un recueillement religieux et pénétrant. Et à travers ce silence, comme la prière monte bien vers Dieu, qui nous appelle de si loin à donner maintenant son nom et sa parole aux témoins séculaires de ces merveilles !

XV

TOVÉTA

L'oasis de Tovéta. — Campement et accueil. — Un Éden africain.

Nous quittons à 6 heures du matin ce délicieux campement du lac, et laissant à notre gauche la rivière dont le cours est marqué par une ligne verdoyante de grands arbres parmi lesquels beaucoup de palmiers, nous coupons droit à travers le désert où l'herbe fine est broutée comme en une prairie trop étroite par les troupeaux qu'elle doit nourrir. Seules, de curieuses euphorbes et des passiflores de taille naine se dressent inattaquées par la dent des bêtes.

A l'horizon, voici comme un rempart : c'est la forêt, c'est Tovéta.

Ce nom que les Swahilis de la côte et après eux les Européens prononcent *Tavéta* et les indigènes *Tovéta* et *Touvéta*[1], représente une admirable oasis que tous les voyageurs ont décrite avec une sympathie marquée. C'est au sud-est du Kilima-Ndjaro une dépression de terrain comblée par les grasses alluvions entraînées de

[1] Du mot Kwavi *Ndovéta*.

la grande montagne, grâce à cette rivière à laquelle Thomson et Johnston ont donné le nom de *Loumi*, qu'elle porte en effet à ses sources, mais qui paraît inconnu des gens de Tovéta : ceux-ci l'appellent simplement *Mlo* ou *Mouro*, « la rivière ». Ce cours d'eau, tombant des forêts qui entourent la base du Kima-wenzé, traverse la plaine en répandant dans le sous-sol la plus grande partie de ses eaux. Çà et là, on voit sourdre des sources et presque partout on n'a qu'à creuser 1 ou 2 pieds pour trouver l'eau. C'est là le secret de la prodigieuse fertilité de ce coin de terre, et pour les étrangers surtout, de son insalubrité réelle. Les montagnards du Kilima-Ndjaro ne peuvent y faire un séjour un peu prolongé sans en emporter une fièvre, un rhumatisme ou une dysenterie.

Cette oasis est disposée en un triangle dont le sommet est au nord et dont la base s'appuie au sud sur le lac Dyipé et ne mesure guère plus de 11 kilomètres sur une largeur moyenne de 2 ou 3. Elle est peuplée d'environ deux ou trois mille hommes seulement. Entre la zone fertile, d'une fertilité plantureuse, et le désert voisin, d'une aridité désolante, la démarcation est subite, absolue : là où le sol s'affaisse assez pour recevoir l'épanchement des eaux, c'est l'exubérance de la végétation tropicale; là où il se relève trop pour être privé de cet arrosage naturel, c'est la stérilité de la terre africaine brûlée par son implacable soleil.

Nous voici donc à l'entrée de cette Arcadie. Sur notre route — car il y a pour y pénétrer un autre chemin venant de Taita — elle est séparée brusquement du désert par une rivière, le Kitito, qui passe en dormant sous l'épais couvert d'arbres séculaires et d'inextricables fourrés : eau vaseuse, boue et fange, troncs qui pourrissent, coquilles sans nombre sous les feuilles d'arbres tombées et restées dans la rivière.

Après une halte sur ces bords peu enchanteurs, nous nous engageons dans la forêt par une trouée étroite, sinueuse et sombre. Encore une rivière à traverser, celle-là plus gaie, et enfin voici les grandes bananeraies qui commencent, couvrant tout de leur ombre et de leur verdure. La terre est fort proprement travaillée, des canaux circulent de tous côtés, et des cases rondes, répandues sans ordre en ce labyrinthe verdoyant, achèvent de donner à ce paysage fait de mains d'homme un air de fraîcheur, de richesse, de grandeur, qui a frappé tous ceux qui l'ont vu. Bientôt, les salutations s'entre-croisent sous les larges feuilles de bananiers, et à l'accueil fait à nos blancs visages, à nos costumes européens, nous nous apercevons tout de suite que nous avons affaire à une autre population. Là, personne ne se cache, personne ne s'enfuit; tous, au contraire, les hommes, les femmes, les enfants, accourent nous voir, nous saluer, nous presser la main. Plus d'une vieille même attrape à la hâte un régime de bananes et nous l'apporte. Elle dit qu'elle veut le vendre, mais la belle farce! C'est un prétexte évident pour nous dévisager à son aise, en nous montrant ses dents qui branlent et ses oreilles qui lui battent les épaules.

Voici une clairière en cette forêt de bananiers : « C'est là, nous dit le guide, que campent tous les Européens. » En effet, les voyageurs anglais Thomson et Johnston ont passé là, puis le Maltais Martini, le comte hongrois Teleki, l'Autrichien Hünel, l'Allemand Hans Meyer, l'Américain Abbot, sans parler d'un prince russe, d'un comte polonais, d'autres peut-être. Mais nous sommes les premiers missionnaires catholiques et les premiers Français qui ayons l'honneur d'y dresser nos tentes. A ce titre, nous attirons l'attention de la colonie tovétane; on vient en foule nous voir, nous considérer, nous par-

ler, et, tout bien pesé, on s'accorde généralement à dire
que les nouveaux étrangers sont d'une tribu intéressante
et très civilisée...

De grandes cases sont là, bâties dans le genre swahili
par nos dignes prédécesseurs, explorateurs de profession, chasseurs, aventuriers, princes, lords ou simples
millionnaires. Nos hommes s'y établissent sans façon et
nous, selon notre habitude, nous dressons nos tentes, où
nous sommes à l'abri de bien des choses, y compris la
vermine.

Là aussi nous restons deux jours, deux jours employés
à nous reposer, à faire des provisions, à distribuer aux
porteurs leur ration de linge et de perles, à étudier
le pays, à visiter la population.

*
* *

Le pays, il est ce qu'on a dit déjà : superbe dans sa
fertilité exubérante. Les bananiers, soigneusement cultivés, entretenus, irrigués, débarrassés de leurs feuilles
mortes, y atteignent des dimensions exceptionnelles et
fournissent aux habitants le fond de leur nourriture.
Musa paradisiaca! Nulle part plus qu'ici on n'est invité
à se rappeler que ce fut cette plante, paraît-il, qui
ombragea nos pauvres chers parents aux premiers
beaux jours du monde et qui, après le désastre dont
nous ne nous sommes jamais bien remis, leur fournit
encore leur premier déjeuner et leur premier jupon.
Sans doute il y a longtemps de cela; mais ici, en promenant nos loisirs sous ces grandes feuilles vertes,
doucement balancées par la brise au-dessus de nos
têtes coupables, on ne peut s'empêcher de porter en
arrière ses tristes pensées, de se rappeler son origine
antique. Tovéta est un Eden, hélas! oui, mais un Eden

où les suggestions du Serpent sont encore mieux accueillies que dans l'ancien!...

Dans maints pays, la banane est simplement connue comme fruit de dessert et le bananier comme plante donnant la banane. Mais à Tovéta, on ne l'entend point ainsi : le bananier sert à tout. Le tronc d'abord, vert et découpé en fines tranches, est une excellente nourriture pour les vaches, les moutons et les chèvres, qui y trouvent à la fois à manger et à boire. Les feuilles desséchées servent à couvrir les cases. Et quant au fruit, on le mange cru, ou cuit, ou rôti : on a dix ou quinze manières de le préparer. Au moment où ces lignes sont écrites, les journaux d'Amérique annoncent avec quelque fierté qu'un citoyen de cet industrieux pays vient de découvrir le moyen de réduire la banane en farine. La belle affaire! C'est ce que les gens de Tovéta font depuis des siècles : cela consiste à cueillir la banane un peu avant sa maturité, à la couper en deux, à la faire sécher au soleil, comme du manioc, et à l'écraser ensuite dans un mortier avec un pilon. Ce n'est pas tout : ici, comme au Tchaga et au Ganda, on trouve encore dans la banane la base d'une bière excellente. La Providence est bonne. Et c'est ainsi qu'elle a répandu par le monde quantité de choses sans lesquelles les peuples qui les utilisent ne concevraient pas qu'on puisse vivre : le bananier à Tovéta, le cocotier sur plusieurs Côtes, le bambou en Birmanie, le thé en Chine, le blé en Europe, le riz dans l'Inde, l'arbre à pain en Océanie, le piment aux Antilles, la morue à Terre-Neuve, à Chicago les porcs, le macaroni en Italie, la choucroute en Allemagne, l'ail en Provence et les pommes en Normandie.

Cependant, il n'y a pas que des bananes à Tovéta. On y cultive aussi l'ambrevade, le maïs, le sorgho, la patate, l'igname, la citrouille, la canne à sucre, etc. Au poisson de la rivière on tend des nasses; d'aucuns même s'amusent bourgeoisement à pêcher à la ligne (*fig.* 41). Le miel est recherché avec ardeur et on établit pour le recueillir de ces ruches formées d'un billot creusé qu'on attache aux branches d'un arbre au moyen d'une corde et d'un crochet (*fig.* 42) : mais ici on travaille ce bois avec soin, avec art, et nul ne peut se marier s'il n'a pas au préalable fourni la preuve que de temps en temps il apportera du miel à la case. Il y a aussi du bétail; mais les vaches ne sortent pas par crainte non seulement des Massaïs, mais encore et surtout des taons et des mouches, parmi lesquelles figure la terrible tsé-tsé. On les nourrit à la case, comme il a été dit, avec des troncs de bananiers découpés en fines tranches, et c'est là peut-être un moyen à recommander aux éleveurs africains qui, dans les endroits où les bêtes à cornes n'ont pu vivre jusqu'ici, voudraient tenter de nouveaux essais.

D'ailleurs, tout le pays cultivable n'est pas cultivé et on trouve encore nombre de coins de terre d'où la forêt vierge s'élance dans toute sa magnificence primitive. Quels arbres! Quelles colonnes! Quelles ramures! Le jour, quand on pense au soleil dont les feux grillent les feuilles racornies du désert voisin, qu'il est bon d'errer sous ces dais splendides, le long d'une sente à peine marquée, où la lumière n'arrive que tamisée par le feuillage extrêmement délié de ces arbres magnifiques, où les lianes courent comme des cordes vivantes sur des mâts gigantesques, où çà et là des fleurs éclatantes relèvent la couleur sombre de la verdure! La rivière aussi est délicieuse avec son gazouillis perpétuel, ses roches volcaniques qui encombrent son cours, ses bords tapissés de fougères aux formes si délicates, ses grands arbres qui, des deux côtés entrecroisant là-haut leurs

Fig. 41. — Sur la rivière a Tovèta. — Dessin de Mgr Le Roy.

branches, lui forment des arceaux majestueux. Parmi les palmiers, il faut citer les dattiers sauvages, mais surtout les raphias, qui, en groupes superbes, lancent de tous côtés leurs feuilles énormes dans un désordre aussi pittoresque qu'inextricable. Avec leur pétiole on fait des échelles légères, des portes, des poutrelles, des enclos, tout ce qu'on veut.

Mais défiez-vous cependant : la fièvre est peut-être là-dessous. En Afrique l'eau dans le sous-sol est un élément nécessaire à la santé des plantes, mais souvent nuisible à celle de l'homme.

La colonie tovétane est composée d'éléments originairement divers, mais aujourd'hui partageant à peu près le même genre de vie, les mêmes mœurs, la même langue et le même type. Il y a les Tovétas proprement dits, frères des habitants de Kahé et du Bas-Arousha que nous verrons plus tard : à eux sont venus se joindre quelques indigènes du Tchaga, du Taita et du Kamba. On trouve même ici une petite colonie de Kwavis, frères des Massaïs. Le type général tient le milieu entre ce dernier élément et celui des Noirs dits de famille *bantou* : plus empâté que le premier, plus élégant que le second. Mais, en somme, cette population est certainement supérieure à celle du sud, plus belle, plus accueillante, plus expansive, plus polie, plus intelligente, plus artiste. Tous parlent swahili couramment; mais, gâtés par des libéralités excessives, ils commencent à devenir exigeants vis-à-vis de l'Européen.

L'Islam a fait parmi eux quelques adeptes, et il serait fâcheux que, en se développant, il fermât cette intéressante population à l'influence chrétienne. Volontiers on nous aurait gardés à Tovéta et déjà plus d'un enfant s'offrait de se faire notre disciple, avec promesse d'amener un camarade, qui en aurait amené un autre.

Mais il nous faut voir plus loin. Hélas! que de fois, pendant ses voyages, le missionnaire est amené à répéter la parole du Sauveur : *Misereor super turbam!*

*
* *

Avec les nombreuses caravanes, allant chercher l'ivoire au pays massaï ou en revenant, les Tovétas peuvent aujourd'hui avoir tout le linge qu'ils veulent, mais ils travaillent si bien les peaux et les relèvent de dessins de si bon goût, en perles de verre, que les grèves de Manchester et de Liverpool peuvent les trouver fort indifférents. On fait aussi grand usage de chaînettes, pendants d'oreilles et bracelets. Les hommes, les jeunes surtout, s'habillent volontiers à la mode massaï, tressant leurs cheveux avec soin et se faisant, derrière la tête, une queue avec une courroie. C'est là sans doute ce qui a donné lieu à la fable étrange des « hommes à queue » de l'Intérieur africain, dont on avait annoncé l'existence il y a quelque trente ans. Cette nouvelle avait fort réjoui les savants doctrinaires qui trouvent en eux des souvenirs d'origine simienne : « — Voilà! répétaient-ils. Nous l'avions bien dit. Il existe donc encore des hommes qui ne se sont pas suffisamment assis pour se débarrasser de l'appendice caudal! » En fait, l'appendice existe, mais malheureusement ce n'est pas la Nature qui le met et encore n'est-il pas en sa bonne et vraie place. Il y a, comme cela, dans la Science de ces Messieurs, un tas de déconvenues...

Une autre mode curieuse, c'est l'accoutrement auquel se condamne une nouvelle mariée lorsqu'il est reconnu que l'époque vient où elle doit mettre au monde son premier-né. Nous avons fait la rencontre de ce phéno-

Barrage d'irrigation.   Ruche à miel.   Panier à pêche.

Fig. 42 — A Tovéta. — Dessin de Mgr Le Roy.

mène chez le voisin de notre campement qui nous avait priés fort gentiment d'aller chez lui boire une tasse de lait. Assis tous les trois dans la case sur une peau de bœuf tendue solidement et formant à la fois un lit et un canapé, selon l'heure, la vieille dame du lit nous avait fait, comme de juste, les honneurs de son salon. Dans un coin ruminait une vache. Près d'elle, solidement campé sur ses pattes, son veau nous considérait avec un ébahissement profond : c'était bien sûrement la première fois de sa vie qu'il voyait les gens de notre race. Après les saluts d'usage, la calebasse pleine de lait caillé avait passé de main en main : Mgr de Courmont y avait trempé ses lèvres, le P. Auguste y avait à peine ajouté trois poils de sa barbe, et elle m'était arrivée ainsi, par trahison manifeste, avec charge de la vider à fond. Enfin, c'était fait, et nous nous levions pour prendre congé de nos excellents hôtes, lorsqu'un bruit très caractérisé de serpent à sonnettes nous arrête tout à coup sur le seuil de la porte. Vaine terreur! Ce n'était point un serpent, mais une dame, une dame bardée de fer des pieds à la tête, avec un voile de chaînettes sur le visage, des chaînettes sur la poitrine, des chaînettes autour des reins, des chaînettes aux bras, des chaînettes aux pieds, des chaînettes aux oreilles, des colliers de cuivre sur les épaules, aux bras et aux jambes, des verroteries partout, de la ferraille, des fils de fer, des fils de laiton, une vraie boutique de quincaillerie : « Sa nouvelle épouse » (*fig.* 43), dit la vieille dame en faisant une moue caractéristique.

Mais si les jeunes mères sont ainsi honorées et défendues, il est triste d'apprendre que les nouveaunés sont en grand danger d'être mal accueillis en ce monde. On étrangle sans pitié, comme « mauvais » les enfants qui naissent les pieds en avant, ceux dont les dents poussent d'abord à la mâchoire supérieure, les jumeaux, les estropiés, ceux aussi qui ont pour père un adolescent non circoncis. Car, en dehors d'ailleurs de toute pratique musulmane, la circoncision est ici d'usage, comme chez beaucoup d'autres tribus africaines : elle se fait vers l'âge de seize à dix-huit ans et c'est seulement après qu'a lieu le mariage.

La polygamie existe; mais elle est chère et par conséquent restreinte, chaque nouvelle femme étant le prix d'un bon nombre de bœufs, sans compter le miel, le linge, les perles, etc.

Au reste, dans l'idée des Tovétas, la femme doit être soumise à l'homme, elle lui est inférieure, et ils ont là-dessus une singulière légende que m'a racontée un jeune homme, avec beaucoup d'autres choses, dans une longue conversation que nous avons eue :

« Au commencement, dit-il, Dieu voulut essayer le cœur de l'homme et celui de la femme. Il prit donc l'homme à part, lui remit un couteau et lui dit : « Ecoute. « Cette nuit, quand elle dormira, tu me couperas le cou « de ta femme. » Et il prit aussi la femme à part, lui remit un couteau et lui dit : « Ecoute. Cette nuit, quand « il dormira, tu me couperas le cou de ton homme. » C'est bien. Alors l'homme s'en alla tout triste, pensant : « Couper le cou de ma femme, de ma sœur! C'est « impossible, je ne le ferai jamais! » Et il jeta le couteau dans la rivière, se réservant de dire qu'il l'avait perdu. Et la femme aussi s'en alla. Puis la nuit venue, elle prit le couteau et elle allait tuer l'homme qui dormait, lorsque Dieu reparut : « Misérable, fit-il, puisque tu as le cœur « si méchant, tu ne toucheras plus le fer de ta vie! Ta « place est au champ et au foyer. Et toi, dit-il à l'homme, « parce que tu es bon, tu as mérité d'être le maître et « de manier les armes. » Voilà pourquoi, ajouta Kombo,

Enfant. Tête d'homme. Enfant (vu de dos).
Nouvelle mariée.

Fig. 43. — Costumes de Tovéta. — Dessin de Mgr Le Roy.

même en Europe, à ce qu'on dit, ce sont les femmes qui font la cuisine et les hommes qui la mangent. »

Il n'y a point d'esclaves à Tovéta. Tout le monde travaille; mais, comme la terre est très fertile, le labeur quotidien se réduit à peu de chose, et beaucoup de loisirs restent à tous les âges et à tous les sexes pour

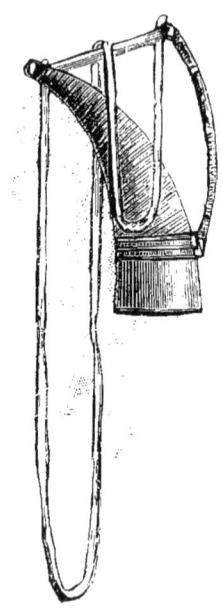

Une Tabatière.

causer, se promener, boire, danser et jouir de la vie. Au reste, on trouve ici beaucoup de mœurs massaïes : les jeunes gens, par exemple, en attendant leur mariage, vivent dans des campements séparés, mais ils ne sont pas soumis comme leurs voisins à un régime spécial, non plus qu'à des exercices militaires, n'étant pas d'ailleurs destinés à porter la guerre au-delà de leur propre territoire.

Point de village; chacun vit chez soi, en famille.

Au point de vue du gouvernement, les gens de Tovéta forment une République, et, chose intéressante, une République comme l'Histoire dit qu'il fut une fois question d'en faire une en France : sans Président. Il y a deux assemblées, celle des Anciens et celle des Jeunes, ceux-là plus tranquilles, ceux-ci plus remuants. En principe, les affaires doivent se régler d'accord, quand l'accord est possible; au cas contraire, le Sénat a plus d'autorité, plus de mesure, plus d'expérience, termine toujours le procès..., en cédant. — On n'oublie pas, je suppose, que je parle de Tovéta.

*
* *

Quand un étranger passe, il reçoit une députation de la Chambre et du Sénat; aux deux il doit des cadeaux. Nous n'avons point échappé à ce vénérable usage et, comme d'ailleurs les droits d'entrée étaient demandés poliment, nous nous y sommes prêtés de bonne grâce. Beaucoup de voyageurs africains se plaignent de cette institution qui fleurit, comme on sait, chez beaucoup de tribus de l'Intérieur, persuadées qu'elles ont droit de faire payer les chemins passant chez elles. Peut-être ces explorateurs ont-ils raison, peut-être aussi n'apprécient-ils pas suffisamment le fonctionnement de l'Administration chez les peuples civilisés, puisqu'ils le condamnent chez les peuples sauvages. Renversons les rôles et figurons-nous, par exemple, trois ou quatre Africains, noirs comme un bout de fusain, arrivant à Marseille avec leur accoutrement spécial, leurs lances, leurs flèches, portant des provisions, de l'ivoire, des pépites d'or, des diamants, des perroquets, des singes, et autres productions de leur pays fort recherchées des

Européens, suivis enfin d'une centaine d'individus racolés un peu partout et qui sont leurs porteurs, leurs domestiques et leurs soldats. Cette troupe arrive et s'en va droit s'installer en pleine Cannebière, où elle fait la cuisine. Ah! mon bon! Tout aussitôt la Préfecture, la Police et le Conseil municipal enverront évidemment nombre de délégués, employés, sergents, douaniers, gendarmes, pour notifier à ces mal-appris d'avoir premièrement à payer leurs droits d'entrer et secondement à camper ailleurs; je soupçonne même que plus d'un exigerait un petit pourboire... Or, si ces gens d'Afrique, pour toute réponse, prenaient vos représentants par la barbe et leur faisaient faire une pirouette en l'air, Français, que diriez-vous?...

DEUXIÈME PARTIE

DU KILIMA-NDJARO AU ZANZIBAR

XVI

SUR LA MONTAGNE : KILÉMA

Nous voici au 14 août. Depuis longtemps, c'était le désir de Mgr de Courmont d'arriver au pied de la montagne pour le 15, afin que la première messe dite au Kilima-Ndjaro le fût au jour consacré à honorer l'Assomption de la Sainte Vierge.

Rien, du reste, ne nous retient plus au Tovéta, et le 14 au matin, après une nuit assez froide, nous traversons la rivière à gué sur des pierres noires, glissantes et traîtresses, où plus d'un parmi nos hommes prend un de ces bains hygiéniques, quoique involontaires, si fort recommandés par l'hydrothérapie moderne.

Encore des bananeraies; puis, quand les cultures cessent, c'est pour faire place à un reste de forêt vierge de toute beauté. L'eau sort de partout, formant souvent des ruisseaux et des mares profondes au bord desquelles se dressent des *Raphias* superbes; mais beaucoup de ces palmiers, dont les feuilles atteignent une longueur de 10 mètres et au delà, sont dévastés par les indigènes qui, comme on l'a vu, en utilisent la nervure.

Voici un mauvais passage : c'est une sorte de rivière sans cours marqué, profonde et vaseuse, qu'il faut traverser sur d'énormes troncs d'arbres jetés en travers et glissants comme des mâts de cocagne. Quel exercice quand on a, surtout comme nos porteurs, une charge de 30 kilos! Si l'un de nous tombe en ce trou, le repêchera-t-on jamais? Nous enlevons nos chaussures, nous nous frottons de sable les pieds et les mains et, prudemment, doucement, humblement, à quatre pattes, nous opérons ce dangereux passage, tous, sans y rien laisser.

Encore quelques pas et derrière une porte basse la forêt prend fin. Brusquement le sol se relève; c'est le désert, le désert avec son soleil de feu, sa terre ingrate et dure, ses herbes fines, sa couleur grise, ses petits arbres espacés et rabougris, ses feuilles grillées, ses euphorbes rampantes, ses asclépiadées étranges, ses acacias épineux, son caractère répulsif. A gauche et à droite, une chaine brisée de collines rougeâtres, des buttes isolées, des cônes : le tout suggérant l'idée, remarque Johnston, qu'au temps où la masse éruptive sortit du *Kima-wenzé* et du *Kibô*, ces deux énormes cratères se trouvèrent obstrués par la quantité prodigieuse de matière en fusion, et alors la terre, éprouvant le besoin de rejeter cette lave de son sein, se couvrit de ces collines secondaires, comme un corps malade se couvre de furoncles enflammés.

Trois choses cependant reposent les regards : le Dyipé à gauche, le Kibô devant soi, et enfin, après une course inutile contre un troupeau d'antilopes, l'apparition subite d'une petite rivière qu'ombrage une double haie d'arbres superbes et toujours verts. Il est onze heures et demie : nous campons.

.˙.

De l'eau! Comme on l'aime partout en Afrique!... Mais cette fois l'eau qui sautille et gazouille sous nos yeux, c'est l'eau du Kilima-Ndjaro : nous y sommes!

Fig. 44. — Dans la rivière (sycomore et cascade). — Dessin de Mgr Le Roy.

Le lendemain 15 août, pendant que l'Église catholique, par le monde qu'elle couvre de ses temples, de ses prêtres et de ses fidèles, chante la Vierge immaculée qui nous apporta le salut, nous, ses missionnaires perdus aux avant-postes de la civilisation, nous nous retrouvons pour prier avec elle, et du pied de cette grande merveille qui nous domine de son front étincelant, voilà que, pour la première fois dans ce coin de terre, nous unissons notre voix à celle de nos frères dispersés : *Venite, adoremus Regem Regum cujus hodie ad œthereum Virgo Mater assumpta est cælum!*

Cette rivière est très intéressante. Campés près d'un vieux sycomore et non loin d'une cascade dont la présence nous est bientôt révélée par le bruit qui nous en vient, nous avons une après-midi et une journée pour en explorer les bords (*fig.* 44 et 45).

Encore assez forte près d'ici, elle se perd plus loin dans la lave et disparait peu à peu. Des troupeaux d'antilopes errent aux environs. Fatigué de les poursuivre, je reviens avec quelques-uns de nos hommes dans le lit profond et desséché du torrent, où nous tombons juste sur une famille de buffles qui s'y reposait à l'ombre. Ce premier danger passé, nous rentrons lentement en cherchant des insectes qui abondent sous l'écorce des arbres tombés; des bêtes aussi, mais moins dangereuses que les autres. Ici, par exemple, quel est ce bâton qui se détache en noir au milieu des herbes vertes? J'allonge la main pour le saisir, quand tout à coup cette tige se redresse comme un ressort, siffle et se gonfle : c'est un aspic, le redoutable aspic de Cléopâtre! Encore un peu, et je mourais comme cette illustre dame, « dont le nez, selon Pascal, s'il avait été plus court, aurait changé la face du monde ». Après un moment d'effarement de sa part et de la mienne, l'homme et le reptile reprennent chacun leur position respective; mais, quand je reviens à la charge, muni cette fois d'un bâton, l'aspic était parti.

Fig. 45. — Cascade au pied du Kilima-Ndjaro. — Dessin de Mgr Le Roy.

      *
  * *

Le 16, au matin, nous nous remettons en route et, après avoir traversé près de là une grande rivière, dite de *Kiléma*, nous prenons décidément à notre droite le chemin de la montagne, le chemin de *Tchaga*, car tel est le nom sous lequel est désignée la partie méridionale du Kilima-Ndjaro.

Or, à Mombassa, pendant que nous achevions l'organisation de la caravane, nous fûmes un jour abordés par un jeune homme, originaire de ce pays-ci, que j'avais autrefois connu et cultivé et qui, maintenant, demandait à rentrer avec nous « dans ses foyers ». C'était la Providence qui l'envoyait aux missionnaires. Immédiatement, *Daringo* fut enrôlé. Jusqu'ici, il a insisté pour nous conduire droit dans son pays d'origine, *Kiléma*, qu'il représente comme incomparable par la douceur des joies qu'il a goûtées, et chez son roi, *Foumba*, avec lequel il dit avoir joué à saute-mouton dans son enfance. Mais, depuis quelques jours, ses instances redoublent, et, finalement, nous y cédons.

Laissant donc divers districts dont nous apercevons de loin les magnifiques forêts et les grandes cultures, nous montons assez doucement les premières pentes du massif, fertiles, ombreuses, mais habitées seulement par des troupes de buffles et d'éléphants dont nous voyons fréquemment les traces.

Nous voici à la porte de Kiléma.

C'est une espèce de construction en madriers superposés et reliés, laissant place en bas à une trouée étroite, fermée elle-même par des pièces mobiles. Daringo nous précède, et son premier soin en face de cette entrée originale et peu engageante, est de tirer un coup de fusil.

Immédiatement, la sentinelle, qui veille à l'intérieur, demande qui va là, et Daringo décline nos titres et qualités, en même temps qu'il se fait connaître lui-même, rappelle le nom de son père, de sa mère, de ses oncles et tantes, de ses frères et sœurs, de ses cousins et cousines, insulte le gardien qui travaille à écarter les pièces de bois et, finalement, se glisse dans le trou qui nous est offert pour y passer. C'est une vraie souricière à l'usage de l'homme; mais impossible d'entrer par ailleurs, à cause des impénétrables haies de lianes épineuses qui protègent le pays actuellement en guerre.

Derrière cette porte, qu'on referme aussitôt, s'ouvre un long sentier qui serpente entre une double haie de broussailles et débouche à la fin sur une pelouse ombreuse dont l'aspect nous transporte immédiatement dans notre chère et vieille Europe.

Cette herbe courte, verte et fraîche, ces beaux arbres qui y font de mobiles taches d'ombre; ces petits chemins creux qui se déroulent entre les haies, ces talus qui entourent les jardins et les champs, mais c'est ce que nous avons vu tant de fois chez nous; c'est là le vallon où nous avons rêvé de notre future destinée, arraché quelques racines grecques et sommeillé doucement sur les œuvres des grands hommes; c'est ici l'arbre où les pies faisaient leur nid, là que chantaient les merles, et voici la pierre tapissée de mousse où s'asseyait la grand'mère aux premiers beaux jours, la bonne grand'mère dont le menton branlant et la lèvre barbue nous intéressaient tant !

Mon Dieu, que ce passé est loin et qu'il est bon de le revoir !

Après quelques minutes de repos, pendant lesquelles nous échangeons de joyeux saluts avec les indigènes voisins, nous reprenons notre marche par le petit chemin rocailleux ; nous montons toujours, l'air devient plus frais, les fleurs s'épanouissent plus variées, les oiseaux chantent, les ruisseaux courent, et, tout allègres, nous arrivons ainsi sur un plateau où, brusquement, nous sommes accueillis par une fusillade nourrie à laquelle répondent immédiatement les carabines de nos porteurs : c'est un beau vacarme, organisé, parait-il, en notre honneur. Car la garde qui veille aux barrières de Kiléma nous avait annoncés !

Quand la poudre a parlé, du groupe des guerriers se détache un grand garçon d'à peu près six pieds, droit, jeune et bien fait, portant sur ses épaules une belle nappe de table et sur sa tête un chapeau de feutre écrasé sous un bonnet de coton, l'uniforme des grands jours !

« — Ça, nous souffle Daringo à l'oreille, c'est le roi l'oumba ! »

Le chef s'avance et donne à chacun de nous une vigoureuse poignée de main, en ayant soin, pour plus de politesse, de nous étreindre le bras trois fois, de toutes ses forces ; puis, nous ayant regardés avec une curiosité peu solennelle, il indique au guide une place où nous pourrons établir notre campement et se retire.

Daringo le suit et, sans aucun doute, nous recommande chaudement : il a, du reste, reçu mission d'indiquer le but général de notre voyage et de préparer doucement les voies à notre installation possible dans le pays. Peu après, une vache grasse nous est envoyée pour notre dîner, à la grande joie de nos hommes ; nous offrons à notre tour notre petit cadeau d'arrivée, et, bientôt, les indigènes, avertis par la fusillade, nous entourent en foule, nous admirent, nous écoutant parler, nous prenant les habits tout doucement, nous passant la main sur la tête et nous tirant la barbe avec une familiarité candide, pour voir si elle tient. D'autres se mêlent à nos porteurs auxquels ils vendent du lait, du beurre, des bananes, des patates, des ignames, des haricots. L'allégresse est générale.

Ce pays est très beau.

Derrière nous, les deux sommets grandioses, le Kibô et le Kima-wenzé, ne se montrent que par intervalles au-dessus du voile de nuages dont ils se font une mobile ceinture; mais l'œil distingue nettement la grande forêt vierge, les assises énormes de la montagne, les ravins sans fond d'où monte le bruit étouffé des cascades lointaines. Autour, les champs et les jardins étalent leur luxuriante verdure, les larges feuilles de bananiers sans nombre se meuvent au vent, et ces petits enclos de dracœnas où chaque famille habite, seule et libre, rappellent tout ce qu'on peut rêver de plus champêtre, de plus pittoresque et de plus doux. A droite et à gauche, mais un peu loin, s'élèvent deux collines, qui seraient ailleurs des montagnes, semées de taches blanches, nombreuses et mouvantes : ce sont des troupeaux, dont les beuglements lointains arrivent jusqu'à nous. Et en face, dans le fond, voici les eaux calmes du Dyipé qui sommeillent, et les montagnes bleues du Gwéno qui se découpent sur l'infini du ciel, et les nombreux fleuves qui serpentent dans la plaine, et la grande forêt de Kahé où ils se réunissent, et l'immense étendue du désert qu'on suit si loin là-bas, là-bas, jusqu'au point où la terre se confond avec le ciel dans l'horizon indistinct et profond du pays massaï.

Cependant, dans l'après-midi, nous nous mettons en mesure d'aller présenter nos civilités à Foumba. Daringo, qui a passé la journée avec Sa Majesté, nous précède et doit nous introduire. Mgr de Courmont, qui est fatigué, n'est pas venu, et nous sommes seuls, le P. A. Gommenginger et moi. C'est heureux, car, hélas!

notre pauvre grand roi est dans un état d'ébriété complète!

Un effet de la joie, paraît-il.

Et le voilà, assis tant bien que mal sur un petit siège de bois taillé et sculpté, à la porte d'une case élégante qu'on dirait être un clayonnage d'osier et fort bien faite : c'est le cellier royal. En face, son palais, grande maison en bois et de forme rectangulaire; à côté, une sorte de grand hangar où l'on tient les réunions; puis, un peu partout, quelques maisons destinées aux femmes et aux serviteurs : le tout entouré d'un verdoyant enclos. A notre approche, Foumba veut se lever, mais c'est pour lui une manœuvre difficile et qu'il exécute mal. Aussitôt rassis, il cherche à « reprendre des forces », en se faisant servir de nouvelles tournées de bière, une bière de banane et de millet, et nous devons nous-mêmes partager la coupe; cette boisson est du reste très bonne et bien supérieure au vulgaire *pombé* de sorgho des populations de la plaine. Les témoignages de sympathie abondent; mais, à mesure qu'ils se multiplient, Foumba, qui n'est décidément pas difficile pour trouver des crachoirs, bredouille, pleure, bave et bafouille d'une façon déplorable.

Tout à coup, Daringo prend la parole avec une familiarité toute démocratique :

« — Il est ivre comme une cruche pleine, dit-il au premier ministre.

« — Hein? Daringo? demande le souverain.

« — Vrai, reprend notre homme, tu raisonnes comme une calebasse...

« — Ah!

« — Comme une citrouille...

« — Eh! Citrouille...

« — Il est impossible de parler affaire en ce moment :

tu ne sais plus dire que des bêtises; tu n'y vois plus, tu craches partout, tu es ridicule...

« — Alors, buvons un coup, Daringo, buvons un coup! C'est le plaisir...

« — Non, va te coucher, mon roi. Nous reviendrons demain matin, nous tuerons la chèvre et nous ferons l'alliance.

« — Ah! que je vous aime! conclut Foumba en nous serrant les bras vigoureusement. Restez avec moi : nous nous en donnerons tous les jours jusque-là... »

*
* *

Le lendemain matin, informations prises, le chef est dans une situation présentable; mais Mgr de Courmont, qui ne veut pas personnellement prendre avec lui d'engagement prématuré, nous délègue encore tous les deux vers Sa Majesté.

Elle nous reçoit cette fois à la porte de sa maison principale et nous entretient d'une manière très sympathique et très sensée. Nous disons qui nous sommes, pourquoi nous venons, ce que nous cherchons.

« — J'ai tout compris, répond en substance Foumba. Depuis longtemps, je désirais avoir des Blancs chez moi. Des Blancs qui font le commerce, qui chassent les bêtes, ou qui se promènent pour s'amuser, c'est bien; mais ceux-là ne restent pas. Après nous avoir fait mettre en ligne pour prendre nos figures avec leurs machines, ils rentrent chez eux pour nous montrer à leurs femmes histoire de dire : « Voilà les hommes du Kilima-Ndjaro; « ils ont des têtes comme des marmites... » Mais vous, c'est une autre espèce de Blancs : il y a du bon monde partout!... Votre affaire, à ce qu'on dit, c'est d'instruire les Noirs et leur donner de votre esprit : c'est une bonne chose. Ici, nous connaissons Dieu, mais nous ne savons pas bien ce qu'il a dit...

« — Il a dit de ne pas boire comme un précipice ! interrompt Daringo, en néophyte un peu ardent.

« — Eh bien ! reprend Foumba, je n'en savais rien. Chacun, vois-tu, Daringo, a sa manière de faire. Il y en a qui ne boivent presque point, d'autres vont seulement jusqu'à trébucher dans les chemins ; moi, quand je m'en mêle, il faut que je me saoûle à fond ! »

Et, se retournant vers nous :

« — Nous devons nous faire, avant tout, frères de sang.

« — Frères de sang ?

« — Oui, une cérémonie de ce pays-ci, car nous ne sommes pas des sauvages, nous autres !... Tu mangeras de moi un peu, et je mangerai un peu de toi : la chose la plus simple du monde. »

Monseigneur n'était point là ; le P. Auguste, sous le prétexte fallacieux que j'étais son aîné dans la carrière, disait ne pouvoir accepter cet honneur ; je dus m'exécuter.

Près de là, une superbe chèvre, d'une blancheur immaculée, attend avec quelque impatience sous la garde d'un enfant : c'est la chèvre de l'alliance. Successivement, les anciens s'approchent d'elle, et crachant à la fois sur une poignée d'herbe et sur sa tête : « A Dieu, je te donne, disent-ils, avec le sérieux d'hommes qui font un acte religieux, à Dieu je te voue ! » Il paraît que, cette cérémonie faite, l'animal ne peut plus rentrer dans le troupeau : il est devenu la propriété de Dieu, il est sacré ; s'il n'est pas immolé sur l'heure, on doit l'envoyer se perdre dans les bois.

Quant à celui-ci, il est emmené et égorgé : le foie, qu'on montre à l'assistance, est trouvé sain et pur ; puis la poitrine, passée légèrement au feu, nous est apportée au bout d'une brochette en bois. Quant au reste, il sera en partie brûlé, en partie jeté aux oiseaux, et en partie mangé; car c'est véritablement un sacrifice, un sacrifice offert au Créateur et au Maître du monde à l'antique manière des premiers enfants d'Adam et de Noé, et il est étrange et instructif de retrouver ces pratiques religieuses au milieu de cette population isolée sur sa montagne, qui a vécu jusqu'en ces derniers temps en dehors de toute influence juive, musulmane ou chrétienne.

Mais revenons à nos moutons. Je veux dire à notre chèvre, car la cérémonie va commencer.

J'essaie d'être sérieux, mais le respect dû à la vérité historique me force d'avouer que mon confrère, derrière moi, rit d'une façon fort irrévérencieuse.

Nous voici donc en face l'un de l'autre, assis sur notre peau de bœuf. Foumba m'empoigne solidement les bras; j'en fais autant de lui. Près de Sa Majesté se tient son oncle vénérable; j'ai de mon côté notre guide. Alors, le vieux parrain du roi, passant son long index sur l'avant-bras de son neveu, comme un charcutier qui aiguiserait son couteau sur une pierre, prononce solennellement ces paroles :

« — L'homme blanc de la tribu des Français — à propos quel est ton nom, ton vrai nom?

« — Le P. Le Roy.

« — Hein? Mapéra-Roua?

« — Cela même. »

Immédiatement, tous les gosiers travaillent à répéter ce nom extraordinaire, qui vient de si loin! Quoique pas un n'arrive à un résultat satisfaisant, on trouve généralement ce nom par trop invraisemblable. L'ancien reprend :

« — L'homme blanc de la tribu des Français, Mapé-Roua, l'homme qui lit, écrit, regarde les montagnes, guérit les malades, parle à tout le monde et prie Dieu, Pé-Roua est venu chez Foumba. Et il a été dit qu'il bâtira sa case à Kiléma, et qu'il y vivra, et qu'il y fera du bien. Et c'est pourquoi il veut être frère du roi.

Tous : « Oui, le frère du roi. »

« — Mais si Lapé Roua est un menteur, s'il est un voleur, s'il est un traitre — et l'ancien me lance des regards effroyables — qu'il meure ! »

L'assistance répond solennellement :

« — Qu'il meure ! »

« — Si Mapéra est un ennemi, que le sang de Foumba qu'il va boire, il le vomisse ! »

Tous :

« — Et qu'il meure ! »

« — Quand il s'en ira, que ses yeux passent sens devant derrière...

« — Sens devant derrière !

« — Quand il regardera, que ses paupières restent cousues...

« — Cousues !...

« — Quand il marchera, que ses jambes craquent et cassent comme un bâton vermoulu...

« — Vermoulu !

« — Quand il avancera, s'il avance, qu'il marche toujours comme l'eau du torrent...

« — Qu'il marche !

« — Quand il montera à l'arbre, qu'il y grimpe la tête en bas, les pieds en haut...

« — Les pieds en haut !

« — Quand il se promènera, qu'il marche sur les mains les pattes en l'air...

« — Les pattes en l'air ! Ah ! les pattes en l'air !

« — Quand il mangera, que son manger l'étouffe.

« — L'étouffe !

« — Quand il boira, que la boisson passe et coule, comme dans un bambou...

« — Passe et coule !

« — Quand il crachera, que rien ne sorte.

« — Rien !

« — Ou s'il sort quelque chose, que tout sorte.

« — Tout !

« — Et qu'il soit retourné de fond en comble, le dedans par dehors, comme un sac.

« — Comme un sac !

« — Que le léopard l'étrangle.

« — Ainsi soit-il !

« — Que le lion le dévore.

« — Ainsi soit-il !

« — Que le serpent le morde.

« — Ainsi soit-il !

« — Que les hyènes se le partagent.

« — Ainsi soit-il !

« — Que les vautours lui crèvent les yeux.

« — Ainsi soit-il !

« — Que le soleil lui cuise les entrailles.

« — Ainsi soit-il !

« — Que le lait l'empoisonne.

« — Ainsi soit-il !

« — Que l'eau le brûle !

« — Ainsi soit-il !

« — Que le feu l'engloutisse.

« — Ainsi soit-il ! »

Le vieux sorcier s'arrête, mais c'est pour proférer avec plus d'énergie une dernière malédiction, laquelle ne peut se dire qu'en la langue de ce pays-là et en latin.

C'est égal, on a beau se raidir contre ces éventualités terribles, l'homme le plus fort n'envisagera pas sans trouble à quel état lamentable il serait réduit, si l'une quelconque de ces prophéties devenait une réalité; si, par exemple, on se réveillait un matin retourné comme un sac...

J'éprouve donc un vrai soulagement lorsque l'opérateur, achevant ses litanies, m'interpelle directement au nom de Foumba :

« — Mapéra, veux-tu boire mon sang? »

Je réponds :

« — Donne!

« — Si tu le vomis, tu es mon ennemi; si tu le gardes, tu es mon frère.

« — Soit! »

.·.

C'est maintenant le tour de Sa Majesté.

Mon parrain, reprenant sur elle la cérémonie dont je viens d'être la victime résignée, dit :

« — Et toi, Foumba, roi de Kiléma, écoute. Et vous tous, écoutez!

« Si le Père que voici, ou son frère que voilà, ou ceux de sa famille qui viendront, s'établissent ici ou voyagent ici, dans tout le territoire qui vous est soumis, et si toi, Foumba, ou un homme dépendant de toi, leur faites du mal : si vous les volez ou les laisser voler, si vous leur coupez l'eau, si vous leur refusez la terre, ou le bois, ou les vivres, si vous faites du tort à leurs maisons, à leurs champs ou à leurs troupeaux, si vous empêchez le monde de venir à eux pour acheter et pour vendre, surtout pour apprendre à lire les paroles de Dieu, et à réciter la bonne prière, et à voir le grand sacrifice : s'ils peuvent dire un jour : « Foumba nous a trompés! »... mort à son père, à sa mère, à ses femmes, à ses enfants, à ses oncles, à ses chèvres, à ses moutons, à ses vaches!

« Que tous ses bananiers périssent !
« Que l'eau de sa montagne se dessèche !
« Que son feu s'éteigne à jamais !
« Que sa bière lui soit un poison et qu'il en meure ! »

Cette dernière imprécation fait, malgré lui, tressaillir Foumba, mais il se remet vite et pousse un vigoureux « Ainsi soit-il. »

Là dessus, l'oncle s'arme d'un couteau du pays, une sorte de poignard à double tranchant, et fait péniblement une incision dans l'avant-bras du roi et dans le mien; on presse avec énergie, et des deux côtés le sang coule. Foumba prend un morceau de viande, coupé dans la poitrine à demi rôtie de la chèvre, il la frotte vigoureusement sur le coupure de son gros bras noir, m'invite à ouvrir la bouche et me l'enfonce jusqu'au gosier. Miséricorde ! Si seulement les lapins étaient moins gros, et si, derrière moi, mon confrère était plus sérieux !

Trois fois l'opération se renouvelle; mais, malgré tout, je tiens bon, les morceaux descendent et le public constate avec satisfaction que

Le ciel n'est pas plus pur que le fond de mon cœur.

A mon tour, maintenant. Trois fois aussi je sers à Foumba d'énormes bouchées de viande assaisonnées de mon sang, elles disparaissent comme dans un gouffre.

Avec un sourire tout plein d'affection tendre, le roi m'introduit alors dans l'index une sorte d'anneau taillé dans la peau de chèvre : je lui en remets un autre pareil et tout le monde se lève.

La cérémonie est finie, nous voilà frères !

Foumba, rayonnant, nous prend aussitôt par le bras en disant qu'il ne peut plus y avoir rien de caché pour nous :

il nous invite à visiter sa maison dans tous les détails ; il nous montre les fusils à tir rapide qu'il a reçus en cadeau d'un voyageur américain, il nous fait voir aussi une montre qui ne veut pas marcher, quoique, dit-il, il l'ait fréquemment cognée contre la muraille. Il nous présente enfin sa digne épouse, une grande femme intelligente et pas gênée, qui arrive avec ses suivantes et ses deux enfants.

« — Des morveux comme ça, demande Sa Majesté, vous les voulez aussi pour l'école ?

« — Précisément, mais pas nécessaire qu'ils soient morveux.

« — On vous en donnera : nous en avons des fourmilières... »

* *

Plus tard a lieu l'échange des présents. Foumba nous envoie trois lances, trois magnifiques lances, travail des artistes du pays et qui, chez les Massaïs, se vendent un bœuf chacune. A notre tour, nous donnons du linge, des couvertures de laine, une hache, des perles de verre.

* *

Le reste de la journée est consacré à la visite des alentours pour le cas où, décidément, la station se ferait ici.

Foumba nous donne des guides, et, comme des nuages menaçants semblent se former dans la plaine, il fait immédiatement appeler un sorcier célèbre, un spécialiste qui retient la pluie ou qui la fait, suivant les cas : le bonhomme s'engage à refouler les nuées, et nous partons.

Ce pays est superbe : splendides vallées, combes

délicieuses, rivières profondément encaissées, conduites d'eau distribuées avec une habileté surprenante, grandes bananeraies, cultures soignées, petits sentiers creux et ombragés, haies vives formées d'un câprier en liane[1] et entourant les petites propriétés particulières, enclos de dracœnas[2], berceaux de verdure et de fleurs disposés sur la porte des jardins, maisons bien tenues; là-haut la grande montagne, et là-bas la plaine immense. Tout cela est réellement gai, pittoresque et engageant. La population paraît nombreuse et sympathique; ces enfants qui nous entourent, nous suivent et nous observent en souriant, seront faciles à apprivoiser. Quant aux hommes, beaucoup sont absents, étant en guerre contre *Sina*, roi de *Kibosho*, à l'ouest de la montagne.

Nous rentrons; mais déjà les nuages ont envahi la place, montant le long des vallées et couvrant tout. C'est un brouillard qui coule, froid et pénétrant, et, quand nous arrivons chez Foumba, nous sommes mouillés comme des souris dans un baquet.

« — Et ton sorcier?

« — Hélas! reprend le chef un peu honteux, il n'a pu, cette fois, retenir la pluie qu'à moitié; s'il l'avait fermée tout à fait, c'était fini pour une année entière, toutes les rivières auraient tari, et vous n'auriez plus rien trouvé pour boire! »

---

[1] *Capparis tomentosa*, Lamarck.
[2] *Dracœna fragrans*, Brogn.

XVII

SUR LA MONTAGNE : A MOTCHI

Une vue du Kibô. — Par monts et par vaux. — M. d'Eltz et la station allemande. — La mission de l'Église anglicane. — Chez Mandara. — Les brouillards et le coin du feu.

La nuit suivante est froide, et, malgré la couverture de laine qui nous enveloppe sur nos lits de camp, nous avons tous souffert et mal dormi. A quatre heures, Mgr de Courmont, dans sa tente, dit déjà la messe. Le P. Auguste, dans la sienne, s'entretient avec notre vieux cuisinier Séliman qu'il a recueilli chez lui et qui, ne sachant comment réchauffer ses vieux os, s'est fourré dans le sac aux oignons.

Je sors. Mais à peine ai-je mis le nez à la porte que je suis enlevé par un spectacle sublime. Là-haut, sous la voûte immense d'un ciel absolument pur, étincelle, comme un dôme d'argent bruni, le superbe Kibô. Et qu'il est beau ainsi, dégagé de tout nuage, dans sa majesté sublime, dans l'auguste immobilité de son repos (*fig.* 46).

La blancheur de ses neiges est éclatante; mais peu à peu, à mesure que le jour se fait, on voit s'avancer sur elles comme un doux reflet d'or qui passe insensiblement

Fig. 46. — Le Kibo. — Dessin de Mgr Le Roy.

du jaune à l'orangé, de l'orangé au rouge, avec parfois quelques élancements de vert et de bleu; c'est le soleil qui, de l'horizon lointain, envoie au géant, dont le front

Fig. 47. — La chute d'une rivière au Kilima-Ndjaro.

glacé domine les chaudes terres africaines, les premiers rayons de sa gloire. Plus tard, lorsque l'astre a paru, les brouillards de la grande forêt vierge montent en nuages et en peu de temps ils ont recouvert comme d'un voile les hauts plateaux et les superbes sommets.

A dix heures nous partons, mais avec la promesse réitérée et exigée que nous ne tarderons pas à revenir. Pauvre cher Foumba, mon frère, jusqu'à quand nous serons-nous fidèles ?

* *

Nous allons à *Motchi*, petit État central à l'ouest de Kiléma. C'est là que règne le fameux *Mandara* et que M. d'Eltz dirige la station allemande, où, depuis longtemps et très instamment, nous sommes invités par lui à « descendre », si l'on peut encore se servir de ce mot quand il s'agit d'escalader un poste qui se trouve à 1200 mètres d'altitude.

Motchi (et non *Moshi*, comme disent les cartes) est séparé de Kiléma par l'État de *Kiroua*, plusieurs rivières profondément encaissées (*fig.* 47), des ravines énormes, des escarpements formidables; c'est pour nous et nos hommes un rude exercice, qui, heureusement, ne dure guère que quatre heures (*fig.* 48).

Sur l'étroit sentier savamment tracé aux flancs des collines par les ingénieurs du pays, nous faisons la rencontre des guerriers de Kiléma qui rentrent de *Matchamé*.

Les affaires ont bien tourné, paraît-il; ils arrivent environ un millier d'hommes en tout, mais, répartis par petits groupes de dix ou de vingt, tout doucement, sans cérémonie, les uns portant encore leurs armes et leur accoutrement de guerre, les autres ayant déjà repris leur costume civil, lequel consiste à n'en avoir presque point.

Plusieurs poussent devant eux des vaches et des veaux; c'est leur part de butin. D'autres emmènent des femmes et de pauvres petits enfants, les uns trottinant le long du sentier, les autres, trop jeunes, se cramponnant sur le dos de leurs mères avec des airs inquiets et de grands yeux effarés. Trop peu agiles pour s'enfuir à temps, ils ont été ramassés, les pauvres petits, et les voilà esclaves !

.˙.

Enfin nous arrivons à la station allemande : une maison en planches avec quelques autres cases en torchis élégamment posée dans un bosquet de grands arbres et d'où la vue s'étend au loin, magnifique.

Mais M. d'Eltz n'est pas ici. Un sergent soudanais et chrétien qui, avec quelques noirs de la Côte, a la garde de la maison, nous apprend qu'il réside au *Bas-Arousha*, à deux jours de Motchi, dans la plaine d'en face, avec un sous-officier européen, M. Kayser, et une petite troupe de soldats et de travailleurs.

Le lendemain, un courrier va lui porter, avec nos hommages, la nouvelle de notre arrivée ; dès le 22, il nous avait rejoints.

M. d'Eltz est loin d'être pour nous un inconnu. Né en Pologne d'une noble famille qui compte en France plusieurs représentants, il a passé une grande partie de sa jeunesse en Russie, dans l'Oural, en Sibérie. Plus tard, il est venu en Afrique et nous avons eu plus d'une fois occasion, à Bagamoyo, d'apprécier la franchise, la loyauté et la simplicité chevaleresque de sa nature. Il avait souvent insisté près de Mgr de Courmont pour l'engager à fonder au Kilima-Ndjaro une mission ; mais les circonstances avaient fait différer l'entreprise, et aujourd'hui

Fig. 48. — Une ravine au Kilima-Ndjaro.

qu'elle paraît devoir aboutir, M. d'Eltz en est particulièrement heureux.

*
* *

Cependant, aussitôt après notre arrivée à Motchi, notre premier devoir avait été d'envoyer saluer Mandara, le sultan du lieu et le chef principal de tout le Tchaga. Mais à cause du brouillard épais qui nous enveloppe, nous ne pouvons y aller nous-mêmes. Notre ambassadeur nous excuse, et à sa visite répond bientôt celle d'un ministre de Sa Majesté, un vieux garçon sec et point sot, coiffé d'un bonnet de coton suffisamment sale, et avec lequel (je veux dire avec le garçon) nous avons en swahili une conversation intéressante.

Le lendemain, beau temps. Mgr de Courmont est fatigué; mais le P. A. Gommenginger et moi, descendons en son nom pour faire la visite réglementaire. Sur notre chemin, nous trouvons la mission anglaise établie ici dès 1885 par le Bishop Hannington et dépendant de la *Church Missionary Society*, dont le chef-lieu est à Mombassa. Nous y entrons, et j'ai le plaisir d'y retrouver le docteur Baxter, médecin-major, que je connais de vieille date. Le Directeur spirituel de la mission, le Rév. Steggal, n'est pas là. Informé en toute hâte par l'agence de Mombassa qu' « un parti de Romanistes » se dirige vers l'Intérieur, il est vite allé conclure des arrangements à Tovéta — on nous en a prévenus — et sans plus attendre, il a construit sur les bords de la rivière une case afin de pouvoir montrer à ces terribles « Romish Priests » que la place est déjà prise par l'Église anglicane. En fait, il faut bien avouer que si tout de même nous voulions nous établir en cette oasis, nous serions médiocrement effrayés de l'épouvantail qu'y a mis l'excellent homme. Mais, faut-il le dire en passant, il y a au Zanguebar deux Sociétés principales de missions anglicanes dont l'esprit est aussi différent que la doctrine. Pendant que l'une, la mission des Universités, à Zanzibar, fait les efforts les plus sincères pour se rapprocher de plus en plus de la grande famille catholique dont elle partage presque toute la foi, plus d'un membre de l'autre, à Mombassa, nous parait appartenir à l'époque où l'on croyait fermement, comme un dogme, que les catholiques romains adorent les idoles de tout leur cœur, que les prêtres sont possédés du diable et que le Pape a les pieds fourchus, preuve qu'il est bien l'Antechrist. Il est de règle que tout numéro de leur Revue principale, le *Church Missionary Intelligencer*, contienne quelque vieille rengaine contre Rome, usée depuis deux ou trois siècles, mais toujours bonne à servir. On ne peut dire cependant que ces braves gens n'aiment pas le progrès : les derniers canons de l'Église anglicane contre les superstitions catholiques dans l'Ouganda ont été, comme chacun sait, ces excellentes mitrailleuses Maxim...

A part cela, je m'empresse d'ajouter que le docteur Baxter, à ma connaissance, n'a jamais commenté l'Apocalypse contre nous, et pendant notre séjour au Tchaga, nous aurons occasion, non seulement de nous connaître davantage, mais de faire ensemble de véritables parties d'amis.

Dans son état actuel, la mission de « nos frères séparés » se compose de deux cases en torchis de forme rectangulaire et d'architecture modeste. Le Rév. Steggal, quand il est là, y explique des textes à quelques enfants, et le docteur Baxter accueille avec dévouement toutes les infirmités qui recourent à lui.

⁂

L'un de ses clients est précisément Mandara lui-même; mais malade et médecin sont peu satisfaits l'un de l'autre, le premier parce qu'il ne guérit pas, et le second parce qu'il sait trop bien qu'on jette ses médicaments par la fenêtre.

Enfin nous arrivons chez le fameux chef qui, avec Mirambo de Nyamouézi, Miséri du Kantanga, Makoko et Mtésa, a eu la gloire d'attirer sur lui l'attention des voyageurs européens et de faire imprimer son nom africain sur leur livre. Aussitôt annoncés, nous sommes introduits.

La maison est de forme rectangulaire et divisée en trois pièces. Bâtie dans le style swahili par des ouvriers de la côte, elle me parait cependant moins bien réussie que celle de Foumba; mais peut-être suis-je porté à trouver mieux fait tout ce qu'a fait « mon frère ».

Mandara (*fig.* 49) occupe la partie centrale, assis sur un lit qu'il ne quitte plus, et vêtu d'une longue robe de toile blanche : sur la tête un bonnet de coton, cette institution nationale de mon pays qu'on est si flatté, même au centre de l'Afrique, de voir appréciée à sa juste valeur par les peuples et les rois; une couverture de laine blanche sur les pieds; au cou, un simple collier de perles bleues; au poignet droit, un bracelet de cuivre, et c'est tout. L'homme, grand et bien fait, paraît avoir cinquante ans : l'un des yeux est misérablement poché, mais l'autre, qui en vaut deux, brille d'un merveilleux éclat. Le nez est légèrement aquilin, quoique large à sa base, et le visage imberbe, apparait d'une régularité remarquable. Tous les Européens qui ont passé chez Mandara ont constaté en lui deux maîtresses qualités : son intelligence rare et sa scélératesse hors ligne. Pour nous, qui plusieurs fois ensuite l'avons revu, soit seuls, soit avec Mgr de Courmont, nous n'avons à en porter qu'un témoignage unanime : c'est que nous avons été frappés de sa physionomie si prompte à traduire ses sentiments intérieurs, de son air affable, poli et distingué, de sa conversation particulièrement intéressante. Il était trop jeune pour avoir connu Rebmann, le premier des Européens venu au Kilima-Ndjaro. Mais il se rappelle parfaitement le baron Von der Decken en 1862, l'anglais New en 1873, Thomson en 1883, Johnston en 1885, plus tard les voyageurs allemands. Sur tous à peu près, il peut, au besoin, fournir des histoires aussi curieuses que celles qu'ils ont données sur lui. Il avait, nous dit-il, entendu parler des Français, et il n'en avait jamais vu, et nous sommes heureux, en lui en présentant les spécimens, de rectifier quelques-unes des connaissances historiques qui lui avaient été données sur cette intéressante tribu. Réciproquement, sur le Tchaga, ses habitants, ses usages, ses croyances, son gouvernement, sur l'histoire même de sa vie, Mandara nous donne sans la moindre hésitation les détails les plus complets. Il parle swahili très couramment, comme le massaï, et, sans une minute d'ennui, nous avons eu avec lui des conversations de deux heures. Allez donc en faire autant chez n'importe quel souverain d'Europe!

.·.

Du reste, Mandara est en relations avec l'empereur d'Allemagne et il parle volontiers de ce parent lointain. Il y a quelque temps, il a laissé partir en Europe, à la suite d'un voyageur allemand, trois jeunes gens du pays, des bergers, que les journaux se sont empressés de

Fig. 49. — Mandara, sultan de Motchi et chef principal du Kilima-Ndjaro. — Dessin de Mgr le Roy.

décorer du titre de princes, ambassadeurs et ministres plénipotentiaires, venus pour mettre aux pieds de S. M. Guillaume II l'Afrique en général et le Kilima-Ndjaro en particulier. Nous retrouvons aujourd'hui ces braves garçons, qui ont trouvé moyen de faire ainsi, sans aucun frais, une exploration fort intéressante au pays des Blancs. On aime naturellement à recueillir leurs impressions. Eh bien! sait-on ce qui, à Berlin, — ils n'ont vu que l'Allemagne, — a le plus frappé l'imagination de ces primitifs? C'est l'énorme quantité de vaches qu'ils y ont vues, un jour de foire! Quant au reste, ils sont rentrés complètement désillusionnés. Ils avaient toujours pris les Européens pour des gens riches et savants, des espèces de demi-dieux.

« Mais, figurez-vous qu'on voit là des Blancs, de vrais Blancs, balayer des chemins dans les villes, porter de l'eau, raser les chiens, ramasser des crottes! Cependant il y en a de riches, celui, par exemple, qui possédait toutes ces vaches; mais ceux-là ne sortent jamais. Ils habitent de grandes maisons de pierres, dans des chambres qui reluisent comme des miroirs et assis du matin au soir dans des chaises rembourrées de linge; auprès, il y a une petite boîte remplie de sciure de bois, à côté de laquelle on crache. Il est vrai, ceux-là sont heureux : leur occupation unique est de se fourrer les mains dans les poches, tout le temps. Mais, pour ceux qui viennent chez nous, souffrir et peiner, pour sûr ils n'ont pas de chaises rembourrées de linge : ils sont envoyés par les autres et doivent être bien misérables... »

Mandara rit beaucoup de ce compte rendu de ses ambassadeurs. Cette première audience se termine par la visite que nous faisons des cadeaux reçus de l'empereur : un anneau, des couvertures de laine et de soie, deux cuirasses, des canons, des fusils, des montres, des trompettes, deux machines à coudre, des bêtes en carton. Il nous demande notre avis : évidemment, nous trouvons cela magnifique.

Ainsi se passent à Motchi quelques jours heureux, employés en visite, en études et en courses. Il y a des moments délicieux, l'après-midi, le soir, quand le soleil va se coucher derrière l'immense pyramide de *Mérou* et que les troupeaux rentrent lentement en se renvoyant leurs beuglements par-dessus les collines. Mais il y a aussi des matinées bien grises, où le thermomètre descend à 8 degrés centigrades et au-dessous. Parfois, un brouillard intense nous enveloppe et, de temps à autre, son humidité froide se transforme en une pluie fine et pénétrante qui nous glace : nous ne nous retrouvons plus en Afrique, mais en Europe, et dans ces vilains jours d'automne où tout est boue, brume, froidure et mélancolie. Nos hommes, à l'abri sous les cases de la station, se rassemblent autour de petits feux insuffisants.

Mais celui de tous qui paraît le plus souffrir est notre pauvre vieux Séliman. Depuis que nous sommes au Kilima-Ndjaro, il ne quitte plus sa cuisine. Accroupi, il emploie son temps à remuer les tisons et à se passer la main, sa grande main de gorille, sur sa figure ravagée. De longtemps, il ne s'est plus lavé, — l'eau étant beaucoup trop froide, — et, comme ses longs doigts travaillent successivement dans le charbon, la suie, la cendre, l'huile, la graisse, pour se porter de là sur son crâne et sa face, il a fini par faire de sa tête raboteuse un tableau tout à fait extraordinaire. Au milieu des couches de cette peinture primitive dont il s'est involontairement décoré, ses yeux paraissent seuls vivre, ronds, noirs et brillants, comme des grains de rosaire. Le reste est un mélange confus de taches indécises, avec quelque chose comme une bosse et un trou : le nez énorme et la bouche sans dents. On dirait une boule de jeu de quilles décorée par un enfant. D'ailleurs il parait méditer beaucoup, et, comme la méditation amène quelquefois l'assoupissement, on le trouve généralement roupillant sur ses genoux, jusqu'à ce que, réveillé par ses propres ronflements, il regarde autour de lui, comme il arrive toujours en pareil cas, jette un oignon dans la casserole, à tout hasard, pousse un tison sous la marmite, se repasse sur la tête sa main pleine de graisse et de charbon et recommence à roupiller.

Pauvre vieux Séliman! Nous souffrons sincèrement de sa peine, d'autant que, dans ces conditions, tous nos diners sont des désastres!

XVIII

SUR LA MONTAGNE : MATCHAMÉ

En route pour Matchamé. — Révolution et guerre civile. — L'aspect général du pays. — Une position intéressante : en face de l'Éternité.

Les conversations que nous avons eues avec Mandara, non moins que les renseignements que nous tenions d'ailleurs, nous avaient convaincus que notre exploration du Kilima-Ndjaro ne serait pas complète si nous ne visitions la partie occidentale de la montagne.

Le 24 août, nous nous remettions donc en route, mais cette fois avec M. d'Eltz qui avait voulu mettre à notre disposition, avec la connaissance qu'il a du pays et l'autorité dont il y jouit, sa cuisine et sa garde. Tous les impotents, — le pauvre vieux Séliman est du nombre, — restent à Motchi, et par une claire après-midi nous descendons rapidement les pentes de la montagne, tournons à l'ouest, traversons en bas le district d'*Ourou*, et après avoir passé la rivière *Raou*, nous allons camper pour la nuit près d'un ruisseau où de nombreuses traces d'éléphant attirent notre attention : ici des fientes énormes, là des pas dans la boue, ailleurs des coulées dans les bois, souvent des restes de poils aux arbres contre lesquels ils se sont frottés. A ce sujet, un noir de notre escorte prétend même que ces illustres pachydermes, quand ils sont trop grands, ne pourraient plus se relever s'ils se couchaient, et c'est pourquoi, lorsqu'ils veulent dormir, ils s'appuient contre les grands arbres...

Le lendemain, après une marche assez pénible à travers un pays désert et le passage de trois rivières importantes, l'*Oumbo*, le *Magowa* et le *Wérou-Wérou*, laissant à droite les districts de *Kibosho* et de *Kindi*, nous remontons brusquement au nord et nous nous engageons dans une forêt épaisse où heureusement deux guides de Mandara nous précèdent. Point de chemin; car elle ne mérite pas ce nom, la sente étroite qui court vaguement sous les branches et parmi les lianes. Nous ne marchons plus, nous rampons, nous glissons, nous sautons, selon les cas. Les porteurs ont encore plus que nous à souffrir avec leurs fardeaux qui, à chaque instant, s'engagent dans la brousse. C'est que nous allons à *Matchamé*, le plus étendu et le plus beau des districts du Tchaga, paraît-il, mais qui, pour le moment, est en révolution et en guerre. L'ancien sultan étant allé rejoindre ses pères, ses deux fils restent en présence, également désireux de lui succéder pour rendre la patrie heureuse. *Ngaméni*, d'un côté, soutenu par Mandara, de Motchi; *Shangali*, de l'autre, protégé par son voisin Sina, de Kibosho. C'est contre Sina et Shangali que les guerriers alliés de Foumba, Mandara et Ngaméni, sont venus opérer ces jours derniers; mais, désespérant de triompher de leurs adversaires, ils se sont de nouveau retirés chez eux, emmenant quelques vaches avec leurs veaux, quelques femmes avec leurs enfants, et laissant le pays un peu plus troublé qu'auparavant, et plus ruiné.

M. d'Eltz, à son tour, voudrait étudier la situation, et nous l'accompagnons pour nos affaires. Mais, de crainte d'être attaqués par Sina, nous avons dû prendre un chemin de détour, et c'est pourquoi nous voilà dans la forêt. Après une longue marche, nous arrivons enfin à un point où l'on remarque sur l'étroit sentier, disposés l'un près de l'autre, en une interminable série, des restes de petits feux de bûchettes; c'est le campement original des guerriers de la triple alliance. Ils ont passé la nuit ici, couchés en file et protégés par l'impénétrable forêt mieux que par toutes les casemates qu'ils auraient pu construire. Enfin le bois cesse et le pays se découvre : il est magnifique.

Averti par un courrier, Ngaméni envoie à notre rencontre une petite escorte, nous invitant vivement à venir camper près de sa résidence, « car, dit-il, le pays est en feu et le danger est grand ».

Nous descendons par une pente rapide, une pente qui ressemble à un escalier, dans le lit profondément encaissé d'une forte rivière, le *Kikavou* (Litt., « Rivière Sèche »), qui coule avec fracas comme entre deux murailles énormes. Nous le passons à gué, non sans peine, nous remontons sur l'autre bord, et nous voilà chez Ngaméni. Le pauvre garçon, fils aîné de son père et ne demandant pas mieux que d'en être l'héritier, se voit comme exilé dans son propre pays. En effet, pendant que son frère Shanghali en occupe la partie supérieure, son oncle, un révolté aussi, est presque indépendant vers l'ouest; à l'est, Sina couvre tout de ses guerriers, et lui, Ngaméni, n'a guère que le Bas-Matchamé, où plus d'un groupe attend comment tournera le vent pour se donner au plus fort. Quant à la partie centrale, où résidait l'ancien souverain, elle est pour le moment abandonnée et sert d'arène commune où se rencontrent les combattants. Décidément le métier de roi n'est pas toujours commode.

À Matchamé, comme dans tout le reste du pays Tchaga, il n'y a pas de village proprement dit : chaque famille réside chez elle, dans son enclos, et au milieu de ses terres (*fig.* 50). En temps de paix, ce système est parfait. Mais, dès que la guerre survient, ces familles peuvent être massacrées ou capturées l'une après l'autre. Aussi, sur le bord des rivières, qui ont toutes un lit très profond et dont il est impossible d'empêcher ou de détourner le cours, on a créé de vastes camps retranchés où se réfugie, où s'entasse la population, avec tout ce qu'elle peut emporter, mobilier, provisions et bétail. Ces camps sont entourés de fossés prodigieux d'au moins 3 à 4 mètres de largeur sur 6 et 8 de profondeur : on pénètre au village provisoire au moyen d'une passerelle qu'on peut retirer à volonté. Ces fossés, qui supposent un travail énorme, sont creusés par un courant d'eau qu'on y dirige pour ramollir et emporter les terres et dont on seconde l'action avec de grandes pièces de bois.

Le campement qu'occupe Ngaméni se compose d'environ trois cents huttes construites à la hâte; en face, de l'autre côté de la rivière, on en voit un autre pareil. Nous y faisons plusieurs visites : c'est vraiment triste! Tous ces pauvres gens sont littéralement les uns sur les autres, et à peine pouvons-nous trouver où mettre le pied. Avec cela beaucoup de malades, quelques mourants, de la dyssenterie, de la variole, une misère profonde, une gêne extrême, une malpropreté dégoûtante. Du moins avons-nous le bonheur, au milieu de toute cette misère, de faire quelques baptêmes d'enfants, les prémices du Kilima-Ndjaro: puissent les âmes de ces innocents, à leur entrée au ciel, intercéder pour leur pays et y attirer la miséricorde et le salut!

Fig. 50. — Village a Matchamé (Kilima-Ndjaro). — Dessin de Mgr Le Roy.

.*.

Ngaméni, qui paraît avoir vingt ans, n'a l'air ni d'un grand guerrier ni d'un grand diplomate, malgré la longue pièce de toile rouge dans laquelle il drape de la tête aux talons Sa Majesté contestée. Du reste, il nous reçoit comme de véritables sauveurs. Sans discussion, il accepte de M. d'Eltz toutes les propositions qui lui sont faites; et quand il apprend que, nous, nous pourrions peut-être consentir à fixer notre demeure en son pays, il est ravi : ses ministres, ses conseillers, toute la population partage son bonheur.

Malheureusement, dans des circonstances pareilles, est-ce prudent, est-ce possible? Mgr de Courmont, qui a la responsabilité finale, craint une catastrophe. Le P. Auguste et moi, qui avons le droit d'être moins sages, pensons à l'influence extraordinaire que la situation même pourrait donner à la mission, et, en attendant, pendant les trois jours qui suivent, nous obtenons de vaquer tous les deux aux alentours pour étudier le pays et ses habitants, à condition néanmoins que nous nous abstiendrons de pénétrer en amont, dans la zone dangereuse.

Nous suivons la consigne; mais peu à peu cependant on s'enhardit jusqu'à la dépasser légèrement et, le troisième jour, au matin, nous voilà partis plus alertes que jamais.

Au reste, point d'intention mauvaise : nous n'avons avec nous que deux hommes et un fusil, plus un cartable pour l'herbier, un flacon pour les insectes, et un filet à papillons. Aucune provision. Tout doucement, nous remontons les bords de la rivière. Voici les bananeraies ravagées, coupées, saccagées; les prises d'eau retenues;

les cases renversées, les bois qui les soutenaient brûlés, les ustensiles de cuisine brisés; çà et là, un crâne à demi rongé par des hyènes. C'est un spectacle désolant, c'est la guerre! Quant aux pauvres gens qui vivaient heureux dans ces paisibles enclos, où sont-ils? Hélas! demandez-le aux négriers musulmans de la Côte, aux propriétaires de Mombassa et de Pangani, aux planteurs de Pemba...

Mais avec cela, quel beau pays! Ce ne sont plus, comme à Motchi et même à Kiléma, ces séries de collines et de ravins jetés dans un désordre fatigant; mais, du pied de la montagne, le sol va s'élevant par une pente douce et uniforme jusqu'aux vastes prairies alpestres qu'on aperçoit là-haut, au-dessous de la grande forêt vierge d'où descendent les eaux en fleuves, en rivières, en torrents, en ruisseaux, pour répandre sur cette immense et fertile terrasse de Matchamé la richesse et la vie. Dominant tout de sa majesté sereine, le merveilleux Kibô se dresse ici plus rapproché et plus chargé de neiges, pendant que, à l'horizon lointain, la tête déchiquetée du Kima-wenzé coupe le ciel de son noir profil. Pour compléter le tableau, ici, tout près, derrière seulement les vertes plantations de l'autre rive, des nuages blancs et légers, comme un immense voile de gaze régulièrement tendu, flottent et montent (*fig.* 51).

Et nous allons, nous allons toujours...

« — Dites? Si nous descendions dans la rivière? »

Nous y descendons. L'eau roule avec fracas à travers d'énormes blocs de lave noire et çà et là dans les endroits où elle se repose de sa course effrénée, des bandes de poissons argentés passent et se poursuivent.

« — Si nous passions sur l'autre bord? »

Voici un sentier pour y monter : nous y sommes. Personne aux champs ni sur les chemins. Toute la population

Fig. 51. — Le Kilima-Ndjaro (vue prise de Mandjamé au S.-O.). — Dessin de Mgr Le Roy.

s'est retirée, laissant à qui veut les prendre les superbes régimes de bananes glacées qu'on rencontre partout, mûres à point, tantôt portés sur des troncs gros comme le corps d'un homme, tantôt tombés à terre et pourrissant là. De temps à autre, quelques cases abandonnées.

Allons toujours. Dans un bosquet de grands arbres, nous découvrons tout à coup des maisons en ruines entourées d'une forte estacade en madriers parfaitement travaillés : ceci n'est plus de l'ordinaire. Les habitations elles-mêmes ont des portes dont les planches ont presque un mètre de largeur. De tous côtés, des ustensiles de cuisine, d'énormes vases à faire la bière de millet, des tambours crevés. Au milieu du village court en cascade un petit ruisseau animant seul de son gazouillis perpétuel la solitude de ces tristes ruines. Plus tard, nous apprîmes que c'était là l'ancienne résidence du roi, le palais, et ce sera, si nous voulons rester chez lui, l'emplacement que Ngaméni nous destine avec les bananeraies qui l'entourent. Quelque chose comme les Tuileries du Matchamé.

« — Si nous montions jusqu'à ce plateau? »

Et nous y montons. Il faut vous dire que le P. Auguste a le caractère très bien fait, nous sommes toujours du même avis. Dans l'herbe, des trous, creusés de mains d'hommes, se révèlent sous nos pas : il paraît que les Tchagas en cas de guerre se réfugient dans ces cachettes, s'y dérobent aux coups de l'ennemi et, au besoin, y attendent les envahisseurs qu'ils frappent à la dérobée. De là nous dominons le pays et notre vue s'étend au loin sur les campagnes.

« — Si maintenant nous allions jusqu'à ce tertre qu'on voit là-haut? »

※
※ ※

Mais voilà que tout à coup des cris étranges, plusieurs fois répétés, partent de l'autre côté de la rivière, rappelant ces avertissements que les vieux guerriers des Gaules s'envoyaient à travers les genêts; peu après, d'une bananeraie voisine sort un individu qui rentre aussitôt, et, en moins de trois minutes, nous sommes entourés d'une bande nombreuse de grands gaillards armés de lances, de flèches, de fusils, de casse-tête, et chargés des costumes les plus bizarres.

Tout le monde parle à la fois : on nous harcèle, on nous presse, on nous pousse, on nous bouscule, on nous fouille, et dans les cris qui retentissent nous distinguons bientôt ceux-ci :

« Des sorciers! Des espions! Tuons-les! »

Un grand escogriffe fait sur lui-même un tour rapide, pousse un hurlement sauvage, et, à plusieurs reprises, plonge en avant sa lance, qui, par bonheur, n'atteint que nos habits (*fig.* 52).

On l'arrête enfin :

« — Je crois, dit le P. Auguste devenu très pâle, qu'il est temps de se préparer.

« — Attendons que l'un de nous tombe, fais-je à mon tour, pas très monté en couleurs non plus; l'autre lui donnera l'absolution et la recevra. »

Par bonheur, nous ne laissons paraître à l'extérieur aucune des émotions qui nous agitent. Au reste, puisque le missionnaire, comme le soldat, doit un jour tomber quelque part au cours de la bataille où il s'est librement engagé, autant vaut le Kilima-Ndjaro que les marais de la côte, un coup de lance qu'un accès de fièvre, et sur la pauvre guenille que l'homme appelle son corps, l'ombre

Fig. 52. — LE COUP DE LANCE. — Dessin de Mgr Le Roy.

amie des larges bananiers que celle des saules pleureurs et des maigres cyprès. Ici, du moins, nous aurons trouvé le bout du chemin dans l'exercice de nos fonctions apostoliques, quoique légèrement en contrebande, en cherchant un endroit nouveau pour y dresser la croix du Rédempteur et y établir son Autel. Ce sera pour obtenir du portier du ciel une entrée de faveur, une petite recommandation!

Mais les deux hommes qui nous suivent paraissent diriger leurs esprits dans un autre ordre d'idées : ils sont muets comme des poissons, ahuris, tremblants. Avec des airs fort étonnés de tout ce tapage, calmes, aussi souriants que possible, nous demandons un peu de silence et finissons par l'obtenir. Du milieu de la bande endiablée sort alors un individu parlant swahili — l'interprète des négriers — c'était tout à l'heure l'un des plus enragés; mais enfin on pourra quand même avec lui savoir pourquoi nous serons transpercés, et ce sera, comme on le pense, une grande consolation.

« — Qui êtes-vous? demanda-t-il insolemment.

« — Tu vois bien. Si c'est possible de recevoir aussi malhonnêtement des voyageurs qui viennent d'aussi loin pour vous voir.

« — Des voyageurs, toi?

« — Mais oui, des hommes qui ont entendu parler de ce pays comme d'un beau pays et qui se promènent... A présent, s'il est défendu de regarder cette montagne, vous n'aviez qu'à le dire : on l'aurait regardée de plus bas!

« — Est-ce que tu ne sais pas que Matchamé est en guerre? Quand on veut se promener, on choisit d'autres moments. Pourquoi as-tu campé chez Ngaméni?

« — Il faut bien camper quelque part. L'autre jour chez Foumba, hier chez Mandara, aujourd'hui chez Ngaméni, demain chez Sina, nous allons partout.

« — Demain chez Sina?

« — Oui, c'est notre grand ami, Sina.

« — Comme ils savent faire les innocents! Mais attendez : ils seront bien pris... Voyons, pourquoi ces machines-là? Est-ce que nous ne voyons pas que cela ne peut servir qu'à ensorceler le pays? »

Dans la foule :

« — Ah! Ah! les voilà perdus! Jamais ils ne se tireront de là! »

Nous répondons :

« — Ces machines? Comment! toi qui es un homme d'esprit, qui parles swahili comme un maitre, tu ne vois pas que c'est pour ramasser des papillons et des herbes? Tiens, regarde... grand sot! Des herbes, vous, vous n'en savez rien faire; nous autres, Européens, nous en tirons des médecines. »

Et, me tournant vers le P. Auguste :

« — C'est dégoûtant, lui dis-je en swahili, de manière à être bien compris, d'être reçus de cette façon par ces gens-là, nous qui voyageons pour le bien de l'humanité souffrante!

« — Vrai, répondit-il, ce n'est pas encourageant; tant pis pour eux si, la lune prochaine, la variole les enlève! »

« — Vous êtes des espions, reprend l'interprète, et derrière vous il y a par là des soldats cachés, hein! pas vrai?

« — As-tu perdu la tête, ou nous prends-tu pour des imbéciles? Mais si nous avions voulu espionner, nous ne serions pas venus en plein jour, et nous aurions pris comme guides des hommes de Ngaméni! Vous faire la guerre?... Tenez, voilà ce qui nous reste de poudre et de plomb. »

Et, ce disant, je distribue à l'assistance un peu de plomb et de poudre que, par hasard, j'avais en poche.

Ce petit cadeau, en apparence si contraire à nos intérêts, les désarçonne. Ils parlent entre eux, échangent leurs impressions, se consultent. Un jeune homme que nous avons su plus tard être Shangali lui-même, le frère ennemi de Ngaméni, paraît prendre grand plaisir à nous considérer, et de notre côté nous lui trouvons vraiment une bonne figure : en d'autres circonstances, nous deviendrions bien vite grands amis. Pour le quart d'heure, qui, en somme, ne déborde pas de gaîté, on nous propose après discussion la transaction suivante : au lieu de nous occire tout à fait, sans savoir en fin de compte qui nous sommes et ce que nous voulons, on renverra l'un de nous au camp et l'on gardera l'autre comme otage.

Faute de mieux, nous acceptons ce *modus vivendi*. Mais alors nous ne nous entendons bientôt plus, nous deux, pour savoir qui restera et qui s'en ira. A la fin, le P. Auguste, comprenant que le danger est le même, au fond, le long du chemin et au milieu de cette troupe, consent à s'en aller avec nos deux hommes, conduits par un peloton de soldats, tandis que j'aurai l'honneur de rester prisonnier de guerre jusqu'à plus ample informé. En fait, je ne suis pas d'abord fâché de cette solution, persuadé que je m'entendrai fort bien avec ces braves sauvages : je leur apprendrai, pour commencer, à jouer à pigeon-vole, je leur conterai des histoires de chez nous, je leur taperai sur le ventre, etc.

Mais, calculant ensuite quel embarras ma détention va causer à Mgr de Courmont et à M. d'Eltz, je me ravise :

« — Rester avec vous, dis-je d'un air soucieux, je veux bien; vous m'avez l'air de si bonnes gens! — Ici une petite pincée familière sur l'épaule du général en chef. — Seulement, je vous avoue que j'ai une faim terrible et que mon estomac d'homme blanc n'est pas habitué à votre nourriture : tous les oiseaux ne mangent pas les mêmes graines. Que ferez-vous de moi? Et si je suis malade et si je meurs? Il y a des bêtes qui ne supportent pas l'esclavage un seul jour... »

S'emparant de cette idée, Hamisi, qui est un hâbleur de grand mérite, mais dont la peur avait jusqu'ici paralysé les facultés, s'empresse d'ajouter que, en effet, il oubliait de les avertir que, si je succombe entre leurs mains, moi, le premier Européen venu jusqu'ici, ce sera pour le pays une affaire dont on parlera longtemps depuis Monbassa jusqu'au Kavirondo... Les troupeaux de bœufs, bonsoir! Et les champs de bananiers! Et les rivières, surtout les rivières!... Ah! Matchamé! Matchamé! qui as mangé la peau du premier Blanc qui t'avait salué!... Après cela, fais ce que tu voudras! On verra... »

Très attentifs, les nobles guerriers se regardent, et après un silence :

« — Partez vite, crie le plus vieux de la bande, tous, tous, et emportez vos machines! »

Tout doucement, nous rebroussons chemin, et comme on nous épie, comme peut-être on nous suivra, aussitôt que nous pouvons mettre une haie entre nos observateurs et nous, nous nous glissons à travers les champs, loin des sentiers, puis vite, vite, nous traversons la rivière et regagnons notre campement.

Il est presque nuit. Peu à peu rentrent les soldats de Ngaméni qu'on avait depuis midi envoyés de tous côtés à notre recherche. Au souper qui nous attend, nous donnons de notre absence prolongée une explication peu satisfaisante, mais, du moins, de notre appétit ressort nettement ce fait : c'est que, grâce à Dieu, nous vivons encore!

XIX

SUR LA MONTAGNE : KIBOSHO

A Kibosho. — S. M. Sina. — Dans l'antre du lion. — La danse des guerriers, prélude de la bataille. — Accord final. — A quoi tient le salut. — La joie de vivre.

Dès notre arrivée ici, M. d'Eltz, voyant que le nœud de la situation était à Kibosho chez Sina, il lui avait envoyé deux messagers pour lui annoncer qu'il désirait lui parler, tout doucement. Cette ouverture avait rendu le redoutable Sultan tout perplexe :

« Si je refuse, disait-il, c'est peut-être la guerre avec les Blancs ; si j'accepte, c'est mon amoindrissement possible. »

Tout compte fait cependant, il avait, après maintes épreuves essayées sur leurs personnes par son grand sorcier, renvoyé les députés de M. d'Eltz avec cette réponse :

« Venez. »

Nous irons donc tous ensemble, curieux de voir cet homme qui tient en échec l'intelligence et la force de Mandara et de ses alliés, qui est le grand fournisseur d'esclaves des Musulmans de la côte et chez lequel aucun Européen n'a encore pu pénétrer.

Après avoir traversé de nouveau, mais plus près de leurs sources, les trois grandes rivières Kikavou, Magowa et Wérou-Wérou, et coupé à l'est en droite ligne les riches campagnes de Matchamé, nous arrivons sur un grand plateau désert où les éléphants ont partout tracé leurs chemins dans les hautes herbes; nous passons une autre rivière d'où nous avons une vue superbe sur le Kibô (*fig.* 53) et nous entrons dans le district de Kindi, très beau, très fertile, mais dont Sina a tué ou capturé ou chassé tous les habitants.

Il y a de cela vingt ans, et telle est ici la puissance de la terre et du soleil que le pays est devenu dans cet intervalle une immense et magnifique forêt de grands arbres.

Voici maintenant la rivière Oumbo : c'est la limite du Kibosho, où nous entrons.

*
* *

Nous y trouvons des envoyés de Sina qui nous attendent avec des présents : une chèvre et une lance, l'une du reste aussi belle que l'autre. Le pays, moins uni que le Matchamé, moins tourmenté que le Motchi, est formé d'une série de petites collines donnant naissance à nombre de plateaux et de vallées, le tout incliné vers le sud, fort bien arrosé, soigneusement coupé de canaux et cultivé avec le plus grand soin. Sur notre route, nous rencontrons des ateliers de forgerons, des femmes qui travaillent aux champs, des enfants qui poussent devant eux des troupes de vaches et de moutons. Les bananeraies, très belles, sont sarclées avec goût, et, chose absolument nouvelle en Afrique, entretenues avec le fumier des étables.

Mais voici, sur un plateau uni, la résidence du roi Sina.

Fig. 53. — Le Wérou-Wérou près de ses sources (au fond le Kibo). — Dessin de Mgr Le Roy.

C'est une sorte de grand rectangle que protège un fossé profond de 200 mètres de face. Un pont en bois donne accès dans une première cour intérieure. Nous avons reçu la consigne de rester en deçà de ce Rubicon ; mais, au delà, la pelouse nous parait si verte et si bonne, et puis, il est si désagréable de paraitre se plier aux ordres de ce monarque mal commode que nous franchissons le pont et allons tout bonnement camper sur la pelouse intérieure. Nous nous installons à l'ombre d'un grand arbre et près d'une petite construction fétiche au centre de laquelle se dresse, plantée en terre, une belle dent d'éléphant. En face de nous, une haie vive de dracœnas, haute et épaisse, derrière laquelle s'élèvent sept autres enceintes pareilles, nous dérobe la vue de la résidence royale dont nous n'apercevons que la pointe surmontée d'un pavillon blanc, le pavillon de Sina.

Ici, rien de l'accueil empressé et parfois enthousiaste qu'on nous a fait ailleurs. Tout est froid, silencieux, presque solennel. Quelques rares indigènes passent devant le camp sans s'arrêter, sans rien dire. Quand nos hommes demandent du bois pour faire la cuisine, on leur répond d'aller en acheter eux-mêmes ; quand ils offrent d'acheter des provisions, on leur dit qu'on n'a rien à vendre.

Enfin, après une assez longue attente, S. M. Sina daigne se montrer. Précédé de sa garde, accompagné d'un enfant qui porte son siège, et suivi d'un interprète — celui-là même que nous avons rencontré dans les hauteurs du Matchamé — il débouche par la petite porte pratiquée dans l'enceinte de dracœnas et vient lentement à la rencontre de M. d'Eltz qui le reçoit avec une dignité pareille.

Ce Sina (*fig.* 54) est un robuste montagnard d'environ quarante ans, avec une tête ronde et forte, coiffée d'une sorte de bonnet — une vessie de bœuf ornée de perles de verre — qui la recouvre exactement. La barbe courte est disposée en collier, la figure est pleine, sombre, sévère avec deux gros yeux injectés de bile et de sang : les membres sont courts et vigoureux, un large manteau rouge l'enveloppe tout entier. C'est, dit-on, un parvenu; ministre du roi du Kibosho, un beau matin il fit disparaitre son souverain et s'assit à sa place. Depuis lors, nul n'ayant osé le prier de se retirer, il domine toute la partie occidentale de la montagne; il a même, il y a quelques années, chassé Mandara de chez lui et aujourd'hui encore il tient en échec l'influence européenne qui, avec les forces particulières dont elle dispose, a pénétré tout le reste du pays. Un fait récent donnera l'idée des conceptions politiques du Tchaga.

Le sultan du Matchamé, le district voisin, étant mort, Sina trouva l'occasion bonne pour y faire pénétrer son influence. Mais, après avoir gagné le second fils du défunt par d'habiles promesses, il fallait un prétexte pour se jeter sur son frère Ngaméni, le successeur légitime. Il lui envoya donc un agent secret, qui, l'ayant salué très bas, lui tint à peu près ce langage :

« Grande nouvelle! Voilà que Sina a été pris d'indigestion hier et il est mort cette nuit.

« Tu sais combien nous regrettons nos vrais chefs qu'il a détrônés. Viens vite remettre à sa place l'un des enfants de son prédécesseur. Tu seras acclamé et tu prendras pour toi la moitié du Kibosho. L'occasion est unique! »

Peu après, cette nouvelle importante se trouve confirmée par d'autres envoyés, et subitement Ngaméni se décide à envahir le pays. Hélas! Sina tombe sur lui dans la forêt de Kindi, à l'improviste, le repousse, va jusqu'au Matchamé, donne la main à Shangali : le *casus belli* était trouvé!

Fig. 54. — SINA, SULTAN DE KIBOSHO (*Kilima-Ndjaro*); — son page; — un guerrier.
Dessin de Mgr Le Roy.

Mais nous voici en présence :

« — Depuis longtemps, dit à peu près M. d'Eltz, je désirais voir Sina, et avoir avec lui quelques explications. Je suis donc venu au Matchamé et suis descendu chez Ngaméni. Or, voilà que j'apprends que Sina trouble Ngaméni et envoie contre lui ses soldats. Cela ne me plait point. Qu'est-ce que les soldats de Kibosho ont à faire au Matchamé?

« — Ngaméni m'a attaqué : je me suis défendu.

« — Mais maintenant Ngaméni est mon ami.

« — Si Ngaméni est ton ami, reprend Sina, Shangali est le mien. Depuis que Mandara est au monde, il me fait la guerre : je suis obligé de lui répondre. Que Mandara et Ngaméni restent chez eux, je resterai chez moi. »

La conversation continue quelque temps sur ce ton peu enjoué. M. d'Eltz gardant son sang-froid, Sina dissimulant mal sa colère, appuyant de gestes énergiques ses paroles, agitant un casse-tête en corne de rhinocéros, et cherchant dans la foule accroupie qui l'entoure une approbation qui ne lui est pas marchandée. A la fin il se lève, dit qu'il réfléchira, et que, le lendemain, il donnera sa réponse définitive.

Le reste de la journée se passe ainsi. Nous commençons à croire que nous aurions mieux fait de rester en dehors du fossé; mais, maintenant que nous sommes pris en cet enclos, nous ne pouvons guère nous transporter ailleurs : on croirait que la peur nous hante et nous serions perdus. Maintenant, les indigènes arrivent, mais, au lieu de se mêler à nous, on les voit rester à distance, s'accroupir en ligne, s'envelopper de leurs longues pièces de linge, et, la lance plantée en terre, nous regarder silencieux (*fig.* 55).

La nuit, M. d'Eltz a soin de poster des sentinelles aux

portes de nos tentes, et nous nous endormons à la grâce de Dieu.

⁎
⁎ ⁎

Pas d'incident nocturne, sinon que, chez nos porteurs, un fusil a été volé, plus une poire à poudre et un peu de linge.

Le matin, nous apprenons par Daringo, ce jeune homme de Kiléma, qui fait partie de notre caravane et nous sert à la fois de guide, d'interprète et d'espion, nous apprenons que Sina a mandé près de lui ses *wasoro* pour tenir conseil.

De bonne heure nous voyons, en effet, arriver par petits groupes, d'étranges types de sauvages en grande tenue de guerre : sur la tête, de larges et hauts bonnets en peau de léopard, ornés par derrière de longs poils de singe ; sur le dos, une sorte de housse épaisse en plumes de vautour ; autour des reins, une peau de bœuf, puis des colliers, des bracelets, des jambières ; un sabre droit au côté, un casse-tête pendant à la ceinture ; d'une main, un large bouclier ; de l'autre, une lance, cette magnifique lance de style massaï, toute en fer. D'autres, nombreux, ont des fusils, même des fusils à tir rapide. Tout ce monde défile devant nous, jette un coup d'œil sur notre campement et s'écoule par la petite porte d'en face. Enfants et femmes, dès qu'ils se montrent, sont chassés sans pitié : leur place n'est pas à la bataille qui peut-être se prépare...

Bientôt tous ces guerriers reparaissent, se forment en quatre compagnies, et organisent une série de démonstrations qui ne laissent pas d'être imposantes. Il y a environ un millier d'hommes parmi lesquels bon nombre de *Kwavis* du *Aaut-Arousha* qui paraissent jouer ici le rôle d'officiers instructeurs, tous costumés, tous armés. Nous avons, nous, peut-être quarante Noirs, les uns porteurs de la caravane, les autres soldats de M. d'Eltz, tous armés aussi, il est vrai, de fusils à répétition, mais pas tous des héros. Notre chef de caravane, par exemple, à la vue de ce déploiement de forces, vient d'être pris d'une colique soudaine, tout comme à Waterloo le duc de Wellington.

M. d'Eltz envoie demander à Sina quelles sont ses intentions, pourquoi ces soldats et pourquoi ces exercices :

« — Ce n'est rien, fait-il répondre ; il faut bien que mes enfants s'amusent. »

Ils s'amusent en effet beaucoup, ces enfants, et si nous étions autrement placés pour les voir, ce jeu serait véritablement pour nous d'un très grand intérêt. C'est une véritable revue, avec exercices et manœuvres. Les mouvements sont admirables de précision et d'ensemble ; mais rien n'égale la beauté des chants de guerre qu'il nous est donné d'entendre pendant que défilent tous ces curieux soldats, qu'ils se massent, qu'ils se dispersent, qu'ils se reforment en corps.

Toute la bataille est représentée non seulement par les gestes, mais par les chants, et avec un ensemble merveilleux, avec une puissance de mimique extraordinaire.

Voici le commencement. On part en éclaireurs, l'ennemi est signalé, les guerriers se dissimulent, rasent le sol, s'avancent prudemment ; le silence est absolu. Tout à coup un cri part : c'est l'attaque. Les chants se heurtent, comme les armes ; de temps à autre, un soldat étrangement costumé se détache des groupes, et avec une furie folle se jette de tous côtés, perçant de sa lance un ennemi qui n'a pas l'air d'être trop imaginaire à la façon dont il se précipite vers nous et semble nous défier. Puis, le choc fini, les quatre compagnies se reforment en plusieurs lignes et le chant de triomphe commence : les lances montent et descendent avec un effet superbe, jetant au soleil de longs reflets guerriers ; les boucliers tenus à bout de bras sur les têtes, forment un couvert rappelant « la carapace de tortue » des Anciens, et ce chœur de voix sauvages, répondant à un soliste qui dirige tout, se répand en longues modulations, où l'expression de tous les sentiments se retrouve, le courage calme du début, l'élan subit, la surprise, la terreur, le retour du succès, l'effort suprême, les lamentations plaintives à l'adresse de ceux qui sont tombés, la vengeance, le triomphe final. Avec ces costumes, avec ce décor, tout cela dépasse assurément, et de beaucoup, les plus beaux concerts que, pour ma part, j'aie jamais entendus.

Au reste, le spectacle est gratuit. Mais tout de même à force de se prolonger et quand on se reprend à songer qu'il a tout l'air d'un défi insolent, il finit par devenir légèrement agaçant, quoique très beau. Nos hommes, silencieux, regardent et songent. M. d'Eltz est inquiet, à cause surtout de la responsabilité qu'il croit avoir à notre sujet. Mgr de Courmont semble ravi de cette superbe musique; le P. A. Gommenginger se promène les bras derrière le dos, agité et nerveux; pour ce qui me concerne, j'ai tout simplement, dans ma tente, fait disposer les caisses et les ballots d'étoffe en forme de rempart, préparé fusils et cartouches, et, secrètement, donné une provision de munitions à chacun de nos hommes. De leur côté, les Soudanais de M. d'Eltz sont prêts, et lui-même tient à la disposition des nobles guerriers de Sina son énorme fusil à buffles et éléphants, qui ressemble à un canon.

Voilà la situation : qu'en sortira-t-il ?

*
* *

Vers quatre heures du soir, nouveau message à Sa Majesté :

Fig. 55. — Nos visiteurs a Kirosho (*Kilima-Ndjaro*). — Dessin de Mgr Le Roy.

« — Tout ce bruit nous fatigue, lui fait dire M. d'Eltz. Si Sina veut la paix, qu'il le dise; s'il désire la guerre, qu'il l'avoue. En tout cas, maintenant que ses soldats doivent avoir terminé leurs exercices, nous allons commencer les nôtres, avec tous nos fusils et toutes nos machines. »

« — Je n'ai jamais parlé de guerre, fait ironiquement répondre Sina... Au reste, maintenant j'ai fini de tenir conseil et j'arrive... »

Peu après, le chef paraît en effet avec tout son cortège. Mais il demande à parler à M. d'Eltz tout seul, confessant que les grands chapeaux des missionnaires l'impressionnent un peu et que les renseignements qu'il a reçus à leur sujet lui font craindre leur influence. M. d'Etz accepte volontiers d'avoir avec Sina une conférence privée; mais il refuse, — et fait bien, — de le suivre derrière la haie de dracœnas où l'on veut l'emmener. L'entrevue a donc lieu dans un des coins du carré qui forme l'enceinte où nous sommes. Sina consent à faire amitié avec le blanc et paix avec Mandara. Quant au Matchamé, Ngaméni sera chef en bas et Shangali en haut. M. d'Eltz accepte ces conditions, et il est convenu que demain nous partirons.

L'entrevue finie, Sina harangue ses troupes et, de nouveau, les chants recommencent, mais cette fois sans caractère provocant, de sorte que nous pouvons en jouir tout à notre aise.

Et cependant il y a quelque chose dans l'air : restons sur nos gardes.

La nuit, des bandes suspectes n'ont cessé de circuler près de notre campement; mais, en somme, on n'a point signalé d'incidents graves.

Nous déjeunons, et, précédés de deux guides fournis par Sina, nous reprenons la route de Kindi, puis, descendant droit au sud, nous retrouvons, à six heures du soir, la rivière Oumbo, sur laquelle nous nous installons tant bien que mal, dans un îlot, au milieu des arbres et dans les ombres de la nuit. Bientôt les feux s'allument, le repas se prépare et Daringo, se glissant alors dans ma tente :

« — Père, dit-il doucement, nous sortons de la caverne du lion. La nuit dernière, après la paix, sais-tu qu'on voulait nous égorger?

« — Rien que cela?

« — Nous égorger totalement. L'interprète, qui reste dans les hauts du Matchamé, est venu me trouver tout exprès, et j'ai compris qu'ils ne craignaient pas encore beaucoup *Soumbwi* (M. d'Eltz a l'honneur de porter ce nom, qui est celui d'un grand échassier noir), parce qu'ils savent que c'est un homme comme tout le monde. Mais il voulait absolument savoir si votre sang stérilisait la terre où il tombait et tarissait les fleuves. J'ai tout de suite répondu que cela ne manquait jamais! Et il m'en demandait la raison, et je lui disais : « C'est que ces « blancs sont les sorciers de Dieu, et si les hommes les « tuent, Dieu les venge... » Il a beaucoup réfléchi, et il est parti. Mais moi j'ai passé toute la nuit accroupi à la porte de ta tente; je dormirai bien maintenant. »

La Providence est bonne à ses missionnaires. Peut-être, en effet, devons-nous notre salut à l'excursion imprudente que nous avons faite l'autre jour dans les hauteurs de Matchamé, c'est-à-dire à ce qui devait causer notre perte!

De la rivière Oumbo à la station de Motchi, quatre heures de marche.

Nous y retrouvons les quelques hommes avariés que nous y avions laissés.

Il fait ce soir un temps superbe. Le soleil jette sur les

pentes de la grande montagne une clarté douce, une chaleur amie; la vue se porte sur les pays curieux que nous venons de quitter et d'où nous apercevons la fumée en longues colonnes blanchâtres s'élever de tous côtés, dans un ciel pur; la voix lointaine des bergers descend des collines, se mêlant au son de leurs flûtes; les mugissements adoucis de troupeaux qui rentrent montent des vallées lointaines; et, tout près, l'eau des petits canaux gazouille en ses légères cascades, les oiseaux chantent dans le bosquet voisin, les cigales leur répondent, les fleurs s'étalent sur les haies, tout prend un air de fête, tout sent bon. Et que ce gazon est tendre, qu'on y repose doucement, et comme il est bon de vivre, Sina!

XX

L'ASCENSION

Excelsior! — A travers les hautes cultures, les taillis et la forêt vierge. — Une nuit sur les hauts plateaux. — Une Messe pour l'Afrique sur un autel de 6,000 mètres. — L'escalade. — Perdus et retrouvés.

Nous avons maintenant vu les districts les plus intéressants et les plus peuplés du Tchaga : Marangon, Kiléma, Kiroua, Motchi, Ourou, Kibosho, Matchamé, Ouséri et Rombo à l'est, Kibongoto à l'ouest, où nous ne sommes point allés, nous sont eux-mêmes connus par des rapports fidèles; mais notre programme n'est point encore accompli. *Excelsior! Excelsior!*

C'était le projet de Mgr de Courmont de monter là-haut, « si haut qu'on peut monter ». Nous sommes ici au pied du plus grand autel que Dieu ait placé sur ce continent : il nous faut aller offrir le saint sacrifice de la Messe et y prier pour l'Afrique entière. « *Introibo ad altare Dei, ad Deum qui lætificat juventutem meam.* »

Tout est prêt pour l'ascension. M. d'Eltz viendra, et, comme d'habitude, se chargera de l'intendance : deux guides fournis par Mandara nous accompagnent, et nous prenons, parmi nos hommes, ceux qui paraissent avoir le jarret plus fort et l'ardeur plus jeune. Enfin le

Dr Baxter, de la mission anglaise, arrive au dernier moment, avec son boy et son chien; sur la tête, un grand chapeau, destiné à servir de parapluie contre les averses, et de parasol contre les feux du jour, en main un bâton énorme, taillé en forme d'*alpenstock*, aux pieds une paire de gros souliers ferrés, puis une couverture contre le froid, un *Waterproof* contre la pluie, une veste doublée d'une épaisse couche d'ouate contre les refroidissements, des pantalons rembourrés contre... — le docteur nous a bien expliqué contre quoi, mais je ne m'en souviens plus; — enfin, un fusil taillé en forme d'arquebuse antique, contre les éléphants, buffles, lions, panthères et autres bêtes malfaisantes de la montagne. Avec ce chargement, l'excellent homme n'a pas fait dix pas qu'il est déjà tout en nage; mais il a ses principes qui le soutiennent et nous voilà partis.

En peu de temps, nous avons traversé les dos de collines, utilisées comme herbages, et longeant le petit sentier qui court près d'un canal où l'eau saute gaîment sous les fougères, nous passons près de la belle cascade de *Nanga*, limite des États de Motchi et d'Ourou; nous nous engageons sous des arceaux de clématites aux fleurs superbes, et arrivons ainsi peu à peu à une sorte de plateau que l'on défriche en ce moment, et où l'on remplace les fougères, le *Pteris aquilina* des landes bretonnes, par des semis de haricots.

« — Où allez-vous, demandent en accourant vers nous les gens qui travaillent, où allez-vous donc vous perdre aujourd'hui?

« — Là-haut sur la montagne.

« — Jusqu'à la forêt!

« — Jusqu'au ciel! »

Et l'on nous regarde avec une pitié mêlée de respect, comme pour dire :

« — Ces pauvres étrangers ne savent pas quel esprit garde nos sommets. Faut-il courir si loin pour chercher la mort! »

En deçà, au-delà et autour ds ces dernières traces de culture, — 1,400 et 1,500 mètres, — la forêt ressemble à un taillis exploité par les indigènes comme les bois le sont chez nous. A droite et à gauche des collines boisées, des combes profondes, des torrents qui se précipitent dans des gorges invisibles et dont le fracas lointain qui nous arrive suspend notre marche :

> Écoutez la chute sonore
> Bruire à l'ombre des grands bois!

Excelsior! Peu à peu, la grande forêt commence. Le sentier plus étroit devient humide, glissant, recouvert parfois de plantes grasses qui ont poussé à la hâte, barré par les lianes, encombré par les troncs énormes d'arbres plusieurs fois séculaires et que la dernière tempête a terrassés. Le petit ruisseau dont nous suivons le cours et que nous ne perdons de vue que pour le retrouver toujours plus haut, descend à la hâte, plein jusqu'aux bords et donnant la vie, sur son passage, à une prodigieuse quantité de plantes en fleurs, parmi lesquelles se distinguent des bégonias (*fig.* 56), des balsamines, et deux espèces de plantain, aux larges feuilles vertes, maculées de dessins noirs.

Mais comment peindre la forêt elle-même pour en donner quelque idée? Le soleil a disparu, nous ne voyons même plus le ciel. Partout la verdure, mais une verdure aux teintes diverses et graduées selon l'espèce, la distance et l'exposition; parfois, nul horizon; ailleurs, des vues profondes sur des précipices dont l'œil ose à peine suivre les chutes; ici, les formes élégantes et pittoresques de la fougère arborescente, ailleurs l'inextricable lacis des grandes lianes qui, sorties on ne sait d'où, vont chercher la lumière et étaler leurs feuilles, parfois leurs fleurs, au-dessus des lointaines ramures qui s'étendent là-haut ; partout de frêles arbrisseaux qui n'arrivent pas depuis des années à se frayer passage près de leurs aînés et qui végètent ainsi tout tristes, sans espoir de voir jamais le soleil.

Fig. 56. — Fleurs du Kilima-Ndjaro.

Impatiens capensis (Thumb.)   Begonia Johnstoni (Oliv.)   Impatiens (sp. nov.?)

Mais ce qui nous confond, ce sont ces troncs énormes des ancêtres de la forêt, masses prodigieuses, vieilles comme la montagne qui les porte, couvertes de bosses, labourées de crevasses, encombrées de lianes, d'orchidées, de fougères, de mousse, d'arbustes, d'arbres même, de toute une couche de végétation parasite qui pousse là comme sur un terrain préparé pour elle. Souvent leurs branches, fatiguées de porter si longtemps un si grand poids, tombent avec fracas sur les arbres environnants et fournissent à ceux-ci, comme il arrive dans l'espèce humaine, une occasion inespérée de monter à leur tour. Parfois même le vieux géant, vermoulu, s'affaisse lui-même en un jour de grande tempête, lorsque, la forêt ayant frissonné comme en un accès de fièvre, le tonnerre bat les cimes lointaines, que les éclairs passent en décharges multipliées, que la nuit se fait, que la pluie tombe en avalanche, que le vent hurle avec une violence infernale et que le sol lui-même tremble comme s'il allait s'entr'ouvrir. Alors il tombe, entraînant avec lui tout ce qu'il nourrissait sur son tronc, sur ses branches, écrasant sous son poids tout ce qu'il abritait, dans une chute épouvantable.

En dehors de là, nul bruit dans la forêt immense, excepté parfois quand un éléphant passe, foulant les broussailles et dégringolant dans la ravine (*fig.* 57). Nul chant d'oiseau, nul cri d'insecte.

Mais ce qui donne surtout à cet étrange paysage son caractère, c'est son air saturé d'une humidité froide et pénétrante, qui vous atteint jusqu'aux os, qui vous enveloppe, qui se dépose sur vous en gouttelettes argentées et forme là-haut, à côté, partout, comme une sorte d'atmosphère blanchâtre et palpable, d'un genre surnaturel, et dans laquelle les arbres, les fougères et les lianes prennent à quelque distance l'aspect d'ombres fantastiques. Involontairement, on marche obsédé de la pensée qu'on est aux portes de l'enfer, dans un coin de cette forêt que Le Dante a décrite au commencement de son poème immortel :

> *Nel mezzo del cammin' di nostra vita*
> *Mi ritrovai per una selva oscura...*

Cependant, à mesure que nous montons, les grands arbres deviennent plus rares et la végétation prend un autre aspect. Les bruyères que nous avions une première fois rencontrées à l'orée de la forêt vierge en une clairière remarquable où, comme par une fenêtre ouverte, nous avons vu se dérouler la plaine immense avec les cours d'eau qui la sillonnent, les bruyères deviennent ici plus nombreuses et plus grandes, prenant l'aspect d'arbres véritables. Plus de bégonias ni de balsamines, mais beaucoup de fougères diverses, des lycopodes, une petite violette délicate et charmante, mais sans odeur, des composées étranges, des plantes extraordinaires, un monde nouveau.

Excelsior! Une escalade rapide, après un repos devenu nécessaire et un déjeuner bien accueilli, nous amène à une sorte de prairie où par endroits le sol couvert de mousses garde l'eau comme une éponge; ailleurs cependant, on peut s'aventurer sans crainte, et c'est un plaisir véritable que de ramasser en courant des glaïeuls superbes, une scabieuse, des renoncules. Quelques papillons aux couleurs grises volent çà et là, un faible cri d'oiseau parfois se fait entendre (*fig.* 58).

Encore un escarpement couvert d'arbres rabougris, tordus et misérables, et nous sommes à la fin de cette forêt singulière qui entoure le massif du Kilima-Ndjaro comme une immense ceinture : 3,000 mètres.

Là, une sorte de plateau s'étend devant nous en forme de parc accidenté de légères ondulations, couvert d'une herbe fine et agrémenté de quelques bouquets d'arbres. Mais tous sont couverts de lichens (*fig.* 59), grisâtres, humides, pendant comme de longues et vieilles barbes agitées par un vent faible : avec ces physionomies lamentables, on dirait de vieux patriarches immobilisés, changés en arbres. Sur le gazon, des immortelles, plusieurs espèces de géranium, des touffes d'absinthe, de petites bruyères en fleurs. Et là-dessus, cet étrange brouillard qui suinte sans fin, plus épais ici que dans la forêt, plus blanc, plus humide, plus froid. Point de

Fig. 57. — La forêt vierge.

soleil : une lumière atténuée, un silence absolu, une tristesse confuse et envahissante, quelque chose comme un paysage d'après la mort, dans un quartier des Limbes.

Pour ma part, je regarde, emporté je ne sais où par le cours de mes pensées, lorsque tout à coup, derrière moi, une détonation éclate, quelque chose comme une mine qui part, comme un coup de canon qui retentit. Je me retourne vivement. Grand Dieu! Le Docteur est par terre, lançant en l'air ses grandes jambes, serrant en main son arquebuse et battant vigoureusement le sol de son crâne chenu!... Arrivé au campement, il a voulu sans plus tarder essayer son arme en prenant un arbre comme cible, et du coup il est tombé à la renverse. Mais il ne tarde pas à se remettre sur pied sain et sauf et avec un grand calme :

« — Cela, dit-il, était ioune tentative ! »

*
* *

Il y a là tout près dans un creux, une source d'eau glacée qui nous convient et en peu de temps les trois tentes sont établies : une pour les porteurs, une pour Mgr de Courmont et le P. Auguste, l'autre pour M. d'Eltz, le Docteur et moi.

Il est quatre heures. Les hommes cherchent immédiatement du bois, pourvoient à leur installation, et le cuisinier de M. d'Eltz, un créole des Seychelles, extrêmement débrouillard, a bien vite fait de nous préparer un repas de circonstance auquel tout le monde fait grand honneur. La soirée se passe en excursions rapides autour du camp, on se rassemble ensuite près des feux et finalement, comme dans la chanson, « chacun s'en va coucher ».

Tout se passe avec calme et dignité dans le quartier de

Monseigneur, comme il convient. Les porteurs, de leur côté, attisent de leur mieux les feux qu'ils ont allumés et préfèrent passer la nuit dehors plutôt que dans leur tente, où ils ont froid, font un cercle autour des bûchettes qui brûlent péniblement, racontent leurs impressions, se mordent le bout des doigts et reçoivent avec une résignation stupide l'eau qui coule de temps en temps sur leur longue échine tremblante, quand le brouillard se fond. Chose remarquable! les Noirs que tout le monde sait armés contre les plus grandes chaleurs supportent aussi les froids temporaires beaucoup plus facilement que nous : avec les habits que ceux-ci portent ou plutôt ne portent pas, il nous serait impossible de passer dehors une nuit pareille. Cette endurance spéciale tient à la fois à leur sensibilité générale beaucoup plus faible et à la couche de pigment noir et graisseux qui tapisse le dessous de leur épiderme.

Pour nous — j'entends M. d'Eltz et moi — nous étions déjà couchés, paisiblement enroulés sur nos lits de camp dans d'épaisses couvertures de laine que Mandara lui-même nous avait prêtées, lorsque, à la lumière adoucie de la lampe qui pend à l'entrée de la tente, le Docteur fait son entrée.

« — Dyombo ! s'écrie-t-il d'une voix formidable. Dyombo ! »

Aussitôt accourt le boy, soufflant comme un phoque et portant un énorme paquet solidement ficelé dans un grand sac...

Attention! Ce sera, sauf erreur, une scène intéressante.

Tout d'abord, Dyombo se met en devoir de retirer les chaussures de son vieux maître : travail pénible, mais qui se termine par un succès remarquable, l'enfant roulant d'un côté, l'homme de l'autre et le soulier entre les deux.

Fig. 58. — Dans la haute forêt (*Kilima-Ndjaro*). — Dessin de Mgr Le Roy.

On défait ensuite le paquet ! Oh ! ce paquet ! Il y a de tout là dedans : des couvertures de laine, de grands pardessus, de longues chausses, des ceintures de flanelle interminables, des gilets, des mitaines, de grosses vestes, des oreillers, des coussins, une cuvette, un riflard, un cache-nez, un pot à eau, un autre pot... Je regarde, de plus en plus excité par une indiscrétion coupable ; mais voilà que, près du mien, j'entends le lit de camp de M. d'Eltz qui remue, agité par une convulsion rapide, puis, sous la couverture, un rire étouffé qui bientôt, n'y tenant plus, éclate en un débordement formidable ! Dame ! On ne résiste pas à ces choses-là et nous nous faisons bientôt écho sous la tente, sans que, toutefois, l'opérateur en soit aucunement troublé.

Mais c'est bien une autre affaire quand a eu lieu la toilette de nuit. Tout ce magasin de nouveautés, le docteur se le met successivement sur le dos, nous expliquant avec soin combien les courants d'air et les refroidissements sont nuisibles à la santé. Enfin, devenu énorme, aussi énorme que comique, sous cette quantité de choses, décoré d'un bonnet de coton monumental, il prend le grand sac, l'ouvre, souffle avec gravité dans ses profondeurs, pousse un soupir et se fourre dedans jusqu'à l'occiput.

« Ferme ! » crie impérieusement M. d'Eltz à Dyombo, qui, instinctivement et sans plus réfléchir, obéit à l'ordre ; comme une saucisse énorme, le paquet roule par terre entraînant avec lui enfant, lit, cuvette et vases divers !

Aucun spectacle, aucune comédie savamment préparée ne vaut ces scènes-là. De rire nous avons été malades, et peu s'en est fallu que la nuit ne se passât tout entière à mettre au lit cet excellent docteur.

※

Au matin, cependant, le calme est revenu.

Pendant que mes « camarades de chambrée » dorment plus tranquillement que ne l'auraient fait prévoir les pittoresques aventures de la veille, je me lève doucement et mets le nez à la porte. Le froid est intense : 3 degrés centigrades, à nous qui sommes habitués à 30 pour le moins. Le brouillard s'écoule décidément en pluie fine et glacée, et quelques porteurs, accroupis au pied d'un arbre devant des charbons qui s'éteignent, ressemblent à ces cadavres momifiés des sépultures indiennes.

Lentement, je me dirige vers la tente de Monseigneur : *Benedicamus Domino!* dis-je en arrivant, selon l'antique et bel usage de nos jeunes années.

On me répond doucement : *Deo gratias!* Mais à la manière dont ces mots sont dits, je comprends tout de suite que la gaieté dans cette tente a été moindre que dans la nôtre.

Ainsi va le monde : pendant que les uns rient, les autres souffrent. C'est la loi des compensations. Toute la nuit, Monseigneur a eu la fièvre. Il est maintenant accablé; mais, pour rien au monde, il ne voudrait manquer cette messe qu'il a promise à lui-même et à l'Afrique, et l'autel portatif se dresse, et les prières commencent, et le sacrifice s'achève... Quel que soit le coin du monde où un prêtre l'offre, il a partout sans doute la même valeur; mais pourtant il semble que là, entre les mains d'un Évêque envoyé par le Vicaire du Christ à la race la plus abandonnée de la terre et sur le plus haut sommet du pays qu'elle occupe, il semble que la sainte Victime demande à Dieu plus instamment miséricorde et salut. Puissent donc de là, comme d'une source élevée, des-

Fig. 59. — Lichens en lianes et bruyères arborescentes sur les hauts plateaux du Kilima-Ndjaro (3,600ᵐ). — Dessin de Mgr Le Roy.

cendre sur toutes les missions du Continent Noir, les fleuves de grâce aux bords desquels pousseront les fleurs et les fruits de la morale chrétienne !

A cette messe mémorable dite par un Évêque à 3,000 mètres d'altitude, nous faisons l'un et l'autre la sainte Communion, et nous offrons de nouveau notre sacrifice à nous aussi, un sacrifice bien pauvre, hélas! mais que nous ne pouvons faire plus riche : celui de nos forces, celui de nos vies, et pour toujours... Mon Dieu! C'est peu, mais pour Vous et pour l'Afrique, et c'est de bon cœur!

Il est six heures. Après un déjeuner sommaire et un peu triste, Mgr de Courmont, à son grand regret, déclare être obligé de reprendre le chemin de la station, de peur qu'un nouvel et plus fort accès de fièvre survenant, ne le condamne à se faire porter, ce qui, dans la forêt, serait presque impossible. Le P. A. Gommenginger l'accompagnera avec un certain nombre de nos hommes. Mais que la descente sera difficile à travers ce brouillard et le long de ces sentiers glissants et incertains!

Pour nous, nous sommes toujours décidés à tenter l'escalade, et sans perdre de temps nous nous lançons en avant par-delà le chemin de ceinture qui relie sur les hauteurs les districts de Matchamé et de Kibosho à celui d'Ouséri. Avec nous trois, marchent les deux guides de Mandara qui suivent en rechignant, déclarant qu'ils sont au bout de leurs notions géographiques et qu'il est absolument mortel d'aller plus loin; puis viennent deux soldats de M. d'Eltz, le célèbre Dyombo du docteur Baxter, son chien, et enfin mon fidèle ami Daringo, à qui j'ai volontiers prêté pour la circonstance une paire de pantalons déchirés et une autre de souliers ramollis.

Le brouillard est intense; rien à gauche, rien à droite, rien devant, rien derrière. Aucun point de repaire; on ne voit qu'à ses pieds et de temps à autre quelque forme noire qui se dresse à distance, comme une apparition surnaturelle, un esprit chargé de défendre aux profanes l'accès de la montagne mystérieuse. La boussole en main, nous nous dirigeons en plein nord, à tout hasard, jusqu'au moment où nous rencontrons comme une longue coulée de lave. Unanimemeut nous augurons qu'en suivant le cours de ces roches, nous devons bien arriver à l'endroit d'où elles sont parties, c'est-à-dire aux cratères supérieurs, et l'ascension continue, parfois difficile, le plus souvent aisée, mais presque toujours régulière et sans de grandes alternatives de vallées et de plateaux. Dans ces conditions tous les coups sont bons, et nous montons au Kilima-Ndjaro comme par un escalier immense.

La végétation devient de plus en plus rabougrie, et c'est une chose intéressante que de voir disparaitre successivement derrière nous les diverses séries de plantes, à mesure que nous avançons. Plus d'arbres, à peine des arbustes, qui, eux-mêmes, deviennent de plus en plus courts, de plus en plus rares. Les bruyères naines nous suivent longtemps et disparaissent à leur tour. Restent des immortelles décolorées, des composées étranges, de petits arbrisseaux du Cap. Très fidèlement nous cassons les branches qui se trouvent sur notre chemin, roulons des pierres, donnons sur les touffes des coups de bâton, notons des rochers remarquables, afin d'avoir pour le retour une ligne continue de points de repère.

Mais voilà que M. d'Eltz, le plus fort d'entre nous, est saisi d'un violent mal de tête, portant surtout vers la nuque, avec battements de cœur et fatigue générale. C'est le *mal des montagnes*, dû, comme on le sait, à la raréfaction de l'air et à l'accélération des mouvements respiratoires. Le docteur conseille la retraite, d'autant que lui-même souffre considérablement de la soif. Mais

M. d'Eltz est décidé à aller jusqu'au bout, jusqu'à ce qu'il tombe et qu'on le ramasse. Heureusement, on n'est pas obligé d'en venir à cette extrémité, et, peu après, son énergie est récompensée par une guérison presque complète. Près d'un rocher, nous trouvons une flaque d'eau et nous profitons de cette rencontre pour prendre un peu de repos.

Mais nos hommes? Que sont devenus nos hommes? Depuis longtemps, Dyombo a disparu, disparu son chien et disparus nos guides. Daringo se traine misérablement, avouant que le sommeil l'accable. Les deux soldats font de louables efforts pour suivre, mais il est clair à leur mine que cette ascension les intéresse médiocrement.

Nous sommes à 4,000 mètres.

Bientôt on se remet en marche, jalonnant toujours notre route de marques nombreuses, mais désespérant presque de rien voir... Or, voilà que subitement, sans transition, le brouillard cesse, coupé brusquement comme avec un couteau, et nous nous trouvons en face d'un des plus beaux spectacles qui se puissent voir. Là, devant nous, c'est bien le sommet du Kima-Wenzé, avec ses rochers usés par le temps et découpés en longues aiguilles noirâtres, ses précipices formidables, ses lambeaux de neige jetés çà et là sur ses flancs, ses longues traînées de cendres rouges et de laves refroidies. A gauche, s'élève le dôme éclatant du Kibo, et l'on peut déjà distinguer le mur de glace taillé à pic, qui parait en défendre l'accès. Entre ces deux géants, s'étend le plateau qui les supporte, sur une longueur de 12 kilomètres. Et nous avons tout cela sous les yeux, à portée de la main, pour ainsi dire, tant l'air est pur et la distance s'efface. Le ciel est d'une admirable beauté; s'il y a des nuages, nous sommes au dessus, et, là-haut, voilà le soleil, le soleil que nous avons cru perdu, et dont

la vue est si bonne et dont la chaleur est si douce!
Alors un redoublement d'ardeur s'empare de nous. Nous marchons, nous montons, attirés comme par un aimant vers cette merveille de la nature africaine : 4,800 mètres, nous voilà sur le plateau (*fig.* 60).

*
* *

Maintenant, le sol est couvert d'innombrables fragments d'obsidienne, de scories spongieuses, de poussières rougeâtres et dures. Là-dessus, des herbes courtes et sèches vivent douloureusement; mais, chose curieuse, dans les anfractuosités de rochers jetés l'un sur l'autre, pêle-mêle, comme par une main cyclopéenne, s'élèvent encore les restes desséchés d'une plante très haute, d'un port extraordinaire : c'est le seneçon géant (*fig.* 61) de Johnston, signalé pour la première fois, il y a quatre ans, par cet explorateur. Avec l'aide de Daringo, j'en renverse un pied sans trop de peine pour en prendre les graines.

*
* *

La vie animale est bien faiblement représentée à cette altitude. Toutefois, un léger papillon gris vole doucement sur les herbes; un petit lézard, gris aussi, se chauffe aux rayons affaiblis du soleil; près de là sautent de petits criquets; enfin des traces d'une grande antilope, le *Pofou* (Bosélaphe Canna), attestent que parfois les animaux de la plaine font aussi l'ascension de la montagne. Par ailleurs, nul cri que celui d'un petit oiseau qui, un moment, vient nous surprendre, salue, passe et disparaît.

*
* *

On se retourne : mais rien ne se voit du panorama qui s'étend derrière nous, rien de la grande forêt, rien des

Fig. 60. — Le pic du Kima-Wenzé (5,300ᵐ) vu du haut plateau (4,800ᵐ). — Dessin de Mgr Le Roy.

énormes contreforts de la montagne, rien de la plaine infinie ni des fleuves qui s'y déroulent; entre eux et nous s'étend le brouillard argenté qui nous apparait d'ici comme une glace dépolie, comme une mer sans horizon, et nous sépare du monde habité. Nous ne sommes pas au ciel, mais il semble que nous ne soyons déjà plus sur terre!

Pendant que mes compagnons se reposent et admirent, je me sens de nouveau porté à l'écart vers une grosse colline qui domine tout ce plateau et j'y monte. Maintenant, me voilà seul, tout seul! Oh! le bel oratoire pour penser à la grandeur de Dieu et à la petitesse de l'homme! Il semble que volontiers je resterais là des jours, des semaines et des mois, si loin des bas-fonds où cette pauvre humanité piétine; mais, tout à coup, frappé d'une indéfinissable, mais pénétrante sensation de solitude immense, de silence absolu, universel, je me sens comme effrayé... Je me retourne, et voilà qu'en bas, dans un trou, m'apparait la neige, la neige immaculée du Kilima-Ndjaro. Alors, me rappelant que j'ai l'honneur d'être le premier prêtre catholique et le premier Français arrivé là, je plante entre les pierres une petite croix de bruyère, je fais ma petite prière au bon Dieu et, à travers l'espace, par-dessus les terres, par-dessus les mers, j'envoie mon salut à la patrie lointaine.

.•.

Il est trois heures...

Sur le point de quitter cette retraite sublime, un regret unanime nous prend : celui de n'avoir avec nous ni tente, ni eau, ni bois, ni provisions d'aucune sorte, qui nous permettraient de passer ici la nuit et de tenter demain l'escalade du Kibô. Mais il faut se résigner, et, après avoir vidé nos gourdes et nos sacoches, nous reprenons en toute hâte le chemin du retour. L'un après l'autre, nous recueillons sur notre passage ceux de nos hommes que la fatigue et le sommeil avaient terrassés. Nous rentrons dans le brouillard et nous nous estimons bien heureux de retrouver maintenant pour nous guider les marques que nous avions faites en montant.

..

Malheureusement, peu à peu, la brume devient plus forte, le jour baisse, les traces se perdent, la fatigue est grande et notre situation se fait difficile, inquiétante. Pour comble d'infortune, nous sommes à chaque instant victimes d'une sorte de mirage : on voit devant soi, dans la brume indistincte, comme des collines et des bois que nous ne reconnaissons pas et qui semblent nous fermer notre route. Où sommes-nous? A tout hasard, nous marchons quand même, dans une course folle, à la grâce de Dieu. La nuit descend plus noire, une nuit froide et brumeuse; la fatigue nous accable, la faim nous dévore, et, il faut bien nous l'avouer, nous sommes décidément perdus.

..

Que deviendrons-nous? Où coucherons-nous? Rien pour faire du feu, rien à boire, rien à manger!

En désespoir de cause, M. d'Eltz tire un coup de fusil, puis un autre, puis un troisième. L'écho lui-même répond à peine et le bruit se perd dans l'obscurité. Plus loin, nouvel essai, nouvel insuccès, et ainsi souvent, jusqu'à ce que les cartouches s'épuisent. Nous marchons quand

Fig. 61. — SENEÇON GÉANT.

même, trébuchant contre les roches, roulant par les ravines, arrêtés dans les touffes de bruyère.

Halte! Daringo prétend avoir entendu là-bas comme un coup de fusil : si c'était vrai! Mais non, on s'arrête quelques instants, puis de désespoir on se remet en marche.

Halte encore! Cette fois, tout le monde a entendu : on nous appelle, et nous répondons. C'étaient, en effet, les soldats du campement, qui, voyant venir la nuit, s'étaient mis à notre recherche et tiraient pour nous avertir de leur présence.

Nous les avons bientôt rejoints, et nous pouvons enfin, sous la tente, goûter les douceurs d'un repos mérité.

*
* *

Le lendemain, nous descendions paisiblement la montagne et nous retrouvions à la station Mgr de Courmont à peu près guéri, le P. A. Gommenginger, alerte comme un chevreau, et le vieux Séliman, toujours roupillant sur la cendre de sa cuisine, noir, raccorni, desséché, silencieux, affligé, pour tout dire, d'un cas de décrépitude remarquable.

L'ascension était faite : nous avions vu la neige à nos pieds!

XXI

LE MASSIF DU KILIMA-NDJARO

Aperçu général. — Le climat. — La constitution géologique. —
La Flore. — La Faune.

Après avoir suivi le missionnaire errant sur les pentes du Kilima-Ndjaro, peut-être le lecteur aura plaisir à voir ici rassemblées, comme en un résumé, les diverses notions recueillies sur la célèbre montagne, sur son climat, sa constitution géologique, sa flore, sa faune, ses habitants.

* *

Placé, comme il a été dit au commencement de ce travail, à 3 degrés de latitude au sud de l'Équateur, et s'élevant à une altitude d'un peu plus de 6,000 mètres au-dessus du niveau de la mer, ce massif étonnant comprend tous les genres de climat. En bas, 700 mètres, la plaine à demi désertique et sèche, brûlée, chaude, couverte de graminées légères qu'ombragent à peine les feuilles déliées de l'acacia ou la ramure tourmentée de quelques arbres rabougris. Sous les forêts qui signalent le cours des fleuves ou la présence de l'eau dans le sous-sol, c'est la même chaleur tropicale, mais elle est tempérée et alourdie par la verdure du feuillage et l'humidité de l'atmosphère. A mesure qu'on monte, le climat change, et on peut en trois jours comparer les agréments des tropiques avec ceux du pôle; tempéré de 800 à 1,200 mètres; plus haut, déjà humide et de plus en plus froid jusque vers 1,800 mètres où cessent graduellement les dernières habitations, et où, surtout en certains districts, les jours pluvieux dépassent sensiblement les autres; plus haut, les taillis encore serrés de quelques maigres cultures; plus haut, jusqu'à 2,300 mètres, la grande forêt vierge où règnent une humidité perpétuelle, un froid pénétrant, avec une première ligne de plateaux ou, si l'on veut, de hautes prairies couvertes d'un brouillard qui ne finit un jour que pour recommencer le lendemain; plus haut, les racines de la montagne proprement dite, puis le plateau supérieur, et enfin la région des neiges éternelles dont la limite s'élève, en Islande, à 610 mètres, et descend ici jusqu'à 4,400 mètres. En résumé, d'après le docteur Hans-Meyer, une chaleur de 35 degrés à 40 degrés centigrades dans la plaine environnante, et, sur le Kibô, un froid de 16 degrés.

*
* *

Le massif a un pourtour d'environ 270 kilomètres, le double de l'Etna, « dont les pentes inférieures nourrissent une population de plus de 320,000 habitants » (E. Reclus). Il est tout entier de nature volcanique, comme du reste la plus grande partie du pays massaï dont il marque l'entrée, depuis les montagnes granitiques du *Ngourou* jusqu'à celles de l'Abyssinie. Sur plus d'un point même on trouve encore les forces de la nature en activité. Mais au Kilima-Ndjaro, à part quelques légères secousses

Le Kibo (5,100ᵐ). Fig. 62. — Les sommets du massif du Kilima-Ndjaro. Le Kima (5,300).

qu'on ressent de temps à autre, tout paraît calme pour longtemps. Le *Kibô* (Le Blanc), et le *Kima-Wenzé* (Le Mont-Camarade?) sont deux cratères *(fig. 62 et 63)*; mais, d'après Thomson, ce dernier, qui mesure aujourd'hui environ 700 mètres de moins que l'autre, lui serait cependant antérieur. Sa tête, on l'a vu, est beaucoup plus échancrée, et s'il est moins blanc que son frère cadet, c'est que les aiguilles de ses rochers travaillées par les actions atmosphériques sont trop effilées, trop abruptes, pour que la neige y puisse tenir longtemps.

Seul avec l'Autrichien Putsheller, le docteur allemand Hans-Meyer a pu monter sur le Kibô en taillant des marches dans le mur de glace qui en défend l'accès et en s'aidant de tous les moyens propres à ces messieurs, dont c'est le métier de *faire les montagnes*. D'après lui, le cratère a 2 milles de largeur, avec une large faille visible du Matchamé; là-dessus, s'étend un épais manteau de glace de 60 à 80 mètres, entourant le Kibô. La neige y est toujours abondante, plus même que nous ne l'aurions cru. Quand, après un long séjour en Afrique, on se trouve en face de ce spectacle, il est vraiment intéressant, vraiment beau, et comme Rebmann l'on se rappelle naturellement le cantique de Daniel :

Benedicite, montes et colles, ignis et œstus, glacies et nives Domino!

Cependant la couche blanche n'est pas toujours égale. Outre qu'en octobre elle descend jusqu'à 4,300 mètres et au dessous pour remonter beaucoup plus haut en juillet et en août, parfois, le soir, on aperçoit de grandes taches noires, qui, le lendemain, sont de nouveau recouvertes : il a neigé pendant la nuit. Eh bien ! ce phénomène qui nous paraît si simple est un de ceux qui ont le plus intrigué les Indigènes des alentours, aussi bien que les voyageurs de la côte. Nul d'entre eux ne connaît la neige.

Donc, pour changer ainsi de couleur, il faut nécessairement que la montagne soit hantée par un puissant génie qui s'amuse à y faire le noir et le blanc, sans compter le rouge, le violet, l'orangé, chaque matin quand le soleil se lève. Autre chose remarquable : au sommet du cratère on aperçoit souvent un point qui brille d'un éclat singulier comme un diamant énorme; c'est ce qu'on appelle *l'étoile du Kibô*.

Une légende arabe sème en quantité les pierres précieuses au Kilima-Ndjaro, avec l'or, l'argent, etc. Mais jusqu'à présent on n'y a encore trouvé que de la lave, de l'obsidienne, et, paraît-il, quelques agates.

Il y a dans le massif une grande différence d'aspect entre le nord et le sud : au nord, pas de cours d'eau considérable, une sécheresse relative, une série de contreforts couverts d'herbe fine avec des bosquets de forêts vierges ; au sud, une quantité prodigieuse de ruisselets, de cascades et de rivières qui justifient parfaitement le nom donné à ces pays, comme il a été dit, par les gens de *Tovéta* : Montagne de l'Eau (de *Kilima*, montagne, et *Ngaré* ou *Ngaro*, eau, devenu *Ndaro* ou *Ndjaro* dans la bouche des voyageurs de la côte).

Ces cours d'eau peuvent se ramener à trois directions différentes. De l'ouest, descendent les affluents du *Tsavo* qui va se réunir à l'*Azi* du pays *Kamba*, pour former avec lui le *Sabaki* : l'embouchure en est un peu au nord de *Malindi*. Du sud tombent tous ces cours d'eau qui, réunis en un seul au-delà de *Kahé*, forment le *Rouvou* (la Grande-Rivière) lequel se jette dans la mer à *Pangani*. Enfin, coule à l'ouest un autre fleuve portant le nom massaï de *Ngaré n'eirobi* (eau froide), qui va se perdre dans le désert. De toutes ces rivières les plus remarquables sont le *Loumi* ou *Mfouro* dont les eaux fertilisent l'oasis de *Tovéta* et s'épanchent dans le lac *Dyipé*,

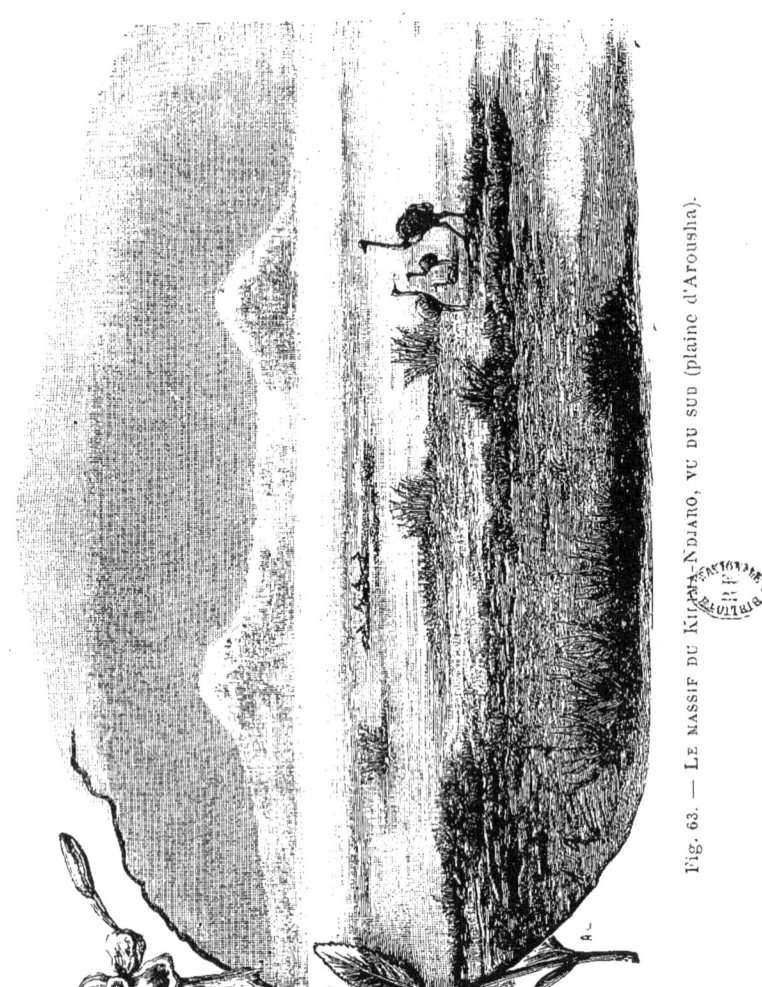

Fig. 63. — Le massif du Kilima-Ndjaro, vu du sud (plaine d'Arousha).

pour en sortir ensuite en contournant la pointe Nord du *Gwéno*; puis le *Soko*, découvert par M. d'Eltz et qui sort d'un monticule de la plaine tout chargé de rouille de fer; enfin le *Wérou-Wérou* (Rivière Noire), appelé ainsi à cause de la couleur des pierres sur lesquelles il coule.

Il faut aussi mentionner un lac, le *Tchala* ou *Tchara*, qui se trouve à l'Est au fond d'un cratère éteint. Il est de forme circulaire, très profond, complètement abrité contre les vents : l'aspect de cette masse d'eau si calme a quelque chose d'imposant et de mystérieux qui n'a pas manqué d'impressionner les indigènes. On y trouve beaucoup de crocodiles, mais pas de poissons. L'exploration complète en a été faite dernièrement par une dame anglaise, miss French Sheldom, à laquelle notre ami le Dr Baxter faisait la conduite et dont le voyage a fait quelque bruit. Pour moi, j'ai lu avec beaucoup d'intérêt le compte rendu sommaire qu'en donnait un journal, appelant l'attention de ses lecteurs sur l'intrépidité avec laquelle cette dame était passée sur son embarcation « du *Tchala* au *Tanganyika*, en explorant soigneusement les grands fleuves de l'Afrique centrale qui en découlent!... »

S'il faut ajouter foi à des révélations indigènes, il y aurait aussi près des sources, sinon aux sources même de la rivière *Kiléma*, un lac pareil, quoique plus petit; mais son accès en est interdit et le chemin qui y conduit dérobé aux profanes. On y va sacrifier tous les ans.

.·.

Avec une pareille variété de climats on se figure aisément combien doit être riche la flore du *Kilima-Ndjaro*. Cette montagne est en réalité une sorte d'amphithéâtre immense où sont exposés les spécimens les plus divers parmi les plantes que le Créateur a semées sur la terre. En bas, le lotus et le bananier, en haut le perce-neige et l'immortelle ! Un jour peut-être, sur une ligne continue partant de la plaine et aboutissant au sommet, on y réunira des représentants de toutes les espèces connues, et ce sera le plus beau Jardin botanique du monde.

Tout en passant, j'ai recueilli cinq ou six cents plantes, dont environ trois cents seulement sont arrivées à la côte, — les autres ayant été perdues dans le cours du voyage — et que mon confrère et excellent ami, le P. Ch. Sacleux, à Zanzibar, a bien voulu déterminer pour la plupart. La liste même en a été publiée. Mais les lecteurs, si je la reproduisais ici, y trouveraient trop de noms barbares, quoique latins. Cependant, si étranger que l'on soit aux mystères de la botanique, nul ne peut fouler aux pieds sans un étonnement mêlé de je ne sais quel plaisir intime, quelle émotion, en ce centre du Continent noir et sous les feux de l'Equateur, ces berceaux de clématites [1] qui ornent le bord des chemins, ces renoncules superbes, ces trainées de réséda sauvage [2] qui couvrent les collines de Kiléma, cette humble violette elle-même qui s'accroche aux troncs vermoulus de la grande forêt vierge, ces géraniums réfugiés sur les hauts plateaux, ces six espèces de balsamines délicates qui forment sur les ruisseaux comme un double cordon de fleurs variées, ce tout petit trèfle [3] perdu dans l'herbe épaisse où bondissent les moutons et les chèvres, ces ronces [4] elles-mêmes dont les enfants là aussi voient avec

---

[1] *Clematis Thunbergii*, Steud. *Clematis grata*, Wall.

[2] *Caylusea Abyssinica*, Fisch. et Mey.

[3] *Trifolium polystachium*, Fresen; *trifolium Johnstoni*, Oliv.; *trifolium subrotundum*, Steud.; *trifolium Kilimandjaricum*, Taud.

[4] *Rubus dictyophyllus*, Oliv.

impatience rougir et noircir les grappes, ces bégonias aux fleurs glacées, ces ombellifères, cette scabieuse, ces glaïeuls, ces touffes d'absinthe, ces seneçons divers, cette laitue[1], encore ces véroniques[2], ces plantains, ces bruyères, ces lycopodes, ces fougères, ces lichens et ces mousses, toute cette flore connue et aimée, souvenir de la Patrie absente, associée aux palmiers, aux dracœnas, aux bananiers cultivés et sauvages, aux baobabs énormes, aux sterculias étonnants, aux orchidées étranges, aux asclépiadées, qui restent là pour rappeler que, tout en revoyant l'Europe, on n'est point sorti d'Afrique. Sur les premières pentes se trouve également une plante charnue, originale, appartenant au genre sarcophyte. Chose également curieuse : par ce qu'on sait de l'Abyssinie, du Cap, du Ruwenzoré et du Kameroun, la flore du Kilima-Ndjaro leur est visiblement alliée, et l'on peut dire dès maintenant que les grandes altitudes en Afrique ont la plupart des plantes communes.

*
* *

A côté de la flore, la faune n'a point la même variété, n'excite point les mêmes surprises.

Cependant, des coquilles que j'avais ramassées aux divers étages de la montagne m'ont valu de M. Alfred Grandidier, membre de l'Institut, la lettre que voici, trop obligeante, il est vrai, mais fort intéressante pour ceux que ces matières ne trouvent pas indifférents. Je ne transcris ici que ce qui a rapport au Kilima-Ndjaro et à cette récolte spéciale :

M. Bourguignat, le savant spécialiste que vous connaissez, a étudié de suite la collection de coquilles que vous avez si

---

[1] *Lactuca* (*Abyssinica*, Fresen).
[2] *Veronica anagallis*, L.; *veronica myrsinoides*, Oliv.

heureusement faite pendant votre beau et remarquable voyage. Voici leurs noms :

ESPÈCES DE LA BASE :

Planorbis Courmonti, species nova. — *Vivipara unicolor*. — *Cleopatra Kinganica*. — *Cleopatra Letourneuxi*. — *Cleopatra Le Royi*, sp. nov. — *Melania tuberculata*. — *Melania Courmonti*, sp. nov.

ESPÈCES RECUEILLIES A 2,000 MÈTRES ET AU DESSUS :

Helix Le Royi, sp. nova. — *Helix Courmonti*, sp. nova.

Total : cinq formes nouvelles, ce qui est déjà fort intéressant. Mais ce qui a surtout enchanté M. Bourguignat, c'est que ces formes confirment pleinement ses théories. Ainsi toutes les espèces du pied de la montagne sont des formes du centre africain, tandis que les deux autres recueillies à 2,000 mètres d'altitude et au dessus ne sont plus africaines, mais européennes : elles ressemblent à s'y méprendre à deux espèces des Alpes et de Transylvanie, et ont pris le cachet européen par suite de l'influence climatologique du lieu élevé où elles vivent. M. Bourguignat avait déjà constaté ce fait à propos des espèces alpestres de l'Abyssinie...

A ces détails obligeants d'un savant et d'un ami, je n'ai rien à ajouter que l'expression d'une reconnaissance singulière pour la façon originale dont on fait partir pour l'immortalité un nom d'ailleurs si humble, en l'inscrivant tout vif sur le dos d'un limaçon. Eh bien ! nous irons loin, pourvu que la petite bête ne s'arrête pas !

. .

Les insectes, arachnides, diptères, hémiptères, papillons, hyménoptères, orthoptères, etc., paraissent moins variés qu'on serait tenté de le croire. La plupart des formes recueillies jusqu'ici appartiennent à des espèces assez largement répandues en Afrique, soit dans les plaines, soit surtout dans les montagnes. Sous ce rapport peut-être le massif granitique du *Ngourou*, au sud, où les missionnaires ont recueilli tant de choses nouvelles, est-il plus riche que le Kilima-Ndjaro lui-même. Il faut cependant mentionner divers carabes, scarabées et buprestes, qu'on voit toujours avec intérêt (*fig.* 64).

Dès le début de notre séjour, nous avons fait là une constatation heureuse : c'est l'absence sur la montagne du redoutable termite qui détruit tout. On ne voit pas non plus de ces petits coléoptères xylophages qui réduisent ailleurs en une fine poussière les charpentes des maisons.

Dans les rivières, une espèce de crabe à dos plat est commune : on la trouve aussi dans le sud, à *Mrogoro*. Johnston dit qu'il n'y a point de poissons : c'est qu'il n'a point visité l'ouest de la montagne où les rivières en sont d'autant plus peuplées que les indigènes ne les mangent point. Les espèces, appartenant aux cyprinoïdes, en sont du reste peu variées.

Cinq ou six espèces de serpents, dont quelques-unes très dangereuses ; mais ils vivent en général confinés au bas de la montagne. J'ai trouvé et dessiné un caméléon remarquable que je n'avais point encore vu. Parmi les sauriens, il suffira de citer le crocodile, dans le lac Tchala, et deux ou trois espèces de varans.

Dans le monde des oiseaux, six espèces nouvelles ont été trouvées par Johnston, d'autres par Fisher. On y voit des nectarines, des passereaux, une veuve, un gros corbeau à col blanc (*fig.* 65), trois calaos, un touraco superbe également commun au Ngourou, de trop nombreux francolins au gré des planteurs de mil, des pintades, des cailles, des tourterelles, des pigeons, des vautours, des aigles, etc. A l'état domestique on trouve la poule, qui, peut-on dire, n'est ici cultivée que pour le coq : les indigènes, en effet, qui ne mangent pas de poisson, n'admettent pas non plus de volailles, trouvant cette nourriture

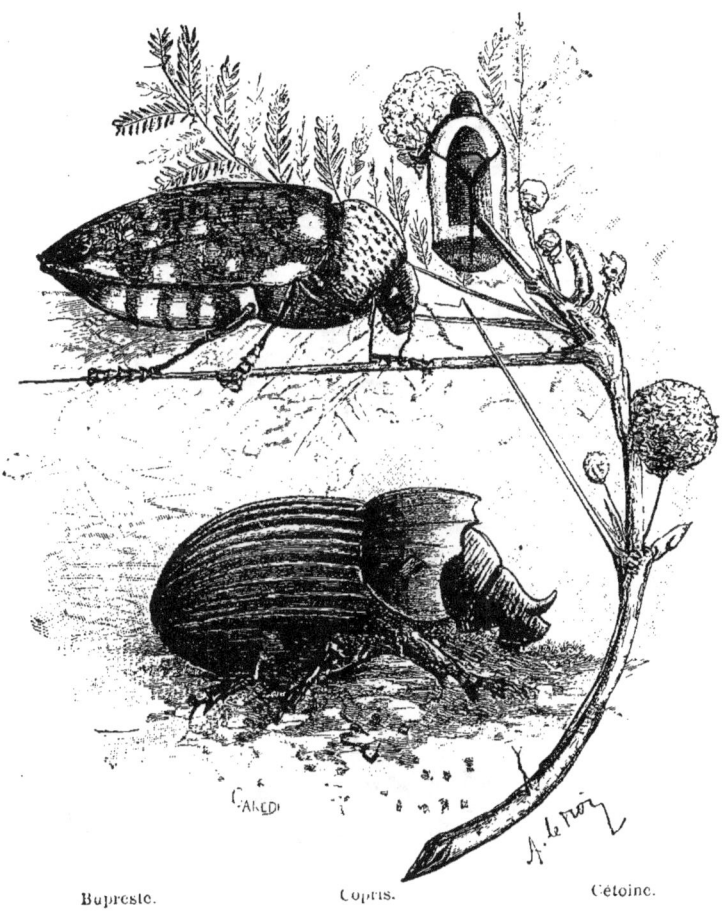

Buprestc.   Copris.   Cétoine.

Fig. 64. — Insectes du Kilima-Ndjaro (grandeur naturelle).
— Dessin de Mgr Le Roy.

indigne d'eux, comme les Massaïs; mais ils aiment à entendre le matin le chant joyeux du prince de nos basses-cours.

Parmi les mammifères qui fréquentent la montagne, il

convient de citer quelques gazelles, deux ou trois espèces

Fig. 65. — Le corbeau a cou blanc (*Kilima-Ndjaro*). — Dessin de Mgr Le Roy.

de grands antilopes et en particulier le bosélaphe Canna dont nous avons reconnu les pas à plus de 4,000 mètres d'altitude, le rhinocéros à deux cornes, le sanglier qui recherche les plantations, l'éléphant dont il est plus aisé de voir les traces que la peau, le buffle que rien n'arrête. Mais, sur le massif même, on ne trouve ni zèbre, ni girafe, ni hippopotame, ni nombre d'antilopes : ces animaux ne fréquentent que les plaines.

Fig. 66. — Le Graphiurus Capensis.

Dans la grande forêt, un petit rongeur nommé *mbélélé* (byrax d'Abyssinie) est très commun mais aussi très activement chassé : sa peau sert à faire de fort belles fourrures dont les indigènes se couvrent les épaules. Une petite bête à queue en balai, grosse comme un mulot (*fig.* 66), vit dans les cases, où le rat se trouve aussi. L'hyène rode autour des villages, plusieurs petits félins se cachent dans la brousse, le lion lui-même se fait parfois entendre; mais le léopard est ici d'une hardiesse qui fait le tourment des bergers. Puis des chauves-souris, des lémures. Beaucoup de singes aussi : cynocéphales, cercopithèques et colobes. L'un de ces derniers particulièrement est superbe avec sa fourrure noire et blanche et sa large queue en panache ; mais nous le retrouverons dans les forêts de Kabé.

XXII

LA POPULATION DU KILIMA-NDJARO

Le type des Tchagas. — Les mœurs. — Le gouvernement. — Les idées religieuses. — La langue.

Passons à l'homme. C'est encore, après tout, le plus intéressant des êtres, malgré l'opinion de Socrate, qui, « ayant connu beaucoup de monde, aima surtout son chien ».

Le massif est habité par deux familles bien différentes : les *Massaïs* au nord, les *Tchagas* au sud.

Ce mot de *Tchaga*, ceux qui le portent affirment ne l'employer guère : ils se distinguent simplement par le nom du district qu'ils habitent. Wa-*Séri*, Wa-*Kiléma*, Wa-*Motchi* (gens de *Séri*, de *Kiléma*, de *Motchi*). Mais il est en usage près des voyageurs swahilis de la côte pour désigner la population agricole de famille dite des *Bantou*, fixée sur les pentes méridionales de la montagne, de 800 à 1,800 mètres. On estime qu'elle s'élève à 40 ou 60,000 habitants, mais on n'a, là-dessus, aucune statistique, aucune donnée positive. Les guerres continuelles qui règnent entre les différents districts ont occasionné dernièrement encore des émigrations au Mérou, et le docteur Karl Peters, en passant du Tana au Victoria-Nyanza, a trouvé sur son chemin une tribu de Tchagas qui serait autrefois sortie du Kilima-Ndjaro. On en trouve aussi quelques-uns à la côte, à Mombassa, à Pemba, où ils ont été vendus comme esclaves.

Le type est assez uniforme, quoique présentant des variétés appréciables. En général, les Tchagas sont plutôt moyens que grands, mais forts, alertes, courageux et bien faits. La coloration de la peau varie beaucoup. A côté de types très noirs, à tête ronde et taille courte, on en trouve d'autres à peau remarquablement claire, plus élancés, dolichocéphales : ce qui porterait à croire qu'il y a eu mélange de races.

*
* *

Comme on a pu s'en convaincre au cours de cette relation, les Tchagas forment dans l'ensemble une population très intéressante, intelligente et progressive. Certains d'entre eux, dans le Séri, par exemple, et le Matchamé, sont beaucoup plus primitifs que d'autres. Mais nulle part encore en ce pays, le Musulman de la côte n'a été admis à demeure fixe pour y propager la corruption honteuse dont il est l'agent en Afrique orientale : ce qui ne l'empêche pas — au contraire — de le faire regarder par les voyageurs novices et les grands écrivains de Revues, comme un précieux élément de civilisation! Que de turpitudes on l'invite à couvrir de son nom commode et prestigieux!

Les Tchagas sont un peuple essentiellement agricole, et il faut convenir que, parmi les tribus similaires de l'Afrique, ils occupent sous ce rapport un rang à part. Leurs travaux d'irrigation sont absolument remarquables, et en voyant ces prises d'eau cherchées parfois jusqu'au-delà de la grande forêt vierge, conduites sur le flanc des collines et le bord des précipices, amenées par des pentes insensibles jusqu'aux endroits voulus, gardées en des réservoirs, détournées ici ou là, divisées en mille petits canaux de manière à ce que chacun ait sa part, on se demande ce qu'un ingénieur européen aurait pu faire de mieux : il ne se fût point, en tout cas, contenté de leurs simples moyens. Avec l'arrosage, les Tchagas pratiquent le fumage des terres, les assolements, le binage, le sarclage : il ne leur manque guère que les engrais chimiques, lesquels, dit-on, vont renouveler la face du monde en faisant produire en un pot de quoi nourrir toute une famille...

Pourtant, leurs instruments aratoires sont d'une simplicité toute primitive. On dit assez souvent que l'homme, sitôt qu'il eut cessé d'être une bête, se mit à gratter la terre et à se fabriquer des outils, commençant uniformément par la pierre, pour arriver progressivement au bronze et au fer. Entre temps, il apprenait à s'habiller, et la religion lui venait par la peur des phénomènes naturels... Ne serait-il pas plus juste et par conséquent plus scientifique de dire que l'homme s'est toujours et partout servi de ce qu'il avait sous la main, tout bonnement? Dans beaucoup de cas — je ne dis point dans tous les cas — ces transitions théoriques par lesquelles on veut absolument faire passer l'homme ne doivent reposer que sur des observations incomplètes. Voici, par exemple, des Tchagas qui ne seraient pas même encore arrivés à ce fameux âge de la pierre : ils n'en sont qu'au bois, le degré le plus bas et qu'on avait précisément oublié! C'est en bois que sont leurs pioches et tous leurs instruments de labourage, parmi lesquels on voit, avec surprise, figurer une sorte de grand épieu dont ils remuent la terre et tirent un parti étonnant. D'autres tribus dans le sud ont pareillement ces pioches en ébène; et, chose curieuse, pour fabriquer des instruments en bois, ils emploient des instruments en fer! Le fer, nuls « sauvages » ne le travaillent mieux que ceux du Tchaga. Dans leurs forges primitives dont le soufflet se compose de peaux de chèvres et où la houille est remplacée par du charbon de bois, ils fabriquent des hachettes, des couteaux à deux tranchants, des épées droites et fortes, surtout des lances si belles de travail et de forme, que plusieurs Européens de la côte refusent de croire qu'elles puissent sortir de leurs mains. Primitivement, le fer leur venait de Paré; mais maintenant il leur est fourni par les traitants sous forme de fil variant de la grosseur d'une ficelle à celle d'un crayon.

La poterie est peu en faveur. Aux vases de terre les ménagères préfèrent des vases en bois, un bois tendre que leurs maris excellent à travailler, au district d'Ourou particulièrement, et dont ils tirent les ustensiles les plus divers : des auges, des terrines, des écuelles, des assiettes, même des espèces de cuillers et de fourchettes.

Enfin, depuis qu'on a vu des pipes européennes, on fait des pipes, Messieurs, des pipes en bois !

Le sens artistique de ce peuple se manifeste aussi dans la manière dont on établit les villages. Comme on l'a vu, il n'y a point d'ordinaire de grandes agglomérations au Tchaga : chacun vit chez soi, en famille. Deux ou trois cases, pour l'homme, la femme, les enfants, les esclaves s'il y en a, et le bétail. Puis, à côté, une autre construction plus petite et plus soignée, portée sur des pieux, ronde comme les autres et toujours fort propre, contient la réserve de mil, de bananes, de haricots, de miel et de bière. Autour, une sorte de jardin, et, formant enclos, une haie vive de dracœnas ou de câpriers épineux. Par-dessus la porte de cette enceinte, des lianes forment un joyeux arceau de verdure et de fleurs, et généralement un petit ruisseau, emprunté au canal voisin, achève de donner à cette retraite familiale un air charmant de poésie champêtre (fig. 67).

La nourriture est surtout végétale. On cultive cette espèce de mil connue sous le nom d'éleusine, le bananier, l'arum comestible ou chou caraïbe, une grande variété de pois et de haricots, la patate, plusieurs espèces d'ignames, le maïs, peu de manioc, peu de sorgho, quelques cannes à sucre. Ni poisson, ni volaille, et quand il s'est agi chez Foumba comme chez Ngaméni de traiter la question des écoles, ces chefs nous ont promis autant de pensionnaires que nous pourrions en recevoir, mais à condition, une seule : que nous ne forcerions point nos « escholiers » à se nourrir de poules ! Nous avons accepté.

On cultive aussi le tabac qu'on fume, et qu'on prise et chique. Il est très fort.

Mais on fait grand usage de lait et de beurre qui, malheureusement, emprunte à des herbes aromatiques de la montagne un goût particulier et pas toujours agréable au palais européen. La viande est très appréciée. Le sang lui-même, le sang tout chaud, est un régal qu'on aime. Mais forcément le menu peuple est obligé de modérer souvent, faute d'occasion, ses appétits carnassiers.

Le costume est en général très rudimentaire, et l'on peut dire qu'il n'y a d'habillé que les chefs, les anciens et les femmes mariées. A l'imitation des Massaïs, les jeunes gens susceptibles de partir en guerre affectent même de mépriser considérablement les amples costumes jusqu'aux jours où, devenus plus vieux ou plus riches, ils s'enveloppent de la tête aux pieds dans de grandes pièces de linge. Quant au menu peuple, aux petites gens, aux pauvres isolés des districts lointains, ils se jettent simplement sur l'épaule, parfois autour des reins, une fourrure de *Mbélélé*, une peau de bœuf ou un lambeau d'étoffe.

Mais il faut se hâter d'ajouter que l'on ne doit point mesurer la pureté de la morale à la longueur du vêtement. Ces pauvres enfants s'en vont tels que le bon Dieu les a faits, sans songer à mal, et plus d'une image faite par vos artistes, distribuée dans vos villes et très recherchée par vos vieux et vos jeunes civilisés, scandaliserait profondément ces sauvages, Messieurs.

De cette société la coquetterie n'est point absente. Les hommes cultivent fort leurs cheveux, mais surtout leurs oreilles : dès le bas-âge on en perce le lobe et d'année en année, de mois en mois, on s'applique à agrandir le trou qu'on vient de faire en y insérant un morceau de bois, gros d'abord comme une allumette, puis comme un crayon, comme un doigt, enfin comme un bras. Ainsi travaillé, le lobe de l'oreille arrive souvent à battre l'épaule avec le petit ornement qu'on y met. En outre, en haut du cartilage, on pique, en quelques districts, un long morceau de bois taillé, qui de loin fait l'effet de deux petites cornes. Les femmes, de leur côté, sont très habiles à faire avec de toutes petites perles de couleurs variées, d'élégants pendants d'oreilles, des bracelets, des colliers, des ceintures. On aime aussi beaucoup les chaînettes de fer, les ornements de cuivre et les bracelets d'étain. Souvent, admis à choisir entre une pièce de bon linge et quelques grains de perles de verre, les gens les moins vêtus préfèrent les perles : c'est que le linge sert et que le reste plaît.

En certains cantons, il y a des marchés réguliers tous les deux ou trois jours. A *Motchi*, ce marché se tient sous de grands arbres où, de tous les côtés de la montagne les ménagères arrivent avec leurs provisions. Les

Épieu et pioche en bois dur pour le labourage; coutelas, couteau, hachette; vase pour recueillir le miel, calebasses, corde. — Une famille, sa maison, son grenier-cellier et son enclos. — Sacs en fibres, vases.

Fig. 67. — USTENSILES DIVERS (*Kilima-Ndjaro*).

échanges se font en nature, à moins qu'on ne veuille considérer comme monnaie légale des perles de verre, du linge et autres fournitures de la côte et qui de fait, en bien des cas, ne servent guère qu'à faire les acquisitions voulues. Un sel de potasse qu'on va recueillir dans le désert d'Arousha à certains endroits et qu'on emploie dans les préparations culinaires joue aussi un grand rôle dans ces marchés. Par ailleurs, l'animation est vive sur la place, les débats très sérieux, les intérêts longuement discutés; mais, chose extraordinaire! l'ordre est rarement troublé, et la police ne compte dans ces réunions populaires, où l'on ne voit pourtant que des femmes, aucun représentant.

Au point de vue politique, le *Tchaga* est divisé en plusieurs districts s'étendant de la base au sommet et généralement séparés les uns des autres par une rivière importante. Ce sont, en commençant par l'est, *Kilima-Nghéra* (le *Ktmangélia* des Cartes); *Ouséri*, pays sec mais peuplé; puis ce qu'on a désigné du nom de *Rombo*, qui est en réalité celui d'un ancien chef, et comprend *Mououlia Tchéro, et Tchima*; viennent ensuite : *Mwika, Msaé, Mamba, Samanga, Marangû, Kiléma, Kiroua, Motchi, Mpokomo, Ourou, Kibosho, Kindi, Matchamé, Shira* ou *Kibongóto*.

Chacun de ces districts a son chef et ses coutumes, mais, par suite des conquêtes, des alliances et des combinaisons politiques — toutes choses dont les États européens sont loin d'avoir le monopole — quelques-uns de ces cantons ont plus ou moins perdu leur indépendance.

Les chefs, sultans ou *manghis*, ne sont pas absolus. Leur pouvoir est tempéré par l'avis des anciens et le sentiment présumé du peuple; ils sont, du reste, fort respectés et fidèlement obéis. La succession se fait de père en fils et, quand un enfant n'est pas en âge de régner, il reste sous la tutelle de sa mère. Ces chefs ont toujours près d'eux trois ou quatre personnages qu'on peut regarder comme leurs ministres. Tous les jeunes gens sont soldats et, en cas de danger, tous les hommes. Leur dévouement est entretenu par la perspective d'avoir une large part du butin : esclaves, bétail et provisions. Les guerres, en effet, sont fréquentes entre tous ces chefs, poussés généralement par les traitants de la Côte qui viennent ici s'approvisionner d'esclaves : c'est ainsi que la population du Kindi, près de Kibosho, a entièrement disparu. Maintenant la présence d'un poste allemand restreindra la traite et peut-être la guerre, car ces deux choses vont ensemble. Mais l'unité n'est pas encore faite, non plus que la paix.

Les Tchagas sont, du reste, courageux. Ils ont pour se battre, la lance, une lance magnifique; l'arc, le simé ou espèce de grand coutelas; le casse-tête; ils portent le bouclier, comme les Massaïs, dont ils aiment à imiter les procédés guerriers (*fig.* 68).

On a déjà vu que les Tchagas ne manquent point de discipline, qu'ils savent faire d'énormes tranchées et de solides barricades, sans parler de cette invention qui leur est propre : les trous où ils se cachent et d'où ils attaquent l'ennemi qui passe. En ces derniers temps, le fusil a été introduit, même le fusil à répétition, avec toutes les munitions désirables. Mandara a, en outre, deux petits canons. Plaise à Dieu que ces imprudents cadeaux des Européens ne se tournent pas contre eux[1] !

En ces guerres que les Tchagas se livrent, certaines lois sont respectées par les divers partis. Si les hommes

---

[1] Ces lignes venaient d'être écrites lorsque les journaux ont annoncé qu'une expédition commandée par le lieutenant de Bulow avait été détruite à Motchi même, par Médi, fils aîné et successeur de Mandara.

sont tués, si les femmes et les enfants sont pris, si le bétail est enlevé, si les bananeraies sont détruites, les maisons brûlées et les canaux coupés, tout cela est le droit; mais on ne doit cependant jamais tuer ni prendre les chefs, ainsi que les ouvriers forgerons.

Il reste au Tchaga, même dans les districts les plus fertiles, une grande quantité de terres inoccupées; mais aujourd'hui, l'action européenne pénétrant et l'esclavage tendant à prendre fin, la population augmentera et couvrira le sol de cultures. Peut-être même la colonisation s'en mêlera-t-elle, l'avenir seul peut dire alors ce qui en résultera.

Dans le pays même, il y a peu de maladies sérieuses : des plaies, des rhumatismes, beaucoup de vers (lombrics et tœnias). Mais quand les indigènes de la montagne vont faire un séjour dans la plaine, à Kahé, à Arousha, surtout à Tovéta, il est rare qu'ils n'en rapportent pas des fièvres et des dysenteries : c'est la raison pour laquelle les Tchagas sortent peu de chez eux. Les Européens, habitués par un long séjour au soleil d'Afrique, y souffrent du froid et du brouillard, quelquefois aussi de la fièvre, mais seulement quand ils en ont rapporté les germes de la Côte ou des plaines environnantes.

*
* *

Quant aux croyances et pratiques religieuses, M. H. Johnston avoue, dans la belle relation de son voyage, qu'il n'a pu recueillir là-dessus que des renseignements insignifiants. Il n'en conclut pas cependant, comme d'autres voyageurs l'ont fait en pareil cas, à l'absence de toute religion, et d'après ce que nous, plus heureux, avons vu et appris, il a grandement raison.

Mais faisons d'abord une remarque générale qui se rattache à ce qui a été dit précédemment. Quelques théoriciens aiment à supposer, après Lucrèce, que, si l'humanité est aujourd'hui universellement religieuse, c'est que la peur l'a rendue telle. Il est facile d'étudier la question en Afrique où les tribus se trouvent, de l'aveu de tout le monde, au dernier degré de l'échelle sociale. Or, depuis dix ans que je parcours ces pays, en relations avec les populations les plus variées, je n'ai jamais trouvé personne, à ma grande surprise, qui fût effrayé des phénomènes naturels. On s'amuse du tonnerre, on n'en a pas peur : l'éclair n'a aucun effet sur ces natures; et si l'on hésite parfois à sortir la nuit, c'est uniquement par crainte des fauves. Ce n'est point cependant qu'on ne redoute en certains cas l'action de Dieu, des Ombres et des Démons. La religion africaine consiste précisément à se mettre en garde contre ces puissances, soit en les éloignant, soit en leur donnant la satisfaction qu'elles réclament; — mais on ne pense pas que cette action vengeresse ou simplement vexatoire soit liée aux phénomènes naturels, tels que les ouragans, l'éclair et le tonnerre. Les théoriciens ont jugé des craintes des sauvages d'après les leurs : ils se sont trompés.

Nulle part non plus, en Afrique orientale, on ne trouve trace de culte en l'honneur des astres, comme jadis en Égypte, en Arabie, dans l'Inde, en Polynésie et en Amérique, parmi la race brune ou chananéenne qui paraît avoir peuplé ces contrées. On connaît le soleil comme « Celui qui est en haut », chargé par Dieu de faire le jour dans la seconde partie de la nuit; la Lune comme l'astre « mesureur » du temps, des saisons et des années; la constellation des Pléiades, comme le signe, à son apparition sur l'horizon, du commencement des labours; quant aux étoiles, ce sont autant de lumières, de « feux », dont on ne recherche ni l'origine, ni la signification, ni la fin.

Et cependant, tandis que la plupart des tribus *Bantou* du Centre et de l'Est-africain connaissent Dieu sous le

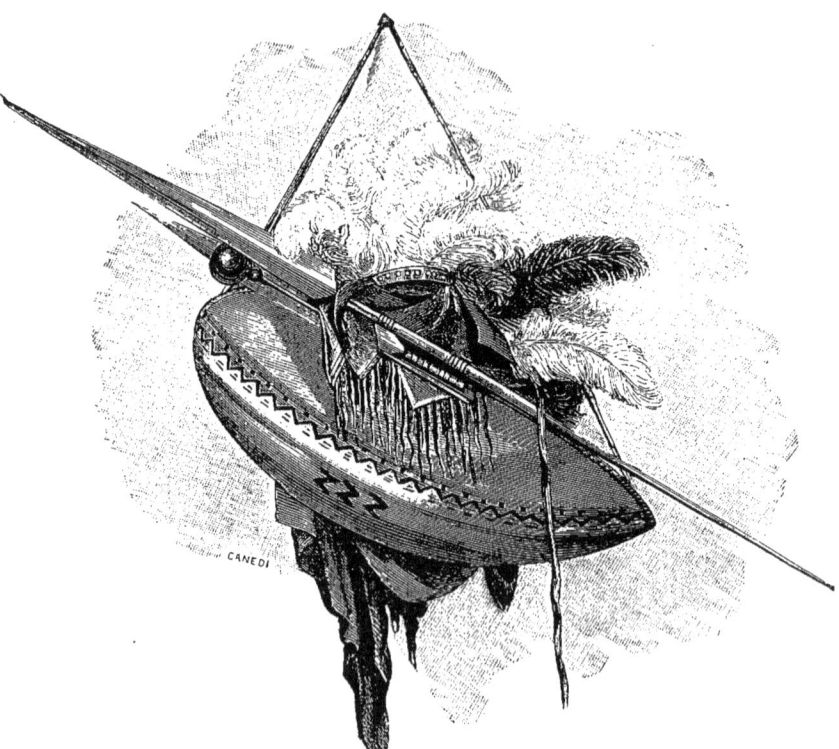

Fig. 68. — Trophée de guerre (bouclier, lance, casse-tête, épée, coiffure, etc.).
Dessin de Mgr le Roy.

nom de *Mouloungou* qui paraît vouloir dire le « Grand », ici, au Kilima-Ndjaro, ce même Dieu, qui y est distinctement connu comme le Maître de tout, porte l'appellation de *Roua*, qui veut dire aussi *Soleil*. Mais les *Tchagas* protestent unanimement quand on leur demande si le soleil et Dieu sont un seul et même Être, et il en est de ce terme chez eux à peu près comme chez nous du mot Ciel qui désigne à la fois l'atmosphère apparent et le séjour invisible des Bienheureux.

Maintenant, faut-il néanmoins conclure de là que, dans l'origine, ces Noirs ont identifié le soleil et Dieu et que, depuis, faisant un pas de plus vers le progrès, ils les ont séparés? Cette conclusion paraît assez naturelle, et pourtant, selon nous, elle peut n'être pas juste. Comme l'a parfaitement établi un grand savant, Max Müller, les noms de choses n'ont été primitivement que des épithètes qui leur ont été appliquées ou, si l'on veut, des adjectifs qui les qualifiaient. Or, la racine de ce mot Roua, soleil, ailleurs Zoua, Dzoua, Djouva, Njouba, Dyoua, paraît être Zoû, Dyoû, etc., qui veut dire : « Haut, En-haut, pardessus », de sorte que les mots désignant Dieu et le Soleil signifient en réalité, chacun pour son compte et sans s'appliquer au même être, « Celui qui est en haut ». Dans leur pénurie, ces Noirs auraient ainsi donné au Créateur et à l'une de ses créatures une épithète qui leur convient également. Il en est de même du mot massaï Ngaï qu'on s'est étonné de voir signifier à la fois Dieu, être supérieur (tel que l'Européen), ciel, pluie, etc. En fait, ce mot paraît dériver d'un adjectif qui a le sens général de « Bon » et ces braves sauvages l'appliquent à tout ce qui leur paraît tel.

Malgré cela, il reste toujours en ces matières une certaine incertitude et plusieurs esprits seront certainement frappés de la similitude de sons qu'il y a entre le Rua du pays Tchaga et le Raa ou Râ de l'ancienne Égypte, qui s'applique également à Dieu et au soleil. Dans le même sens, les Polynésiens disent La, Laa ou Raa, qui est le même mot. Et ce qui est également curieux, c'est que, en Océanie aussi, on trouve Raï qui veut dire *Ciel* : c'est avec la permutation ordinaire de préfixes le mot *Ngaï* des Massaïs.

Quoi qu'il en soit de ces hypothèses qui, développées, nous conduiraient bien loin, une chose paraît scientifiquement établie à ceux qui vivent au milieu de ces tribus africaines et les étudient sur place : les Noirs, pas plus que les Blancs sans doute ne l'ont fait, ne montent pas, d'eux-mêmes et en dehors de tout enseignement, du fétichisme vers des idées plus parfaites; mais, au contraire, ils sont descendus et ils descendent de plus en plus, à moins qu'on ne les arrête, du bien au moins bien et du moins bien au mal. En d'autres termes, les générations ont passé sur cette terre d'Afrique, se succédant, se poussant, se combattant, en oubliant beaucoup et en apprenant peu.

Les Tchagas, plus que beaucoup d'autres, avaient dans leurs montagnes un asile contre les incursions extérieures et par conséquent contre les changements et la dégénérescence. C'est peut-être la raison pour laquelle on les trouve supérieurs à leurs voisins de même famille pour la culture, l'industrie et, il faut l'ajouter maintenant, pour les idées religieuses. Ce Dieu dont ils affirment l'existence est d'après eux un Être personnel, le maître de tout, le créateur de tout. Les plantes, les animaux et les hommes lui appartiennent. Aussi, chaque fois que l'on tue une chèvre, un mouton ou un bœuf, c'est, pour ainsi dire, avec la permission de Dieu. Le chef de la famille s'approche, prend une poignée d'herbes, crache dessus — la salive est ici chose sacrée — ainsi que sur la tête de l'animal en disant : « Nakoupa Roua, je te donne à Dieu ». Dès lors, l'animal, voué à la divinité, ne peut plus entrer dans le troupeau. Quelle curieuse similitude entre ces paroles et celles-ci : « *Benedicite! — Dominus!* Bénissez. — Non; que ce soit le Seigneur »! Des deux côtés, on semble ne vouloir toucher à la création qu'après la permission de son auteur.

Mais il y a mieux, il y a le véritable sacrifice. C'était à Matchamé, un soir. Le lendemain, le sultan Ngaméni devait accepter l'alliance de Mandara contre Sina et hisser son pavillon sur le village. Cinq ou six de ses ministres et parents sortirent, trainant un chevreau par la patte : je les suivis. On arriva ainsi à un carrefour de trois chemins et là, ayant craché sur la bête, en répétant la formule citée, on l'égorgea et on en fit trois parts : l'une pour être rôtie et consumée sur les charbons, c'était la part de Dieu ; l'autre pour être mangée par Ngaméni et son entourage, c'était la communion à la victime ; et enfin, de toutes les parties de la bête, du cœur, du foie, de la tête, de la peau, etc., on coupa de faibles tranches, on en fit dix petits tas et on les disposa régulièrement sur de grandes feuilles de bananiers, à l'embranchement des chemins. Je demandai pourquoi cette dernière cérémonie : « C'est, me répondit-on, à l'intention des ombres de nos pères, des oiseaux, des insectes et de tout ce qui vit, pour que la nature prenne part à notre sacrifice et que Dieu protège Ngaméni ».

Ce Dieu, du reste, qu'on adore au Tchaga n'est pas un Dieu local, mais le Maître universel, nous dit-on, des Noirs et des Blancs.

Il y a aussi des offrandes au Mzimou, c'est-à-dire à l'âme dégagée du corps, aux mânes des ancêtres. De Kiléma et de Marangou on va faire une fois par an cette offrande, en un lac mystérieux qui repose dans un cratère éteint et où l'on dit que le premier chef du pays se précipita : son âme y est restée et chaque année on lui sacrifie un petit agneau blanc « sans tache et sans malice », dont on jette les restes dans les eaux profondes.

On porte aussi quelques amulettes dans le but de se

préserver des maux les plus divers; mais il est juste de dire que, parmi elles, on trouve souvent des médicaments véritables.

Chose extraordinaire! On m'a affirmé ne point connaitre le pépo ou démon, qui, ailleurs, joue un si grand rôle dans la vie des Noirs et des Blancs.

Quant à la vie future, il faut avouer qu'on en a une idée très confuse, si même on en a quelque idée, en dehors de cette subsistance de l'ombre humaine après la dissolution du corps.

La constitution de la famille, le respect des lois sociales, la distinction entre le bien et le mal, la condamnation du meurtre, de l'adultère, du vol, etc., sont pratiques universellement admises.

Mais une chose triste à dire, c'est qu'on ne parait avoir aucun respect pour la vie de l'enfant qui n'a pas encore vu le jour, s'il y a quelque intérêt à le faire disparaître. Quand est venu le moment de la naissance, une sage-femme est là qui juge si le nouveau venu doit vivre ou mourir; mais, du moins, au Tchaga, son jugement est réformable par le père. En tout cas, l'enfant ne doit sortir de la case que lorsqu'il est en état de marcher, et recevoir son nom que lorsqu'il peut y répondre. Cet événement n'est d'ailleurs accompagné d'autres cérémonies que de repas et de réjouissances. Plus tard, on occupe l'enfant à quelques travaux de son âge; la petite fille pile le grain, le garçon garde le troupeau. La circoncision, qui se pratique vers l'âge de quatorze ans, est l'occasion de danses et de fêtes, mais n'a pas de signification religieuse. On sait que, de tout temps, cette pratique a existé en Égypte et en Ethiopie; on l'a même retrouvée en Polynésie, au Centre-Amérique et dans les Indes occidentales. Et si la Bible nous raconte comment fut adoptée la circoncision par Abraham et sa famille, elle n'entend pas signifier par là, comme on le pense souvent, qu'elle fut alors pratiquée pour la première fois.

Les Tchagas sont monogames souvent et polygames à l'occasion : le tout dépend des ressources; car, dans ce pays-là la femme coûte cher. Mais toujours et particulièrement chez les chefs, la première épouse est regardée comme la vraie et les autres lui doivent respect et obéissance. Toutes mangent à part et après leur mari. Chacune d'elles, au reste, habite une maison particulière dont elle est chargée avec ses enfants.

Quand une jeune fille est nubile, elle doit recevoir pendant trois, quatre ou cinq mois une formation spéciale de quelque vieille tante ou amie, choisie à cet effet. Elle sort ensuite portant aux jambes des espèces de grosses clochettes — peut-être des clochettes réclames — jusqu'au jour du mariage. Ce mariage est, on l'a vu, une espèce de marché, qui, une fois conclu, donne droit au fiancé de prendre la fiancée. Celle-ci doit résister... un peu, ou faire semblant : c'est le rapt simulé qui se voit dans plusieurs tribus africaines et autres.

Quand la mort survient, on ne paraît pas l'attribuer, comme ailleurs, à la malveillance d'un ennemi : c'est un phénomène naturel par lequel il faut que tout le monde passe. Si le défunt est un enfant, un homme non marié ou mort sans postérité, son cadavre n'est pas enterré, mais porté loin dans les bois où on le recouvre de feuillage et où on l'abandonne. S'il est marié et père, il est enterré dans la case, à droite de la porte; la mère est placée à gauche.

On retrouve dans cette coutume les idées de l'Égypte, de l'Inde et d'ailleurs, où la privation de descendants est considérée comme la plus grande des infortunes.

Maintenant, tient-on beaucoup à ces pratiques diverses? Lorsqu'on nous les expliquait et qu'on nous demandait notre sentiment sur leur valeur, nous dûmes dire que, parmi tant d'usages du Tchaga, il y en avait de bons, d'autres indifférents et d'autres mauvais. « C'est bien possible, répondit-on. Mais n'es-tu pas venu justement pour nous dire ce qui est bien et ce qui est mal? Ce qui est bien, nous le garderons; nous laisserons le reste. »

Pauvres chers amis du Tchaga, puisse-t-il en être comme vous l'avez dit!

LA LANGUE

Je n'ai point encore parlé de la langue, et pourtant c'est une des manifestations les plus intéressantes à la fois et les plus importantes de l'intelligence et de la vie d'un peuple.

Le Tchaga appartient à la grande famille des langues polygènes à préfixes des peuples dits Bantou qui, d'un Océan à l'autre, couvrent presque toute l'Afrique méridionale depuis l'Équateur jusqu'au Cap. Au fond, leur grammaire est à peu près la même, mais le vocabulaire présente parfois des différences considérables, soit que les mots soient absolument étrangers les uns aux autres par suite des racines diverses qui leur ont donné naissance, soit qu'ils aient revêtu un aspect nouveau par la permutation des voyelles ou des consonnes, soit enfin, qu'une ait gardé ou acquis des expressions que l'autre a perdues ou n'a pas trouvées.

L'analyse de toutes les langues connues les ramène, comme on sait, à l'une ou à l'autre de ces trois grandes divisions : isolantes, agglutinatives ou à flexions.

Toutefois, il est juste de remarquer qu'il n'existe peut-être aucune langue qui ait complètement et exclusivement l'un ou l'autre de ces caractères. Dans toutes ou presque toutes on remarque un nombre plus ou moins grand de mots de transitions, soit que la langue tende à passer à un rang supérieur, soit que, déjà élevée jusque-là, elle n'ait qu'imparfaitement opéré son évolution.

. .
. .

Quoi qu'il en soit, on entend par langues isolantes celles dont les mots sont généralement des racines libres de toute combinaison entre elles et incapables de marquer les rapports de relations autrement que par des jeux de positions différentes : selon la place qu'il occupe dans la phrase, le même mot peut y représenter un substantif, un adjectif, un verbe, un participe, un adverbe. Ainsi le Chinois dit : « *Ngô-tà-ni* (je te bats) et *Ni-ta-ngô* (tu me bats) ». Dans la conversation, les différentes modulations de la voix concourent encore à établir les degrés dans la signification et le rapport des mots.

Dans les langues agglutinatives, les racines se juxtaposent, l'une donnant l'idée principale, l'autre ou les autres restant attachées à la première pour indiquer ses rapports de genre, d'action, de mode, de temps, etc. Les parties constituant ainsi le mot conservent encore leur signification propre et peuvent être plus ou moins facilement isolées et expliquées par l'analyse. Tel est le turc, et tel est le swahili, telles sont aussi les langues des peuples noirs de famille bantou, plus avancées, chose intéressante et curieuse, que le chinois. C'est ainsi qu'on dit en swahili : « *Nina*, j'ai (*Ni-na*, de *Ni*, je, moi et *Na*, avec : Moi avec, je (suis) avec, c'est-à-dire j'ai). »

Enfin, les langues à flexions, telles que le latin, le grec, l'hébreu, l'arabe, etc., ont bien aussi, comme les langues agglutinatives, la majorité de leurs mots composés de deux ou plusieurs racines; mais ces parties constituantes se sont combinées en un tout si homogène, si intime, qu'elles sont devenues méconnaissables. Ainsi le français dit : « *J'aimerai* pour *Je aimer aurai...* »

.·.

Mais revenons à nos langues africaines et montrons mieux comment les racines s'*agglutinent*. En français, par exemple, si vous avez besoin de sept mots pour dire : « Le couteau que je lui ai donné », à nous, deux nous suffisent : « *Kisu nilichompa* ». Il est vrai que, en bonne justice, il faut avouer que le premier en vaut deux et l'autre six : *Ki-su ni-li-ch-o-m-pa*. C'est que les pronoms personnels, sujets, relatifs, compléments, sans parler des conjonctions, s'insèrent dans le verbe : ils sont agglutinés. Il s'ensuit que, comme une mosaïque dont on aperçoit les sutures, la plupart des mots se prêtent à une décomposition plus ou moins facile.

Suivant que, dans certaines de ces langues, l'article manque ou existe encore, il y a huit ou neuf espèces de mots, deux nombres, mais pas de genres sexuels. Quand on veut distinguer les sexes dans le discours, on ajoute au nom le qualificatif de mâle ou de femelle, à moins que déjà il ne comporte de lui-même le sens qu'on a en vue. Mais, en revanche, on a dans ces langues quatre, six ou huit genres spéciaux, quelquefois dix et même douze, d'où le nom de langues *polygènes*, que leur a donné pour la première fois le P. Sacleux, de Zanzibar, au lieu de langues *bantoues* dont, en réalité, la signification est celui de langues *humaines* (*Bantu*, les hommes) : une appellation peu flatteuse pour les autres. Nous avons donc le genre animal ou personnel, ne désignant que des personnes et des êtres animés; le genre végétal ou spécificatif, le genre commun, le genre abstrait, le genre augmentatif ou noble, le genre diminutif ou imparfait, le genre locatif, etc. Chacun de ces genres comporte un préfixe particulier qui, du nom, passe à tous les mots variables, à l'adjectif, au pronom et au verbe, et le substantif marchant en tête traîne ainsi toute la phrase à sa suite, habillée comme lui, tel qu'un guide ferait d'une caravane dans les petits sentiers de l'Intérieur.

Dans le discours, le verbe joue un très grand rôle : aussi, pour lui faire dire tout ce qu'on lui demande, on le fait passer par les formes les plus variées, mais en respectant toujours le radical primitif. On obtient ainsi du même verbe actif des dérivés passif, neutre, intensif, réciproque, causatif, directif, réversif, etc. Un exemple fera mieux comprendre cette simplicité et cette richesse merveilleuses de nos langues « sauvages ». Le radical *Ung* a[1] le sens général de « Unir, Reserrer, etc. ».

Unga, unir. — *Ungwa*, être uni. — *Ungia*, unir à, pour, afin de. — *Ungana*, s'unir l'un l'autre. — *Unganya*, faire unir. — *Ungua*, désunir, brûler. — *Unguza*, faire désunir ou brûler, etc.

Pour les temps même richesse : au passé, par exemple, on a des formes particulières s'adaptant au même radical pour marquer l'action qui est faite, d'une manière générale; celle qui est faite et dont le résultat demeure; celle qui, étant faite, a été précédée ou suivie d'une autre; celle qui a été faite au moment où une autre se faisait; celle qui n'est pas encore faite, celle qui est en train de se faire.

Que si maintenant on en revient aux substantifs, on trouvera des expressions spéciales pour désigner les

[1] Prononcez U comme Ou.

différentes phases par lesquelles passe, par exemple, un même instrument, un même fruit, un même animal. Le français, comme du reste l'allemand, l'anglais et les autres langues civilisées, croit avoir tout dit quand pour désigner le fruit du cocotier par exemple, il nous a donné le mot *coco*. Quelle misère! Au lieu de cette expression si vague le swahili dispose de celle-ci : *Kidaka*, coco déjà noué; *Kitalé*, coco plus avancé, rempli d'eau; *Dafu*, coco bon à boire; *Koroma*, coco imparfaitement mûr; *Nazi*, coco mûr mais encore vert; *Kibata*, coco mûr et sec; *Zimi*, coco stérile, sans eau et sans amande.

*
* *

Ceci est du swahili, mais les langues de l'Intérieur sont presque aussi riches. Nulle part on ne se trouve embarrassé pour donner à chaque chose connue, visible ou invisible, le nom qui lui convient. Là, toute partie de la montagne et de la plaine, tout fleuve et tout ruisseau, tout homme et toute bête, toute action et toute passion, tout ce qui a besoin d'être désigné et nommé; et ces mots forment des phrases; et ces phrases sont soumises à des règles; et ces règles sont fondées sur des principes; et ces principes sont si exacts, si justes, si philosophiques, qu'on arrive à se figurer presque, comme un Orientaliste éminent l'a dit du turc, que ces langues « paraissent être le résultat des délibérations de quelque illustre académie ».

On pensait encore naïvement, il y a quelques années, trouver dans cet intérieur africain d'heureux spécimens d'êtres intermédiaires entre l'homme et le singe. Encore une espérance qui s'échappe : non, nos paroissiens ne sont pas si *bêtes!*

XXIII

A KAHÉ

Nouvelles de Sina. — Décision finale : ce sera chez Foumba notre vieux frère. — Kahé. — Sous la forêt tropicale. — Le trou aux éléphants. — — Le Colobe à camail. — Le coup du docteur.

Nous sommes au 7 septembre, un dimanche. Pendant que nous sanctifions la journée à Motchi par la prière et le repos, un courrier arrive annonçant que le roi Sina, de Kibosho, a de nouveau envahi les États de son voisin Ngaméni à Matchamé, coupé les bananeraies, pris un camp retranché et emmené nombre de femmes et d'enfants ; voilà l'amitié promise! M. d'Eltz descend aussitôt chez Mandara et la guerre est décidée, une grande guerre, pour laquelle on rassemblera toutes les forces disponibles, de Tchaga, de Paré, de Kahé, du Bas-Arousha, pour essayer d'en finir avec ce terrible camarade.

Mais, nous, qu'allons-nous faire?

Après mûre réflexion, conseil et prière, Mgr de Courmont donne ses instructions. M. d'Eltz insistant, avec son dévouement habituel, pour garder près de lui le fondateur de la mission, le P. A. Gommenginger restera ici en attendant. Si les affaires de Matchamé s'arrangent, la fondation se fera à Matchamé; sinon, on s'installera à Kiléma, où Foumba nous demande toujours. En tout cas, Motchi est écarté. Monseigneur et moi prendrons le chemin de la côte, en explorant le Kahé, le Bas-Arousha, le Paré et le pays Massaï compris dans le bassin du Rouvou, le Sambara, le Zigoua, le Doé. Puis, nous regagnerons Bagamoyo au sud, en passant par notre mission de Mandéra. Aussitôt que possible, une nouvelle caravane rejoindra le P. Auguste, avec le personnel nécessaire, un Père, un Frère, une vingtaine de jeunes gens chrétiens et tout ce qu'il faut pour commencer une mission nouvelle.

En attendant, nous descendons ensemble à Bas-Arousha, chez M. d'Eltz. Le brave Dr Baxter nous accompagne encore, en vue surtout des chasses merveilleuses qu'il a rêvées et dont cette région est le centre.

*
* *

Après avoir pris congé de Mandara, qui remet à M. d'Eltz une enfant d'un chef de Paré prise dans une guerre antérieure, afin que celui-ci la renvoie à son père, nous descendons les pentes de la montagne et, nous dirigeant au sud-est à travers la plaine semi-désertique, nous arrivons, après quatre heures de marche, sur les bords de la rivière Déou, qui descend de Kiléma. La forêt est magnifique; les arbres, semblables à de hauts fûts de colonne, couvrent tout de leur ramure puissante; et l'eau qui coule, silencieuse, se reposant maintenant des sauts innombrables auxquels elle a dû se livrer dans les hauteurs, répand partout la vie et la fraîcheur. Par endroits, cette bande de forêt est littéralement encombrée de raphias, ce palmier extraordinaire dont les feuilles, longues de 6 à 10 mètres, se croisent, se mêlent, s'entrelacent dans un désordre impénétrable. Les fruits, qui pendent en longs régimes, font les délices de singes innombrables, insolents et gouailleurs, et, dans la vase épaisse qui s'étend à l'ombre de ces fourrés séculaires, les buffles, les rhinocéros et les éléphants passent des journées délicieuses.

Nous campons là. Point d'hommes, rien que des bêtes; mais celles-ci se tiennent à distance, et cette première journée de chasse reste sans résultat. Le lendemain à cinq heures, nous sommes réveillés par les singes, qui nous insultent du haut des arbres, et nous partons. Après avoir traversé le Déou, que nous retrouvons plus loin grossi d'un canal sortant du Raou, nous entrons au Kahé par deux portes étroites.

Kahé est le nom d'un petit pays, une espèce d'oasis semblable à Tovéta, formée par les grasses alluvions descendues du Kilima-Ndjaro et entraînées jusqu'ici par les nombreuses rivières qui s'y rencontrent. La population ne comprend guère plus de 2,000 personnes, habillées dans le genre massaï et apparentées pour le type, les habitudes et la langue à celles de Tovéta et du Bas-Arousha. Les hommes portent généralement du linge, les femmes des peaux tannées, des perles et des cauris. C'est un peuple essentiellement voué à l'agriculture, intelligent et doux. Beaucoup de bananiers, des patates, des ignames, des ambrevades, des haricots, du maïs. Les irrigations sont bien entendues, et, chose nouvelle, on voit ici des espaces divisés en plates-bandes, en carrés, en planches, le tout sarclé et arrosé comme par un jardinier d'Europe.

On élève aussi du bétail qui, de même qu'au Tovéta, reste confiné dans les étables, où, pour mieux dire, dans les maisons. Les idées religieuses et sociales sont celles des alentours. Cependant la constitution républicaine est ici moins accentuée qu'à Tovéta : il y a deux chefs, à peu près aussi chefs l'un que l'autre, ce qui est assurément la marque d'un heureux caractère.

A peine installés dans notre campement, nous recevons de nombreuses visites. Une mission serait volontiers accueillie là aussi; mais comment faire? Tant de champs à défricher, et si peu d'ouvriers!

* * *

Nous sommes établis en pleine forêt vierge, mais dans une sorte de clairière propre et fraîche, au-dessus de laquelle les grands arbres, droits comme des mâts de navire, nous font un dôme de verdure superbe.

L'occasion est trop engageante pour ne pas s'enfoncer à travers ce dédale merveilleux où tout est si beau, si grand, où, dans le silence de cette nature tropicale, Dieu parle à l'âme qui l'écoute un langage si pénétrant et si doux! Chacun se met donc en route suivant sa fantaisie et son inspiration, celui-ci allant s'asseoir au pied d'un géant de la forêt, cet autre s'engageant dans les petits sentiers qui circulent sous bois, un troisième se lançant à l'aventure, en pleine forêt sauvage. Ici ce n'est plus la nature triste, froide, brumeuse et grandiose de la montagne : on marche à la fraîcheur des frondaisons verdoyantes, mais on sent que le soleil est là-haut, le soleil d'Afrique avec sa lumière intense, sa chaleur vivifiante et sa fécondité éternelle (*fig.* 69).

* * *

Un peu au-delà du territoire habité et en remontant les rivières qui viennent du Matchamé, le Wérou-Wérou

Fig. 69. — Dans la forêt de Kahé (*Kilima-Ndjaro*). — Dessin de Mgr Le Roy.

par exemple, on ne tarde pas à rencontrer le gros gibier. les buffles surtout, mais il est dangereux de s'engager dans cette direction. Les chasseurs Kambas y ont littéralement criblé le sol de trous à éléphants où la chute, même pour un être d'espèce humaine, n'aurait aucun agrément sérieux. Ce sont des fosses d'un peu plus de 2 mètres et longues de 3 ou 4, qui sont divisées en deux par une sorte de mur transversal : le tout est soigneusement recouvert d'herbes et de branches, parmi lesquelles on choisit souvent celles pour lesquelles le pachyderme a un goût particulier (*fig. 70*).

La nuit, à l'heure des promenades et déménagements qui lui sont familiers, il arrive, suivant la route qu'il s'est soigneusement tracée, saisissant de sa trompe une branche à droite et à gauche, s'amusant, flânant. Tout à coup, le sol manque sous ses pieds de devant : il tombe dans le trou fatal! Mais, instinctivement, voyant que devant lui le chemin est solide, il fait un effort et se porte en avant. Hélas! pendant que l'arrière-train croule dans la première fosse, la tête va rouler dans la seconde, le ventre se trouve supporté par le mur du milieu, et toute force est enlevée au colosse, qui n'a plus qu'à attendre le coup de flèche empoisonnée de son ennemi.

*
* *

Mais ce qui donne à la Faune de Kahé son caractère spécial, c'est la présence en très grand nombre d'un singe particulièrement remarquable, le Colobe à camail [1] (*fig. 71*).

Il y en a trois variétés : l'une à queue longue et étroite qu'on trouve dans les forêts du Sud : l'autre d'Abyssinie,

---

[1] *Colobus Guereza*, var. *caudatus*.

à queue terminée par une touffe épaisse; la troisième enfin, à la queue large, blanche, soyeuse, et on ne l'a guère vue jusqu'ici que dans cette région. Vous vous êtes enfoncé dans la grande forêt, vous allez, vous admirez, vous levez la tête aux cris des oiseaux qui se répondent à travers des arches de verdure, vous suivez parfois les bandes de petits singes gris, ordinaires, qui dégringolent à votre approche et s'enfuient comme une bande de polissons pris en flagrant délit de maraudage. Mais voilà que, de là-haut, très haut, dans l'inextricable lacis des lianes et des branches, un bruit léger, affaibli par la distance, arrive jusqu'à vous : on dirait quelqu'un qui s'esquive. Alors on regarde, on cherche, on avance, on recule, mais doucement, très doucement, le corps penché, le cou tendu, l'œil fixe, le doigt sur la détente du fusil : et l'on voit! Tout en haut, derrière une branche, le corps ramassé, la queue dissimulée, les mains serrant l'arbre comme un crampon, vous regarde une petite tête noire cerclée de blanc, immobile et pleine d'angoisse. Alors si vous ne croyez pas en conscience commettre un attentat sur un membre de votre antique famille, tirez! Il faut une balle, le plomb n'arriverait pas. La pauvre bête frissonne un moment, lâche la branche et tombe, tombe, tombe, lentement et lourdement, dans une chute lamentable, maculant d'un filet de sang rose sa superbe robe de soie moirée, noire ou blanche, où jamais un grain de poussière ne s'était attaché... Mais, au bruit du coup de fusil, d'autres membres de la troupe ont quitté leur case aérienne et les voilà qui courent à travers les branches, qui sautent, qui volent, étalant derrière eux comme un panache leur magnifique queue blanche.

Le soir, en rentrant au camp, il s'est trouvé que, à deux, nous avions descendu six de ces pauvres bêtes,

Fig. 70. — La Fosse aux Éléphants (Forêt de Kaïre). — Dessin de Mgr Le Roy.

tuées pour leur peau. Mais longtemps encore on a en-

Fig. 71. — Colobes de la forêt de Kahé (*Colobus Guereza* var. *Caudatus*).
Dessin de Mgr Le Roy.

tendu dans les profondeurs de la forêt quelque chose comme le bruit d'une bataille acharnée, furieuse; c'était le docteur qui couvrait de ses projectiles un colobe, assiégé derrière sa branche, et qui n'a jamais voulu descendre. Obligé de rentrer à cause de la nuit, le ter-

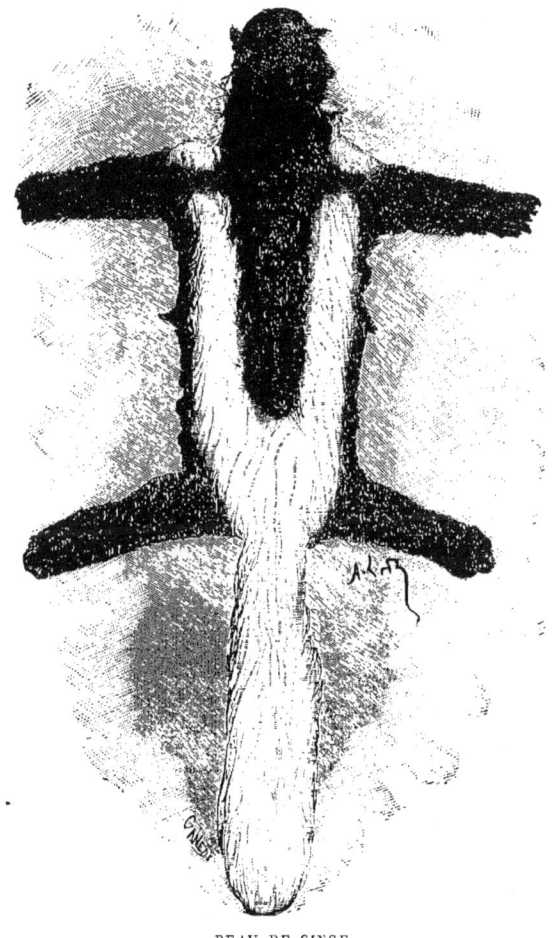

PEAU DE SINGE

rible chasseur a apporté deux autres de ces singes, tués dans la journée, se réservant, nous dit-il, de [prendre l'autre en passant le lendemain au pied de l'arbre où il sera enfin tombé.

En même temps que lui, arrive au camp l'un des chefs du pays; le pauvre homme, les larmes aux yeux et la voix tremblante, demande pardon et pitié :

« Pardon et pitié pour nos singes, dit-il, qui n'ont jamais fait de mal à personne, qui ne volent point, qui ne mangent que des fruits de leurs arbres! S'ils descendent, c'est uniquement pour boire à la rivière. Alors ils viennent en famille, et, pour qu'ils ne se salissent pas sur la route, la mère vient derrière le père, et les enfants derrière la mère, et chacun de ceux qui suivent relève la queue de celui qui le précède... Enfin, les anciens de chez nous affirment que nos parents aiment à revivre dans ces bêtes pour parcourir encore les forêts de Kahé et regarder de là-haut travailler leurs enfants. Or, conclut cet excellent homme, si vous les tuez toutes, où iront nos âmes? »

.·.

Pour ne pas les tuer toutes, le lendemain nous partons. Comme de juste la caravane s'arrête fidèlement au pied de l'arbre qu'a signalé le docteur. Il cherche en bas, il regarde en haut. Miséricorde! Voilà qu'il découvre maintenant avec stupeur qu'il a tiré seize coups de carabine, sur quoi? Sur un vieux morceau de bois blanc que, dans l'ombre du soir, il avait pris pour la queue d'un singe!

XXIV

AU BAS-AROUSHA

En plaine. — La chasse au désert. — Le poste et le pays du Bas-Arousha.
L'heure de la séparation. — Un rhinocéros au bout du fusil.

Nous mettons une heure à peine à sortir de la forêt qui finit brusquement ici comme à Tovéta, pour faire place à un désert véritable et d'un aspect particulier. Les herbes, graminées pour la plupart, sont courtes et maigres, l'acacia paraît, les espaces s'étendent absolument dépourvus de végétation, puis ce sont des arbustes spéciaux, comme des salsolas, qu'on ne voit guère que dans les lagunes maritimes. Par endroits seulement, lorsque la terre se relève un peu et forme une couche plus fertile, des arbres, réunis en groupes, et entrelacés de lianes diverses, forment d'élégants bosquets. A chaque instant, des cailloux roulés, de la chaux d'alluvion, du sel de nitre, disposé en lignes blanchâtres, rappellent que tout cet espace fut autrefois occupé par une mer intérieure dont on trouve les derniers restes dans deux lacs salés : le Mangara, à l'est du Kilima-Ndjaro, et le Ndyiri, au nord.

Tel qu'il est cependant, ce paysage n'est pas sans charmes, avec surtout le cadre dans lequel il se présente : au nord, voici dans son ensemble imposant la masse superbe du Kilima-Ndjaro qui, d'ici, apparaît tout entière; à l'est, le mur bleu des montagnes de Paré; à l'ouest s'élève le cône immense du Mérou (*fig.* 72), un ancien cratère aussi que la neige vient quelquefois couvrir maintenant d'une tache blanche.

Plus à gauche, c'est le Haut-Arousha, habité par des gens parents de ceux de Tovéta, mais plus batailleurs et plus rapprochés dans leurs habitudes du genre massaï.

Quelle solitude! quels espaces! et quels aspects grandioses!

*
* *

Après avoir marché quelque temps ensemble, nous nous séparons pour pouvoir embrasser davantage et essayer de trouver en ce désert une pièce de résistance pour notre prochain dîner. Mgr de Courmont, le P. Auguste et la caravane suivront ce sentier qui doit les mener vers la station du Bas-Arousha; M. d'Eltz se porte à droite; je vais à gauche; et le docteur Baxter, toujours ardent, se lance en zigzags savants dans le grand désert, d'où le bruit de ses coups de fusil lointains nous donnera fréquemment de ses nouvelles...

Or, nous marchions ainsi depuis quelque temps, lorsque soudain la grosse carabine de M. d'Eltz retentit : une fois, deux fois... Nous courons, nous le trouvons en lutte avec un buffle blessé à mort et qui se précipite sur lui. Heureusement, il a le temps d'épauler de nouveau, et un troisième coup jette la bête par terre (*fig.* 73). Les fardeaux sont aussitôt déposés, les couteaux tirés, et, assis sur le buffle, on se met en devoir, avec une ardeur grande, de s'en partager les morceaux.

Plus loin, j'aperçois un troupeau de zèbres. En me dissimulant de mon mieux derrière les maigres bouquets d'arbustes, j'arrive à un endroit découvert, où il est

Fig. 72. — Le Mont Mérou (4,000), vue prise de la plaine du Bas-Arousha. — Dessin de Mgr Le Roy.

impossible de se dresser sans déterminer une fugue générale. A tout hasard, envoyons-leur un salut!

Le spectacle est magnifique : au coup de fusil, ces quarante ou cinquante bêtes lancent une ruade superbe, battent la terre, d'où s'élèvent en tourbillons des nuages de poussière, prennent le grand galop et subitement s'arrêtent, se forment en ligne et se retournent la tête haute, l'attitude provocante. On dirait un escadron de cavalerie dirigé avec ensemble et obéissant au commandement. Et comme c'est beau, dans le grand désert africain, ce groupe de bêtes si élégantes, à la robe jaune, tachetée de longues bandes noires et reluisant au soleil équatorial!

Je me porte en avant. Un fort troupeau d'antilopes passe à bonne portée, pas timides, trottinant lentement; mais il est écrit qu'il est dangereux de courir deux lièvres à la fois, et cette vérité profonde doit aussi s'appliquer au zèbre. A mesure que j'approche, ces derniers se débandent de nouveau et, à ma grande satisfaction, j'en remarque un qui marche péniblement, s'écarte et s'arrête par instants : celui-là a été touché. Dans une course effrénée, je réussis à le séparer complètement du troupeau, et alors marche! marche! Pendant près d'une heure, j'essaie sans le moindre succès d'arriver à une portée convenable jusqu'à ce que, enfin, l'animal s'engage dans une partie du désert où les arbres s'élèvent moins espacés. Derrière l'un d'eux j'arrive à me dissimuler un peu, et de guerre lasse, j'envoie au zèbre qui est là, debout, ma dernière balle. Dans un galop furieux, la bête part, fait 200 mètres peut-être, et tout à coup disparaît. Qu'est-elle devenue? Lentement, mélancoliquement, regrettant d'avoir tant couru pour rien, je me dirige vers la direction qu'elle a prise, quand tout à coup je l'aperçois à mes pieds! La première balle lui avait pénétré dans le jarret, la seconde l'avait touchée juste au cœur.

Mais que faire, seul et perdu? D'un coup de couteau je coupe la queue et essaie, en me dirigeant sur un bosquet

Fig. 73. — LA MORT DU BUFFLE. — Dessin de Mgr Le Roy.

remarquable qu'on a signalé comme point de repère, de regagner la route de la caravane. Il fait une chaleur intense. Après une heure de marche environ, j'entends enfin deux coups de fusil : c'est le docteur qui revient avec ses hommes. Ils ont vu beaucoup de gibier, tiré souvent, mais le succès n'a pas répondu à leur ardeur : ces animaux se sauvent toujours, m'explique-t-on, après avoir reçu le coup fatal. Ensemble nous apercevons près de là des traces d'éléphants absolument fraîches, mais nous sommes trop fatigués et trop éloignés de la station pour nous livrer à de nouvelles recherches, et après avoir traversé trois fortes rivières sur des ponts misérables, nous rejoignons l'un après l'autre les traînards de la caravane et arrivons vers le soir au poste allemand du Bas-Arousha.

Là, je montre la queue de mon zèbre, témoignage irréfragable que je l'ai vu de près. De la viande! De la viande! Aussitôt quelques intrépides se lancent à la recherche du gibier, guidés par des explications sommaires et plus tard par de nombreux oiseaux de proie qui font des ronds dans le ciel; mais quand enfin ils arrivent, ils ont à disputer les pièces convoitées à une nuée de vautours, de milans et de marabouts qui, en l'espace de moins de trois heures, ont à peu près tout dévoré!

. .

Le poste se compose de M. d'Eltz, du sous-officier Kayser et d'une vingtaine de soldats soudannais et swahilis. D'un côté, une maison spacieuse et fraîche est destinée aux Européens; en face, sont les habitations du personnel; autour règne une forte palissade double et carrée, faite de troncs d'arbres : le tout très propre et fort bien tenu. Dans un coin, un tas énorme de têtes d'animaux (gazelles élégantes, antilopes diverses, sangliers, girafes, zèbres, hippopotames, buffles, rhinocéros), accuse à la fois la richesse du désert voisin et les succès cynégétiques du maître de céans.

Le pays est bas et très arrosé. C'est encore une oasis formée par trois cours d'eau qui descendent du Kilima-Ndjaro et qu'exploite une faible population semblable à celle de Tovéta et du Kahé, vivant aussi par familles séparées, agricoles et pastorales. Beaucoup de vivres, beaucoup de troupeaux. En ce moment de l'année, la vie y est agréable; mais à la saison des pluies, toute la contrée est sous l'eau, et les moustiques y éclosent par myriades. A l'est, s'élèvent les montagnes inhabitées de Litéma, où la pluie ne tombe presque jamais.

Ce qui fait l'importance de la station, c'est que le Bas-Arousha est le point où la plupart des caravanes de Pangani se rassemblent et font leurs provisions avant de s'engager dans le pays Massaï ou de rentrer à la côte; ce qui en fait l'agrément, c'est la prodigieuse quantité de gibier qui l'entoure. On peut en juger par ce menu détail : nous sommes restés là quatre jours pendant lesquels soixante personnes, Européens et Africains, n'y ont vécu que de la chasse de deux hommes.

.˙.

Cependant, il nous faut songer à partir. Le 13 septembre au matin, la caravane s'organise de nouveau, et tout en chassant dans le désert que nous avons à traverser, nous nous dirigeons au sud-ouest vers le Rouvou, qui a déjà recueilli en cet endroit la plupart des rivières descendues des montagnes. Des troupeaux d'antilopes reparaissent nombreux; de temps à autre, nous levons un lièvre qui s'élance dans les broussailles; quelques autruches se montrent au loin, semblables, dans les grandes herbes, à une touffe de buissons gris; puis, en compagnie des animaux dont les crottes lui servent de déjeuner, marche fièrement la grue couronnée, avec sa taille droite, son plumage superbe et sa belle aigrette dorée. Nous tuons un tout jeune buffle dont la viande est aussitôt enlevée et partagée.

Voici le fleuve. Ici un îlot le divise en deux branches qui l'une et l'autre sont très larges et par conséquent très peu profondes : en ce moment on peut passer à gué, avec de l'eau jusqu'à la ceinture.

C'est le moment des adieux. Adieu au brave docteur Baxter, qui continuera quelques jours encore à poursuivre le gros gibier du désert; adieu à cet excellent M. d'Eltz qui a été pour nous et restera pour la mission nouvelle un protecteur et un ami si bon, si généreux, si dévoué; adieu enfin au cher P. Auguste Gommenginger, que nous laissons là, avec deux enfants chrétiens, chargé de l'honneur d'être le fondateur d'une église, le porte-voix du salut, l'initiateur d'une civilisation, le bienfaiteur d'un peuple.

Daringo reste avec lui. Ce pauvre garçon me prend alors à part, derrière une broussaille, et me dit : « Nous ne nous reverrons plus! »

Et pendant que ses grands yeux noirs deviennent tout humides, il enlève de son cou un collier de cuivre et me demande la permission de me le passer : « Tu le porteras, me dit-il, en souvenir de moi, car je t'ai aimé... »

Pauvre cher homme! Je lui recommande d'être toujours bien fidèle à mon frère, d'écouter ses leçons et de se faire au plus tôt chrétien. Je le quitte ensuite, très rapidement, car je suis réellement ému, et aujourd'hui que je trace ces lignes, sur le point de diriger ailleurs ma vie errante, je ne puis m'empêcher de lui envoyer d'ici mon souvenir affectueux : tu avais raison, Daringo, nous ne nous reverrons plus sur la terre d'Afrique...

Nous passons le fleuve. D'une rive à l'autre les derniers saluts s'échangent, et pendant que nos compagnons de route regagnent la station, nous dressons nos tentes à l'entrée du désert que nous allons avoir maintenant à traverser.

*
* *

Ces bords du fleuve sont d'une sécheresse et d'une pauvreté étranges, et à part une ligne de grands arbres toujours verts qui ombragent son cours, on ne voit partout que solitude et sécheresse, depuis Kahé jusqu'au Sambara.

Nous voilà seuls, seuls et tristes.

Dans l'après-midi, Mgr de Courmont me donne mission d'aller explorer les alentours afin de faire diversion à la mélancolie des adieux et, s'il est possible, de procurer à la caravane des provisions de viande fraiche pour les jours qui vont suivre. Je pars avec deux hommes.

Peu après un troupeau de zèbres se montre au loin : je tire. La bande s'enfuit comme de coutume; mais il me semble que dans le nombre, le plus beau de tous a été touché, et nous nous lançons à la poursuite de ce merveilleux escadron. Les collines succèdent aux collines, couvertes d'arbustes et hérissées d'épines, les zèbres reparaissent par instants pour s'enfuir de nouveau et se perdre finalement dans une course dernière. Voyant que le jour baisse, ayant perdu de vue mes animaux comme mes hommes, je me mets en devoir de regagner

Fig. 74. — LE RHINOCÉROS. — Dessin de Mgr Le Roy.

le campement. Et j'allais seul ainsi, le fusil au repos, l'imagination en l'air, quand tout à coup un bruit sourd se fait entendre; le sol tremble, et j'aperçois dans l'ombre quelque chose comme un omnibus qui détale, comme une locomotive qui accourt en soufflant. Avant que j'aie pu me mettre en garde, le monstre est devant moi : un énorme rhinocéros, qui, dérangé sans doute dans son repos et me soupçonnant des intentions hostiles, se précipite tête baissée sur mon innocente personne. Le fusil que j'ai en main, outre qu'il n'est pas prêt, ne ferait que chatouiller son épiderme; mais, comme j'ai ouï dire que cette bête l'est trop pour poursuivre son ennemi, je me range courageusement de côté, et j'ai la satisfaction grande de la voir en effet défiler droit devant elle, soufflant et reniflant, écrasant les arbustes qui se trouvent sur sa voie, et faisant voler derrière elle les cailloux et la poussière... (fig. 74).

Une heure après, suivant le cours du fleuve et guidé par la fumée qui monte au ciel, je faisais au camp mon entrée peu solennelle :

« — Et le gibier?

« — Il court encore... »

XXV

AU PAYS MASSAÏ

La caravane. — Au pied de Paré. — Ces dames. — Le désert. — Chez les Massaïs. — Chez Mwana-Mana. — Chez les Ndorobos. — La bénédiction d'un peuple.

Notre caravane a subi des modifications. Avant de quitter le Kilima-Ndjaro, nous avons commencé par congédier la clique musulmane racolée à Mombassa, et c'est déjà pour nous un soulagement sensible. Les deux jeunes gens chrétiens qui nous accompagnaient ont été laissés au P. Auguste Gommenginger. Enfin, au Bas-Arousha, nous avons trouvé quelques hommes de Pangani qui, après une course dans l'intérieur à la recherche de l'ivoire, désiraient rentrer à la côte. Trop peu nombreux et trop mal armés pour voyager seuls, ils ont demandé à nous suivre, et nous avons accepté d'autant plus volontiers que dans le nombre nous trouverons des guides pour cette route inconnue et un interprète pour la langue massaïe. C'est un nommé Salim, doué d'une audace diabolique et d'un bagout extraordinaire.

Le 14, à six heures du matin, nous nous mettons en marche, prenant droit à l'est, et après avoir traversé un désert tout hérissé d'épines féroces, nous arrivons à onze heures au pied des montagnes de Paré. En allant au Kilima-Ndjaro, nous avons suivi cette chaîne depuis Gondja jusqu'au Dyipé; nous la longerons maintenant sur son revers occidental d'ici jusqu'au mur qui la termine au sud. Mais nous sommes sans donnée sur cette route et la carte de ce petit coin d'Afrique est encore à faire [1].

Voici Maboua. En bas coule un ruisseau qui se dirige au nord, le Dyipé. Les contreforts de la montagne sont couverts de grandes euphorbes arborescentes dont les tiges se dressent comme celles d'une plantation étrange.

Au coup de fusil que nous tirons, les indigènes descendent, peu nombreux d'abord, méfiants, regardant de loin, puis s'enhardissant par degrés, ils nous apportent de la farine, des cannes à sucre, des haricots, du maïs. C'est, à le voir d'en bas, un triste pays que celui-là. Mais, là-haut, il y a des plateaux frais et bien cultivés, de beaux troupeaux, une population nombreuse quoique décimée par les guerres, timide, vivant en groupes isolés; cachant ses maisons derrière les rochers et empêchant autant que possible l'eau d'arriver jusque dans la plaine afin d'ôter aux Massaïs et aux caravanes le plaisir de venir se désaltérer chez eux.

Les hommes descendent cependant, et en venant ici nous en avons trouvé une vingtaine, armés de grands arcs, qui s'en allaient à la chasse. Près de là sur le sentier,

[1] Voir la carte de Paré, p. 161.

ils avaient établi comme un long barrage de piquets et de branches d'arbres avec, çà et là, des passages étroits où se trouvent dissimulées des fosses profondes. Au jour fixé, on se disperse en grand nombre dans la plaine et on rabat le gibier en le conduisant insensiblement vers cette haie : voyant des couloirs libres les animaux s'y précipitent et tombent dans les trous recouverts d'herbe où on les achève.

***

A notre arrivée à Maboua, nous trouvons deux femmes massaïes avec un jeune garçon : elles sont en train de charger trois ou quatre ânes de provisions de maïs qu'elles sont venues chercher pour les anciens. Aux questions de Salim, elles répondent que beaucoup de Massaïs de Sogonoï ont passé le fleuve et qu'un fort campement se trouve dans les environs : « Nous sommes, ajoutent-elles, dans des jours de malheur, et les bœufs sont enlevés par la maladie, regarde! comme ça... »

Et la vieille prend une poignée de poussière qu'elle jette au vent. Il s'agit, en effet, d'une épizootie terrible qui, depuis, a promené la mort dans les troupeaux de bêtes à cornes, des montagnes de l'Abyssinie jusqu'au Mozambique; elle est maintenant au Sénégal qu'elle ravage après avoir traversé le Soudan. Sur la côte orientale, quand elle en a eu fini avec les bœufs, elle s'est abattue sur les buffles, et même, dit-on, sur les antilopes.

Mais, chose curieuse! ces deux femmes, à l'arrivée de notre caravane, ne trahissent pas la moindre émotion. Seules, sans armes, sans rien pour les protéger, excepté, peut-être, leur physionomie de parfaites sorcières, d'autres à leur place se précipiteraient de frayeur dans les broussailles; celles-ci font tranquillement leur besogne, et, quand les ânes sont chargés, elles saluent et s'en vont, nous prévenant que nous sommes autorisés à nous installer dans leur campement. Pas gênées du tout, ces dames!

* * *

Il nous faut cinq jours et demi pour doubler la chaîne de Paré, avec des marches quotidiennes de cinq, six, sept et huit heures. Plus de sentier, excepté vers le sud. Le Massaï est seul à parcourir ces solitudes, et le Massaï ne se préoccupe pas des chemins : les pieds protégés par de fortes sandales en peau de bœuf et sa grande lance en main, il s'en va sans sou, ni poche, comme les poètes, et ne craignant guère que la chose au monde qui pût effrayer les vieux Gaulois : la chute du ciel sur sa tête!

Nous autres civilisés, nous n'en sommes plus là. Une matinée entière il nous faut nous débattre au milieu d'une inextricable forêt de brousses épineuses où nous nous sommes trouvés traîtreusement engagés. Nul n'en sort indemne. Celui qui n'y laisse pas un morceau de linge y abandonne au moins quelque chose de sa peau.

Nous choisissons généralement pour camper une gorge pittoresque où nous cherchons un peu d'eau, et d'où chaque soir descend un vent frais.

<small>Le vent qui souffle à travers la montagne!</small>

A droite, loin, derrière le Rouvou, s'étend la ligne rose des monts Sogonoï (*fig.* 75), centre d'un groupe massaï; puis, de ce côté, les collines désertes de Masimani et de Lassitti se profilent sur le ciel; à gauche, voici les croupes ferrugineuses de Paré; et derrière, c'est la masse du Kilima-Ndjaro dont tous les jours la vue va s'affaiblissant. Et en avant, voilà les épines, les acacias, les

Fig. 75. — Le désert de Samê et les monts Sogonoï (au pays massaï). — Dessin de Mgr Le Roy.

euphorbes (*fig.* 76), toute une nature revêche à laquelle cependant on se fait peu à peu et qui finit par devenir, à cause de son grand air de solitude et de liberté, presque sympathique. Il est vraiment curieux de constater l'aptitude qu'a l'homme de se faire à tout!

⁂

Chaque jour, du reste, nous ménage une rencontre intéressante. Ici nous sommes abordés en marche par trois jeunes gens qui se disent égarés et cherchent leur campement; là des troupeaux de chèvres, gardés par quelques enfants, tachent d'innombrables points blancs les flancs de la montagne; plus loin, il faut inviter à nous céder la place une nombreuse famille de sangliers; ailleurs, nous cherchons notre déjeuner parmi les troupeaux d'antilopes; ailleurs encore, dans la plaine, voyez ces longues lignes noires et mouvantes : ce sont des bœufs qui rentrent des pâturages.

A Samé, enfin, dans une gorge de la chaîne et sur les bords d'une petite rivière ombragée de grands acacias, nous nous trouvons en plein pays massaï. C'est l'eau qui attire ces pasteurs nomades, comme elle attire les nombreux troupeaux d'antilopes, de zèbres, de buffles et même d'éléphants dont nous voyons partout les traces. En même temps, des pigeons, des tourterelles, des cailles, des francolins, animent ce paysage et nous passons là de bonnes journées. En chemin, nous avions déjà fait la rencontre de quelques Massaïs un peu âgés, qui s'étaient montrés pleins de courtoisie et d'aristocratique prévenance. Au camp, d'autres viennent nous saluer et prendre des nouvelles : où allons-nous, d'où venons-nous, qui sommes-nous? J'ignore ce que Salim leur raconte sur nos

Fig. 76. — EUPHORBE CANDÉLABRE DE PARÉ. — Dessin de Mgr Le Roy.

qualités et pouvoirs; mais à peine a-t-il fini de parler qu'un vieux berger lui demande de l'air le plus naturel et le plus sérieux de bien vouloir leur envoyer un peu de pluie, l'eau devenant rare et l'herbe desséchant partout. Inutile de discuter longuement : on eût mal interprété notre résistance. On les fait donc mettre en rang et l'on braque sur eux l'appareil photographique : il ne reste plus à notre industrieux Salim qu'à expliquer que, lorsque la pluie viendra, elle fera reverdir la plaine...

Vers midi, les bœufs arrivent : il y en a bien deux mille, et c'est un spectacle vraiment curieux que de les voir se présenter en ligne aux abreuvoirs disposés pour eux, puis se retirer pour faire place à d'autres, et s'en aller enfin tous ensemble en un endroit donné avec la régularité d'enfants dressés à ce genre d'exercice. Là, ils restent debout pendant la chaleur du jour, pressés les uns contre les autres, formant un cercle parfait, ruminant, chassant les mouches de leur longue queue et fixant dans le vide leurs gros yeux mélancoliques. Les veaux sont à part, confiés à la garde de quelques enfants. Des bergers modèles, ces enfants : secs, nerveux, agiles, ils semblent comprendre les moindres intentions de leurs bêtes, et pour peu que ces intentions soient perverses, ils envoient aux coupables, en guise d'avertissement, un coup de leur long bâton qui les remet immédiatement dans la bonne voie. Les ânes, de grands ânes gris avec une croix noire sur les épaules, paraissent moins sages : ils sont, eux, entre les mains des femmes, qui s'en servent pour transporter l'eau, les vivres, les tentes.

∴

Le lendemain de cette rencontre intéressante, faisant un détour à gauche, nous nous engageons décidément dans les gorges de Paré, que jusqu'alors nous n'avions fait que longer, et, après une marche laborieuse, nous arrivons à un village important de Zigouas, dont le chef Mwana-Mata nous reçoit royalement : un bœuf pour notre dîner, sans compter la farine, les haricots, les citrouilles et autres friandises. Mwana-Mata est riche, mais sa fortune lui attire bien des peines : les Massaïs l'obsèdent, nous·dit-il, et lui prennent tout ce qui leur convient. Aussi est-il décidé à passer de l'autre côté de la montagne pour se débarrasser d'un voisinage aussi importun.

Les Massaïs, en effet, couvrent de leurs camps et de leurs troupeaux ce point privilégié : nous ne voyons plus qu'eux.

Mais ce n'est pas tout. Notre arrivée chez Mwana-Mata coïncide justement avec un jour de marché, et la place qui s'étend devant son village est couverte des types les plus divers, des costumes les plus drôles, des choses les plus étranges : Parés, Zigouas, Massaïs, Ndorobos, vieillards, guerriers, jeunes hommes, enfants, femmes, ânes, bœufs, chèvres, quartiers de viande horriblement faisandés, paniers de maïs, tas de citrouilles, légumes de toutes sortes...

Quand les opérations ont pris fin, laissant Mgr de Courmont enseigner à Séliman une manière nouvelle de nous préparer des biftecks distingués, taillés dans le bœuf du bon chef, je m'engage, accompagné de l'indispensable Salim, à la suite de quelques Ndorobos qui nous conduisent dans leur village *(fig. 77)*.

Ce village ndorobo est un groupe d'une vingtaine de huttes en paille, petites, misérables, jetées sans ordre au milieu des rochers et entourées d'une faible enceinte de troncs d'arbres. Cette tribu singulière n'appartient plus à la famille Bantoue : le type est différent, la taille élancée, les membres secs, la tête allongée et régulière. Ils sont d'ailleurs noirs et crépus, se peignent la figure de rouge, se frottent de graisse et s'habillent de peaux : ce sont les ilotes des Massaïs dont ils parlent la langue, comme les Bonis le sont des Gallas. Leurs maîtres ne leur permettent point l'élevage des troupeaux, non plus que le port de la lance. Armés de longs arcs et de flèches empoisonnées, ils vivent de chasse, et c'est à eux principalement qu'on doit l'ivoire du pays massaï. Dispersés en petits groupes dans cette partie méridionale, on les trouve plus nombreux et plus puissants vers le Nord, sur l'escarpement du Maou, au-delà du lac Daringo et vers la base du Kénya.

Ils nous reçoivent fort bien, paraissent doux, tristes et résignés, faisant des questions et des demandes qui attestent leur extrême simplicité d'âme. Mais quelle odeur! Cette graisse qui couvre ces grands corps, et cette viande qu'on boucane, et ces os qui traînent, et ces restes de tripes que se disputent deux petits chiens rouges... Venez ici, savants d'Europe, vous aurez la représentation vivante, fidèle et gratuite, d'un vrai campement préhistorique.

Pauvres gens, quand sera-ce leur tour de voir en leurs âmes rachetées luire leur part de lumière?

L'étape suivante nous amène à Makouyouni (aux Sycomores), un nom justifié par la quantité de grands figuiers sauvages qui ombragent un torrent desséché et d'où une armée de singes nous lancent des cris assourdissants. Puis, le jour suivant, c'est Maboga, village de Sambaras, près duquel deux forts campements massaïs sont établis. Toute notre journée est prise par la visite de ces derniers qui se succèdent autour de nous. Un grand vieillard cartilagineux, le chef de la troupe, a une longue conférence avec Monseigneur. Ils se quittent à la fin très contents l'un de l'autre, et le vieux Massaï donne à Sa Grandeur le long bâton qui lui sert, depuis des années, à conduire son troupeau : un vrai bâton pastoral des temps antiques. Heureusement, Monseigneur n'a pas avec lui sa crosse : sous le charme de tant de politesse, il la remettrait peut-être en retour à cet excellent paroissien qui, en tout cas, la demanderait sûrement. N'empêche que, avec son grand air sauvage et distingué, ce vieil enfant du désert nous reçoit comme plus d'un maire en France ne sait plus recevoir son évêque...

Vers le soir, conduit par le chef du village sambara et notre interprète Salim, je m'offre pour aller rendre ces visites.

Les abords du campement nous sont bientôt signalés par la présence des vautours qu'on voit perchés sur les acacias et des marabouts qui se promènent philosophiquement sur les larges chemins tracés par les bœufs; les uns et les autres, d'une familiarité étonnante, attendent leur part du repas qui va se faire. Sous les arbres, quelques anciens jouent au *bao*, cette espèce de trictrac si répandu en Afrique, avec des billes d'ivoire fort belles. Le camp lui-même, d'une forme circulaire, est entouré de branches épineuses qui en défendent l'accès aux animaux sauvages; derrière cette enceinte sont les tentes en peau de bœuf, montées sur des bois flexibles et recourbés. Ni paillasson, ni descente de lit, ni armoire à glace : c'est un peu l'antre de Cacus; mais c'est beau tout de même. Le grand vieux dont il a été question se présente, m'introduit, et, tout aussitôt, je suis entouré, considéré, admiré, — je crois, — comme une merveille rare. De mon côté, je regarde, et, bien certainement, j'admire. Voilà donc enfin d'authentiques sauvages, tels qu'on n'en vit jamais dans les champs de foire, de vrais représentants de cette race que Thomson, avec raison, a appelée la plus belle, la plus extraor-

Jeune fille. — Village. — Femmes allant au marché.
Fig. 77. — Chez les Ndorobos. — Dessin de Mgr Le Roy.

dinaire d'Afrique. Elle fait, sans doute, la terreur de toutes les tribus environnantes; mais, en voyant ces formes superbes, ce port académique, cette fierté, cette distinction, ces manières, on se rappelle involontairement la parole de saint Grégoire le Grand : « Quel dommage que ces hommes ne soient pas chrétiens! »

Petit à petit, la familiarité s'en mêle : on me tend la main, chacun veut toucher ma peau blanche, et bientôt une grande maman s'enhardit jusqu'à me présenter son petit dernier : elle le porte sur son dos dans un sac de peau de bique et me demande modestement la faveur de lui cracher sur la tête...

Salim m'explique que c'est une espèce de bénédiction et que, chez cette tribu originale, ma salive a une grande valeur. Je m'exécute libéralement, pendant que le petit me regarde avec des yeux d'escarboucle, et je termine à ma manière en lui traçant un signe de croix sur le front. Aussitôt, toutes les mères se présentent, tous les enfants, tous les vieux : chacun veut de cette bienheureuse salive, et j'en fais une dépense extraordinaire.

Mais la communauté est nombreuse et je ne tarde pas à me trouver complètement à sec : une dame le remarque, court à sa tente et en rapporte une grande calebasse pleine de lait, qu'elle me présente. Je m'y désaltère à longs traits, pendant que Salim rit de tout son cœur, et, réconforté, j'achève la cérémonie avec une largesse qui me gagne toutes les sympathies.

Seulement, je n'avais pas prévu le retour de ma politesse. Pendant que j'opère, on me prend les deux bras, on me retrousse les manches, et, de toutes ces lèvres souriantes, on lance sur ma peau occidentale la faveur d'une pluie.

« — Ah! Messieurs, que d'eau! que d'eau! »

Or, en rentrant au camp, sur le tard, Salim rit toujours :

« — Pourquoi ris-tu ?

« — Parce que...

« — C'est à cause de ma bénédiction ?

« — C'est à cause du lait. Était-il bon, ce lait ?

« — Un petit goût, comme qui dirait... Pourquoi ?

« — C'est que, pour relever la viande, nous y mettons tous du sel, et, pour relever le lait, ces bons Massaïs y mêlent, dit-on, du pissat de vache ! »

XXVI

LES MASSAÏS

Le pays massaï. — Frères ennemis. — Gouvernement et genre de vie. — Type et toilette. — Armes et ustensiles. — L'existence massaïe. — Les croyances.

Ce curieux peuple mérite mieux qu'une étude superficielle, d'autant qu'il est peu connu et que, en dehors des missionnaires, aucun voyageur français n'a encore passé là.

Le territoire occupé par les Massaïs s'étend en Afrique orientale sur une longueur approximative de 6° (150 lieues), du 1° au nord de l'équateur jusqu'au 5° au sud et une largeur variable de 2° à 3° (du 35° de long. E. Greenwich, au 36° ou 37°). Mais on peut dire que leurs incursions et leur influence les rendent fameux depuis les pays riverains de la côte orientale jusqu'aux bords du Victoria-Nyanza, depuis le sud de l'Abyssinie jusqu'au pays *gogo*.

Ce territoire est bien différent d'aspect. Sec, désert et relativement bas au sud, où les belles montagnes, comme le Ngourou, le Paré, le Kilima-Ndjaro et le Mérou, sont occupées par d'autres populations, il s'élève au nord en un plateau de 1,800 mètres d'altitude où les génévriers, les bruyères et autres plantes, donnent à la végétation une physionomie européenne, où le climat est frais, où le sol est arrosé par une quantité de ruisseaux et de rivières.

*
* *

Le peuple peut être partagé en deux grandes familles : les Massaïs proprement dits et les Kwavis. Ceux-ci, après une longue suite de guerres avec leurs frères aînés, ont fini par voir leur puissance disloquée et on les retrouve aujourd'hui, formant des colonies plus ou moins fortes à Likipya (N.-O. du Kénya); à Ndyemsi, près du Baringo, au Haut-Arousha, à Tovéta, au Ngourou, etc. Plusieurs même se livrent maintenant à l'agriculture tout en conservant une partie des usages qu'ils avaient dans la vie pastorale et nomade; mais le type primitif s'altère progressivement, soit par l'influence d'un genre de vie nouveau, soit surtout par des alliances fréquentes avec les races voisines. D'ailleurs, ils restent partout accueillants, honnêtes, d'un commerce agréable et facile.

*
* *

Les vrais Massaïs sont à leur tour divisés en plusieurs clans dont chacun a son habitat particulier. On distingue ainsi les Massaïs du Kilima-Ndjaro, qu'ils appellent *Donyo Ebor* (Mont-Blanc) et quelquefois *Engadyi Engaï* (Maison-de-Dieu); les Massaïs de Sogonoï; ceux de Matoumbato, de Kaptel, etc. Tous sont pasteurs, absolument : ni industrie, ni commerce, ni culture quelconque. L'ivoire, qu'on va chercher dans leur pays, leur est fourni par les Ndorobos. Leurs troupeaux absorbent toutes leurs pensées, et s'ils sont les terribles guerriers qu'on sait, on peut dire qu'ils ne le sont encore que pour être pasteurs, car c'est pour avoir des bœufs qu'ils font la guerre aux tribus voisines, et non pour se procurer des esclaves ou étendre leurs conquêtes.

On nous a affirmé que tous reconnaissent un grand chef, Mbatian, aujourd'hui très vieux, très riche et sorcier fameux : pas n'est besoin à lui de faire garder ses bœufs par des bergers; il lui suffit, dit-on, de faire porter devant eux son bâton, et le troupeau suit. Il habite le versant nord du Kilima-Ndjaro et il a des rapports d'amitié avec Mandara qui nous en a parlé. Du reste, son nom se trouve répété des milliers de fois par jour d'un bout à l'autre du pays massaï, dans les chants et refrains des guerriers : « Nous prions Dieu, nous prions Mbatian! »

Dans chaque clan le gouvernement est patriarcal. Un chef devient tel, moins par l'hérédité que par sa richesse, son courage, son intelligence, ou encore par suite de son pouvoir sacerdotal, de ses connaissances médicales, de son aptitude à prévoir le temps...

Dans les limites de ce clan, on se disperse en campements plus ou moins prolongés selon l'état des pâturages et la quantité d'eau disponible. Du reste, en guerre autrefois les uns avec les autres, ils vivent aujourd'hui en bonne intelligence et se fréquentent assidûment. Les Massaïs sont donc demi-nomades, par tempérament et par goût sans doute, mais avant tout par nécessité; on peut même dire que, dans le sud de leur territoire au moins, où tout ce qui est propre à la culture est occupé par les tribus agricoles, ils tirent de la terre le meilleur ou plutôt le seul parti qu'on en puisse tirer.

Ce genre de vie, au reste, est loin de favoriser l'oisiveté, et, quand on suit de près le petit berger massaï et ses tribulations, on doit convenir que le soir il a bien gagné sa journée. De même les femmes sont obligées d'aller chercher souvent très loin l'eau et les provisions, de traire les vaches, de préparer les repas, et, quand il faut changer de campement, c'est encore à elles qu'incombe le soin de plier les tentes, d'en ramasser les bois et de transporter le tout sur leurs ânes. Quant aux jeunes gens, la guerre n'est pas non plus pour eux une sinécure. Les hommes mûrs et les anciens ont plus de loisirs : ils les utilisent à parler, à discourir, à mettre la paix autour d'eux, à visiter leurs voisins, à chercher de nouveaux pâturages.

*
* *

Le type, comme la langue, rattache les Massaïs à certaines tribus nilotiques, comme les Latoukas et les Baris; mais la formation spéciale à laquelle ils se sont soumis depuis de longs siècles en a fait une tribu absolument unique. Les enfants et les femmes sont souvent sales, crasseux et chassieux; des essaims de mouches les poursuivent. Les anciens aux membres secs et aux traits fanés ne donnent plus l'idée complète de ce que fut l'homme.

*
* *

Mais les jeunes gens, ceux par exemple de dix-sept à trente ans, représentent peut-être ce qu'on peut appeler l'idéal du guerrier sauvage, avec leur taille qui atteint 6 pieds et la dépasse parfois, avec leurs proportions académiques, avec leurs membres d'acier, avec leur attitude générale qui est d'une fierté, d'une distinction, d'un naturel sans pareil. Ajoutez à cela une facilité d'élocution étonnante, avec des intonations, des gestes, une pose, capables de rendre jaloux nos orateurs en renom.

La peau du Massaï est d'un brun chocolat, la chevelure longue et frisée, mais les traits le séparent nettement du type nègre. La tête est ronde ou ovale, le nez droit et distingué, les lèvres souvent minces, le menton correct; mais les pommettes sont saillantes, les yeux légèrement obliques, comme ceux de la race mongole, et les dents, qui sont d'une blancheur éclatante, paraissent souvent portées en avant, à cause, peut-être, de l'habitude contractée de bonne heure à mordre sur des morceaux de chair à peine rôtie.

Le costume ordinaire consiste en peau de bœuf soigneusement tannée, d'aspect jaunâtre et presque aussi maniable que de grosses étoffes; au besoin on sait les coudre et les orner de perles de verre. Mais les enfants et les jeunes gens s'en préoccupent peu; toutefois s'ils trouvent un morceau de peau, ils s'en cachent assez volontiers... l'épaule gauche. Les anciens, au contraire, aiment à couvrir leurs vieux membres frileux d'une longue draperie très digne. Quant aux femmes, elles sont toujours modestement, mais singulièrement fagotées des pieds à la tête. Avec cela la jambe et le bras sont régulièrement emprisonnés dans des anneaux de fer, de la cheville jusqu'au genou, du poignet jusqu'à l'épaule. Au cou, de longs cercles de métal font à la dame massaïc comme une sorte de carapace supérieure, et enfin, pendant aux oreilles, elle se met des anneaux si lourds qu'on est obligé de les retenir avec une lanière de cuir passant au-dessus de la tête. Le tout pèse au moins une douzaine de kilogrammes sans compter les perles et les peaux. C'est que, dans tous les pays, il faut savoir souffrir pour se maintenir à la mode.

La chevelure, chez les femmes, les enfants et les

hommes mariés, n'est point l'objet de soins particuliers; mais il n'en est pas ainsi chez le jeune homme, *el moran* ou guerrier. Au reste, j'aime mieux la représenter que la décrire : ce sera plus facile, plus court et plus clair (*fig.* 78 et 79). Remarquez seulement que cette chevelure soigneusement graissée et tressée est d'ordinaire divisée en quatre parties : l'une relevée en toupet sur le front, deux sur chaque tempe et une en arrière, serrées dans les lanières de cuir formant ce qu'en anglais on nomme proprement, — excusez! — « queue de cochon ».

Dans la toilette massaïe, les oreilles méritent une mention spéciale. Dès le jeune âge, on en perce le lobe, puis le trou est successivement maintenu et agrandi par un morceau de bois, d'ivoire ou de métal qu'on y met et qu'on fait de plus en plus gros; à la fin, le lobe ainsi distendu prend des proportions étonnantes, on peut y passer le bras, il pend sur l'épaule, et les hommes y insèrent des chaînettes artistement disposées qui, somme toute, ont un effet gracieux.

Tout le monde porte des sandales faites avec un certain goût et attachées avec des lanières dont l'extrémité est roulée sur elle-même de manière à former bouton.

Point de barbe : le Massaï se rase et s'épile soigneusement.

L'ocre rouge joue, du reste, avec une argile blanche, le beurre et la graisse, un grand rôle dans la toilette : c'est le fard, la pommade et les autres senteurs des tribus européennes. Chacun, pour être beau, se sert de ce qu'il a.

*
* *

Les ustensiles de ménage sont des calebasses et différents vases où l'on conserve le lait frais, le lait caillé, le beurre, la graisse, la viande. On coud des sacs en peau,

Une oreille de Massaï. — Deux dames Massaïes. — Un kraal Massaï.

Fig. 78. — AU PAYS MASSAÏ. — Dessin de Mgr Le Roy.

on a des outres, on se fabrique des tentes de formes aplaties reposant sur des branches recourbées, et avec des boucliers on fait aux ânes une sorte de bât qui leur donne un air fort singulier.

Contrairement à ce qui se pratique dans les tribus environnantes, les femmes mettent leur charge sur leur dos dans des sacs rattachés aux épaules par des courroies, comme nos soldats. Les hommes ne portent jamais rien; s'ils doivent emporter quelque chose, comme par exemple la peau d'un bœuf qu'ils viennent de tuer, ils le trainent après eux. Est-ce inexpérience ou fierté? toujours est-il que, dans leur pensée, porter un fardeau n'est digne que d'un âne, et c'est le nom peu respectueux qu'ils donnent aux porteurs musulmans des caravanes qui traversent leur pays.

Les anciens ont, passées au cou, des tabatières en bambou quelquefois très curieuses.

Quant aux armes de guerre, on a des casse-têtes, de longs coutelas et cette magnifique lance en fer massif et poli, reluisant comme de l'argent et dont les guerriers savent faire un si bel usage. Les boucliers, en peau de buffle ou de bœuf, sont grands et portent à l'extérieur, en rouge, en noir et en blanc, les marques héraldiques du clan auquel appartient le guerrier. Mais ces armes ne sont point le travail des Massaïs : elles viennent ou bien des Tchagas du Kilima-Ndjaro, ou bien des El-Konono, une tribu de forgerons pareille à celle des Ndorobos et qui forme comme celle-ci une race d'ilotes au milieu de la grande famille massaïe.

.·.

Passons aux mœurs, au gouvernement intérieur, aux croyances.

La naissance de l'enfant ne donne lieu à aucune cérémonie particulière. Il faut dire seulement qu'on préfère généralement le garçon, qui volera des vaches, à la fille qui ne saura que les traire. Mais il paraît qu'on n'a pas l'habitude de l'infanticide, comme dans nombre de tribus bantoues, excepté peut-être dans un cas de difformité trop grande. Le nouveau venu est aussitôt remisé dans une poche de cuir que la mère porte sur son dos, et c'est ainsi qu'il passe les premiers temps de son séjour en cette vallée de misères. Sitôt qu'il marche seul, à quatre ou deux pattes, on l'abandonne à ses inspirations, sans lui imposer le moindre lavage, sans le fatiguer d'attentions qui l'accablent. Plus tard, il se fait un arc et des flèches, il devient berger et vit, quant au reste, comme tout le monde, au kraal de son père et de sa mère. A mesure qu'il grandit, il prend de petits airs fanfarons, se fait des poses devant un troupeau de chèvres, debout et le pied d'une jambe posé sur le genou de l'autre; entre temps il est admis comme serviteur, récureur de calebasses et cuisinier en la société des jeunes gens qui vivent à part.

La circoncision, qui se pratique vers cet âge de l'adolescence, et n'a pas de caractère religieux, lui donne le rang des guerriers. Pourvu par son père d'un bouclier et d'une lance, il habite alors dans un kraal séparé, mêlé à la jeunesse des deux sexes : c'est la période d'initiation et de formation. Tous ces jeunes gens vivent ensemble, soumis à un régime sévère de viande, de sang et de lait, ne buvant pas de liqueurs fermentées, s'abstenant de tabac, ne mangeant aucune nourriture végétale, montant la garde près du camp, faisant des exercices multipliés, attaques simulées, prises de villages, captures de troupeaux, danses guerrières, courses, marches forcées, etc., mais par ailleurs se donnant une liberté morale qui sera

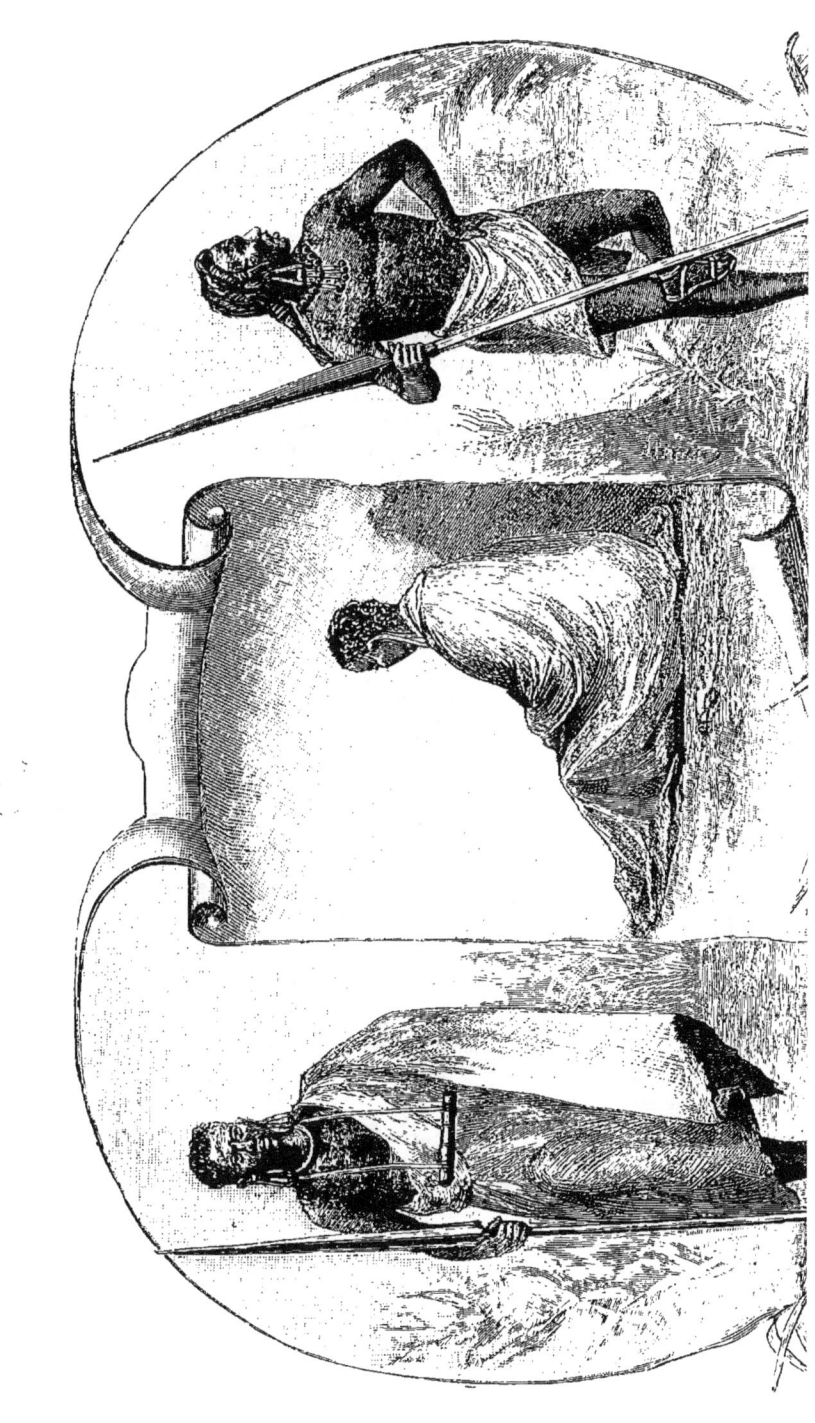

Fig. 79. — Types Massaïs. — Dessins de Mgr Le Roy.

A la promenade.
Un ancien qui vient.

Au repos.
Le petit berger.

Attitude favorite.
Un qui s'en va.

peut-être le plus sérieux obstacle à la pénétration du christianisme parmi eux.

Ils commencent donc par un régime lacté, le continuent le plus qu'ils peuvent, huit jours par exemple, puis, quand le besoin de la viande se fait sentir, ils prennent un énergique purgatif et s'en vont cinq ou six ensemble tuer un bœuf en un endroit écarté. Alors, jusqu'à ce que toute la bête y ait passé, ce sont entre les amis des festins pantagruéliques, dont les biftecks saignants font tous les frais. Voilà le pique-nique massaï. Pour boisson on a l'eau — avec la viande on ne doit jamais boire de lait; — l'hydromel est alors défendu; mais ce que l'on préfère par-dessus tout, c'est le sang chaud du bœuf qu'on vient de tuer ou d'un autre qu'on arrête. A celui-là on coupe une veine sur laquelle on colle ses lèvres, et il ne reste plus après qu'à recoudre la peau et à laisser courir la bête qui, habituée à ce régime, s'y prête avec une bonne volonté parfaite.

Au kraal, les « Morans » élisent un général et un orateur en chef. Puis l'expédition décidée, on part, non sans s'être préparé d'avance par des exercices, des sauts, des ripailles exceptionnelles, des prières. Il faut alors au soldat un costume particulier : sur la tête, un bandeau de cuir de forme elliptique, noué sous le menton et garni de longues plumes d'autruches, qui se déploient autour de la tête en superbe éventail; en arrière, un manteau flottant de toile blanche, traversée par une bande rouge; sur les épaules, une épaisse cape en plumes de vautour et de milan; en avant, une peau de chèvre découpée en lanières ou mieux encore une fourrure de singe; au côté droit, son coutelas et son casse-tête; d'une main, le bouclier; de l'autre, la lance, fière et magnifique; une belle couche d'huile mêlée d'ocre achève la toilette. Et c'est une chose curieuse et saisissante que de voir un bataillon de ces guerriers apolloniens se lancer dans cet accoutrement à la conquête des troupeaux d'alentour. La vue d'un seul d'entre eux a suffi bien souvent pour mettre en fuite des centaines de Noirs, moins féroces ou moins farceurs (*fig.* 80).

Les Massaïs se battent en silence et savent au reste faire preuve d'une discipline, d'un sang-froid, d'une ruse, d'une tactique, d'une énergie, d'une audace, et au besoin d'une bravoure supérieurs. Mais heureusement, ils ont des fusils une crainte salutaire, et quand la débandade s'est mise dans leurs rangs, c'est un vrai plaisir : ils jettent tout, boucliers, lances, coiffures, pour s'enfuir à toutes jambes. Ils ne tiennent qu'à leurs sandales.

En s'unissant, les tribus voisines pourraient leur résister; mais ce sont elles bien souvent qui les appellent contre un ennemi commun, par jalousie, par vengeance : l'histoire de la politique européenne. Au reste, en faisant ce métier de détrousseur général, le Massaï ne croit pas faire œuvre mauvaise. Il est de tradition que le Dieu de la terre donna jadis à leur père des bœufs à garder; mais, comme le troupeau était fort, il en confia quelques pièces aux tribus environnantes, et les enfants reviennent aujourd'hui prendre leur bien...

C'est pendant cette période de son existence que le Massaï est l'être tapageur, discoureur, exigeant, fanfaron et casseur de têtes, auquel tant de caravanes se sont heurtées. La vie d'un homme de la Côte, le Massaï s'en soucie comme d'un ver.

Mais avec l'âge le corps s'alourdit, l'estomac se fatigue et la raison vient. Le guerrier se marie, une fois, deux fois, trois fois, selon le nombre de bœufs dont il peut disposer pour payer la compagne de ses jours. Dès lors son régime varie, ses habitudes aussi. De temps en temps, il coupera encore la veine d'un bœuf pour y coller ses lèvres, il accompagnera quelques expéditions dont il sera le conseiller; mais à la viande il joindra désormais la farine, les bananes, le miel, qu'il se procurera en

Fig. 80. — Jeune Massaï en costume de guerre. — Dessin de Mgr Le Roy.

l'achetant ou le mendiant chez les tribus agricoles du voisinage. Il prisera, il chiquera, boira l'hydromel et se montrera en général aussi ami de la paix qu'il l'était de la guerre. Dans ces conditions nouvelles, son commerce devient très agréable, et ses procédés pleins d'une distinction frappante chez ce vieil enfant du désert.

Autant, du reste, le Massaï a du mépris pour les Noirs ordinaires, y compris les musulmans diversement métissés et plus ou moins habillés de la Côte, autant il a de respect pour l'Européen. En nous joignant le long des sentiers, ces braves nomades nous apportaient une pincée d'herbes comme hommage de vénération religieuse et de paix. Et ce n'est pas une invention, mais une parole d'une exactitude absolue que cette question qui fut posée par l'un d'eux à notre sujet dans leur campement :

« — Ces personnages est-ce que ce ne seraient pas les fils de Dieu?

« — Oh! non, dîmes-nous tout de suite, Dieu est beaucoup plus grand que cela; c'est à peine si nous sommes les derniers de ses esclaves.

« — Alors, fit le Massaï en branlant la tête d'un air d'incrédulité naïve, voilà des esclaves qui doivent ressembler beaucoup à leur maitre! »

***

Mais qu'est-ce donc que ce peuple singulier pense de Dieu? Dieu en massaï se dit *Ngaï*, et ce mot se trouve à chaque instant sur les lèvres du jeune guerrier comme du vieux sage. Son existence au reste ou son action est intimement liée à celle du ciel, de la pluie et des phénomènes naturels les plus frappants. On le prie, dit-on, publiquement chaque matin, à la porte du kraal : on lui demande de l'eau, de l'herbe fraîche, une postérité nombreuse, la cessation d'un fléau, le succès d'une guerre. Peu de nations prient autant que celle-là, mais quelles prières!

Il faut convenir d'ailleurs que la dogmatique massaïe est peu chargée. Ils mettent grande confiance dans certains de leurs personnages qui ont à leurs yeux une autorité sacerdotale et auxquels ils attribuent des pouvoirs exceptionnels. Ils ont leurs préjugés, leurs terreurs vaines : par exemple, les vaches doivent être traites la nuit, et sous aucun prétexte le lait ne peut être bouilli. Ils ont aussi la notion de l'âme, car une fois que quelqu'un est mort, son nom ne doit être jamais prononcé, de peur que son esprit, l'entendant, ne revienne vaguer parmi les vivants : et c'est là, pour le dire en passant, un procédé peu favorable à la conservation des traditions historiques. Enfin, il y a des sacrifices impétratoires et expiatoires : ainsi, quand une faveur est désirée, on tue un mouton qu'on dépèce, et les pièces rassemblées dans sa peau sont portées sur une montagne ou à l'embranchement de deux sentiers.

Si un petit enfant vient à mourir, on l'enterre dans le camp ou même dans la tente. Mais si c'est une personne plus âgée, on purifie le kraal avec la matière à moitié digérée de l'estomac d'un bœuf qu'on tue à cet effet, et le corps est porté aux environs, sous un arbre, dans une petite excavation où on l'assied et qu'on recouvre de pierres et d'herbes vertes, après avoir mis près de lui une calebasse de lait : la nuit suivante, les hyènes achèvent la cérémonie.

Par ailleurs, point d'amulettes chez les Massaïs, nulle crainte des revenants, nulles cases fétiches, et comme je demandais à l'un d'eux ce qu'il pensait du Diable, il me répondit simplement : « Il n'y a point de diables chez nous. »

Le respect des jeunes gens pour les anciens est très grand ; mais, en dehors de là, les querelles sont fréquentes et les coups pleuvent souvent. Quand, dans une dispute de ce genre, il y a mort d'homme, on ferme volontiers les yeux sur cet accident; mais si quelqu'un a été tué en secret, par surprise, le coupable est sévèrement puni. C'est le cas de tous les peuples d'Europe, plus sauvages encore qu'ils ne le pensent, chez lesquels une attaque au couteau vous discrédite encore considérablement, mais un duel à l'épée vous attire une grande considération, surtout près des dames, — toujours comme au pays massaï.

En résumé, on trouve donc chez ces nomades la notion du bien et du mal; on trouve celle de la moralité, entendue, il est vrai, à leur manière, on trouve l'idée d'un Dieu existant et s'occupant de nous, d'une âme, d'une vie après la mort; on trouve le sacrifice, l'expiation, la prière : c'est le fond de toute religion.

En tous cas, il est heureux pour la pénétration européenne et pour la tranquillité des tribus voisines que ces peuples ne soient pas musulmans : si l'Islam ajoutait son fanatisme à leurs instincts naturels, ils seraient inabordables.

* *

Sera-t-il possible un jour — on voudrait dire bientôt — de bâtir sur ce fond étrange l'édifice religieux dont Dieu nous a révélé l'ensemble? de rétablir les points oubliés ou déformés? de compléter les lacunes existantes? de baptiser ce peuple extraordinaire, que peu d'Européens encore ont étudié, où nulle mission ne s'est établie ?

Pourquoi non ?

Il y faudra sans doute mettre beaucoup d'énergie, de patience, de tact, de prudence, beaucoup de sueurs, peut-être un peu de sang. Il faudra vivre de sa vie nomade, se faire à ses habitudes étranges. Mais rien de tout cela n'est au-dessus de la puissance d'un missionnaire qui tient son mandat de l'Église catholique et que soutient la grâce de Dieu. Des apôtres donc! Y en a-t-il encore aux pays chrétiens? Des apôtres, prêts à tout et contents de tout, pour nos admirables brigands de la terre massaïe!

XXVII

LE SAMBARA

La fin de Paré. — Dans le pays Sambara. — Chez le Sultan Sembodya.
— Un oiseau indiscret. — Un homme, une chèvre et un crocodile. —
Les indigènes.

Maboga, c'est presque le bout de la chaîne de Paré. Elle se termine brusquement par la muraille blanchâtre et granitique de *Mwala*, qui se dresse tout à coup, maintenant, dans la plaine où coule le Rouvou. Ce fleuve, que nous retrouvons ici, est toujours ombragé de grands arbres ; mais, comme s'il était pressé d'aller se perdre dans l'Océan, il descend rapidement à travers quelques barrages de rochers et de pittoresques îlots.

De là, après une forte marche de huit heures, nous allons camper sur le Mkomazi, cette claire rivière dont nous avons vu la source en allant, près de Gondjo. Contrairement à ce que marquent les cartes, très fautives pour cette région inexplorée, le Mkomazi court parallèlement au Rouvou et ne se réunit à lui que près de Maourwi, où nous passerons.

* *

Nous voilà maintenant dans un pays nouveau, le *Sambara*.

Aussitôt après avoir tourné Paré, la vue se porte tout de suite sur une autre chaîne de montagnes que nous avons en face de nous, un peu à gauche ; c'est un mur énorme de 1,000, 1,200 et 1,800 mètres de haut, qui se dresse pour ainsi dire à pic, sévère et imposant. Là-haut, le pays comprend des forêts et des pâturages où une tribu singulière, déjà signalée, les Mbougous, entretient de grands troupeaux de bœufs : on la dit apparentée aux Kwavis et aux Parés. En bas, c'est la plaine, sèche et inculte en bien des points, et ailleurs nourrissant quelques villages. Au loin, coulent le Mkomazi et le Rouvou, au delà desquels s'étendent les savanes boisées des Zigoua.

En chemin nous trouvons encore de beaux troupeaux de bœufs gardés par des Massaïs, puis une bande de leurs jeunes guerriers poussant devant eux quelques têtes de bétail. Cette fois, le succès a été médiocre, paraît-il ; les Mbougous se sont bien défendus et plus d'un de ces vaillants détrousseurs rentre avec un costume de guerre singulièrement défraîchi.

.·.

Voici *Mazindé*. C'est la résidence du fameux *Sembodya*, l'un des principaux chefs du pays. Autrefois, gagné par le sultan de Zanzibar, il avait arboré son pavillon rouge et adopté pour lui et les siens, les rudiments de la « Civilisation musulmane ». Quand la guerre éclata à la Côte entre les Swahilis et les Allemands, il prit tout de suite parti pour les premiers et se trouva dès le principe en relations d'allié avec Boushiri, le chef de la révolte. Sur ces entrefaites, une forte caravane que le D' Hans Meyer conduisait au Kilima-Ndjaro avec quelques Allemands, se trouva engagée sur cette route après le commencement des hostilités. Sembodya l'arrêta : les porteurs se dispersèrent, les charges furent prises, et les Européens faits prisonniers se virent conduits à Pangani. Hans Meyer lui-même, en fort léger costume, dut porter de l'eau pour le service de je ne sais quel nègre musulman.

Ce passé donne à Sembodya un intérêt spécial. Nous allons nous établir près de son village, sur un ruisseau clair et joyeux qui descend en chantant de la montagne, à l'ombre de grands arbres chargés de lianes et toujours verts (fig. 81). Bientôt, nous sommes abordés par un individu à figure ingrate et à robe blanche; par ailleurs, il a ces manières musulmanes que les voyageurs novices prennent invariablement pour de la politesse et que nous, un peu plus au courant des consciences indigènes, apprécions tout de suite autrement. Après le salut d'usage, hypocrite et froid, le personnage nous invite à aller présenter nos révérences à S. M. Sembodya. A quoi nous répondons que si S. M. Sembodya désire nous présenter ses hommages, comme c'est l'usage pour tout Européen qui passe, nous sommes prêts à le recevoir.

Une demi-heure se passe. Tout à coup, au milieu d'un groupe d'indigènes qui s'avancent vers nous, vêtus de robes de coton blanc, comme à la Côte, voici que paraît un gros garçon, épais et mûr, portant chapeau, veste et pantalon. On dirait un vieux planteur des colonies, à la figure bronzée, à l'air narquois, qui aurait déjà passé sensiblement le printemps de la vie. C'est Sembodya.

Le vent a tourné dans ces temps derniers. L'ami Boushiri a été pris et pendu, à Pangani; à Zanzibar, le sultan lui-même a dû souscrire à tout ce que l'Européen demandait de lui; et Sembodya, qui est une manière d'opportuniste, a tout simplement remplacé sur son mât de pavillon les couleurs de Sa Hautesse par celles de S. M. l'Empereur d'Allemagne.

Le vieux roublard se montre exquis de politesse : nous refusons un bœuf, mais devons accepter un mouton, du miel, de la farine, du sel, avec les offres les plus obligeantes.

Plus tard, je me rends à son village, bâti dans un site admirablement pittoresque au pied de la grande muraille grise du Sambara, d'où il domine la plaine fertile où coulent les deux rivières qui l'arrosent. Mais s'il me demande avec instance, ce n'est point, dit-il, pour une visite de cérémonie — celle-là se fera plus tard, avec Mgr de Courmont; — c'est pour m'entretenir familièrement, m'introduire dans ses appartements privés et me prier de soigner un de ses petits enfants qui, en effet, a un engorgement bilieux. Me voici donc, tout seul avec lui, dans sa chambre particulière. Une vraie boutique de bric-à-brac cette chambre du sultan Sembodya : il y a là des assiettes, du linge, de l'argent, des écritoires, des chaises, le tout dans un désordre qui n'a pas l'air d'être un grand effet de l'art. Mais ce qui surprend le plus ici, « c'est la présence », dans un panier, de plusieurs numéros des *Mitteilungen de Petermann*, de Gotha. Sembodya serait-il abonné à cette excellente revue de géographie? Je le lui demande : « Ah! fait-il négligemment, c'est un souvenir de Hans Meyer... »

Arrive une esclave tenant d'une main une assiette avec un grand verre récemment lavé, car la trace des cinq doigts s'y voit merveilleusement; elle porte de l'autre une vénérable bouteille. Sembodya prend le cruchon, remplit le verre jusqu'au bord et me le présente : « Une petite goutte », dit-il avec un sourire suave. L'étiquette et l'odeur ne me trompent point : c'est un cordial de force à renverser trois sapeurs l'un sur l'autre. Je prie en conscience Sa Majesté de m'excuser, n'usant point de ce fortifiant : « Bien volontiers », répond-il, et, prenant le verre

Fig. 81. — ARBRE ENVAHI PAR LES LIANES. — Dessin de Mgr Le Roy.

des deux mains, il ne le quitte que quand il est vide.

Dans une autre entrevue, l'entrevue officielle, Mgr de Courmont explique au vieux chef nos projets sur le

Kilima-Ndjaro et lui demande protection pour nos caravanes qui auraient à passer chez lui. Sembodya promet tout et, à son tour, il insiste pour avoir, lui aussi, sa mission dans son pays. Cela peut être sincère; mais, tout

Fig. 82. — L'OISEAU DU BŒUF.

compte fait, il est à croire qu'il préférerait encore une fabrique de rhum.

* * *

De Mazindé, nous descendons le lendemain dans la plaine, passons devant la montagne de *Vouga* où *Kimwéré*, fils aîné de Sembodya, occupe un village important, traversons la rivière *Mombo*, puis un large étang peu profond, et arrivons après sept heures de marche à *Tarawanda*.

Ce village est bâti sur une petite éminence dominant la plaine. Il est midi, et le soleil est brûlant, les bœufs qui rentrent du pâturage s'étendent près de nous, nonchalamment, pendant que de nombreux oiseaux au bec rouge

Fig. 83. — Village de la montagne (Sambara). — Dessin de Mgr Le Roy.

et à la couleur cendrée[1], d'une hardiesse étonnante, leur arrachent les tiques dont ils sont couverts, voletant,

[1] *Buphaga erythrorynchus.*

criant, courant sur leur dos, se pendant à leurs fanons, s'introduisant jusque dans leur museau, pénétrant dans les arcanes les plus retirés de la vie privée sans le moindre sentiment de vergogne (*fig.* 82). A chaque instant, ces honnêtes ruminants réclament en secouant la tête, en battant de la queue; mais l'importun volatile recommence de plus belle sa chasse, ses caresses, ses indiscrétions et son repas.

*
* *

Le lendemain, nous étions à Maourwi, un îlot du Rouvou occupé par un fort village, où nous campons un jour.

Or, pendant que nous traversions la passerelle qui y mène, un incident se produit. Des chèvres, imprudentes comme sont toutes les chèvres, paissaient sur le bord du fleuve sans penser à mal, lorsqu'un crocodile s'élance, en saisit une et disparaît avec elle. Sensation. Mais tout à coup, un jeune homme qui se trouvait là jette le linge qui le couvre et, un couteau en main, plonge dans le fleuve. Un tourbillon se fait, on devine une lutte rapide et terrible; mais bientôt, aux applaudissements de l'assistance, l'homme reparait avec la chèvre : il l'avait arrachée à la gueule du crocodile! La pauvre bête était morte, mais, du moins, le voleur n'était pas resté impuni et le plongeur avait gagné son déjeuner.

Il y a ainsi à Maourwi, à Korogwé et sur d'autres points du cours inférieur du fleuve, une population spéciale qu'on appelle les gens du Rouvou : ils sont d'origine zigoua, cultivateurs, pasteurs et pêcheurs.

*
* *

Ce pays du Sambara est, lui aussi, très intéressant. Les montagnes, dont quelques-unes atteignent près de

2,000 mètres, forment un plateau frais et fertile qu'occupe la tribu pastorale et spéciale des Mbougous, dont il a été parlé, tandis que, sur les pentes, sont répartis en villages plus ou moins nombreux, les agriculteurs sambaras (*fig.* 83).

En face de Tanga, une petite tribu de même origine, les Bondès, mènent aussi la vie agricole.

Tout ce monde, excepté peut-être les Mbougous, est de famille *bantou*. Le voisinage de la Côte et la richesse relative des indigènes, due à la fertilité du pays et à la facilité d'écouler leurs produits y rendent le linge commun; la monnaie elle-même y est universellement connue et acceptée, le Swahili partout compris.

D'un autre côté, l'islamisme y compte des adeptes et, si la domination arabe n'avait pris fin, il est probable qu'il y aurait fait de grands et rapides progrès; mais le fond de la population y est resté païen-fétichiste, et les missions peuvent encore y trouver un beau champ d'apostolat. Mais, hélas! où sont les ouvriers? Où sont les ressources?

XXVIII

LE ZIGOUA, LE DOÉ, LA COTE

Moyen d'avoir des vivres. — Chez le frère de Séliman. — Une tribu qui se suicide. — A Mandéra. — Dans le Doé. — Chez nous!

A Maourwi, deux routes se présentent devant nous : celle de Pangani, celle de Zigoua. Nous laissons la première, où s'engagent notre guide Salim et ses camarades qui regagnent « leurs foyers »; la seconde est beaucoup plus longue, mais elle nous permettra d'étudier un pays peu connu, malgré sa proximité de la Côte. De plus, nous aurons le plaisir de passer chez le frère de Séliman, lequel est un des grands de la contrée, et de visiter plus loin notre mission de Mandéra.

A peine avons-nous quitté la vallée du Rouvou qu'orne jusqu'ici la présence du cocotier et du manguier, que le sol change tout à coup d'aspect : il devient rouge et, dans la savane couverte de longues graminées qui commencent à se dessécher, les arbres, irrégulièrement espacés, prennent la physionomie bien connue du *pori* inculte et inhabité qu'on trouve partout sur la route de Bagamoyo aux lacs de l'Intérieur.

Nous sommes dans le Zigoua (*fig. 84*): pays sec, population clairsemée, avec, par endroits, des acacias horriblement épineux (*fig.* 85), particuliers à ces terrains. Le premier village que nous rencontrons est *Kinamo*. Nous campons au bas de la petite colline où il se montre et, tout aussitôt, deux ou trois de nos porteurs courent avertir le chef de notre présence. Moins d'un quart d'heure après, toute la population arrive, tremblante, nous présenter ses hommages; on s'excuse de n'avoir pas de bœufs, mais on nous prie de vouloir bien nous contenter d'un mouton, qui sera notre part, et d'une demi-douzaine de paniers de farine, qui sera celle de nos hommes. Ne nous préoccupons pas de l'eau : elle est rare, mais déjà les femmes sont toutes parties pour nous en chercher.

Tant de prévenance en ce pays nous surprend. Et, comme elle paraît venir plutôt de la crainte que de la sympathie, nous faisons quelques questions. C'est bien cela! Nos scélérats de porteurs sont allés leur dire que nous sommes des soldats allemands, en tournée d'inspection, des hommes terribles, féroces : eux-mêmes ont reçu l'ordre formel, qui leur coûte, mais qu'ils sont contraints d'exécuter, de les passer tous au fil de l'épée, — notez qu'ils n'ont ni épée, ni fil, — si, dans une heure, ils n'ont pas apporté en hommages toutes les provisions qu'ils désirent et qu'ils leur indiquent...

Nous essayons de rassurer ces pauvres braves gens et, avant la fin de la journée, il était consolant de voir à leur familiarité confiante que nous avions réussi.

.·.

Le lendemain, en route, pendant une halte, Séliman s'écarte dans les broussailles avec un paquet sous le bras. Il est, comme d'habitude, courbé, arqué, sale,

Fig. 84. — Un village de Zigoua. Dessin de Mgr Le Roy.

graisseux, couvert de loques indéterminées, abominables. Où va-t-il? Pendant que chacun fait ses réflexions, voilà que, tout à coup, notre vieux cuisinier reparait, resplendissant comme un soleil : une robe de coton immaculée le blanchit des pieds à la tête, une longue ceinture d'un rouge flambant lui ceint les reins, un turban énorme lui fait une tête de Grand Mogol. Avec une dignité rare, il passe à un enfant casseroles et mar-

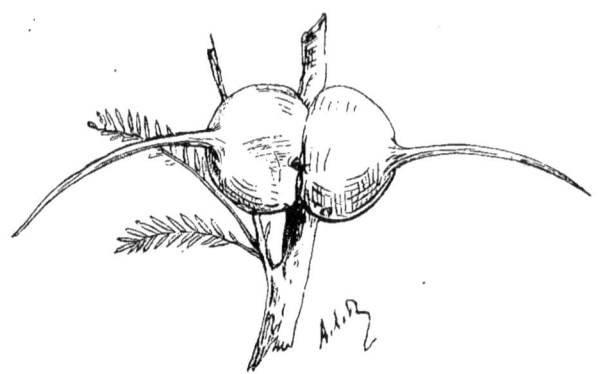

Fig. 85. — Épines et feuilles d'Acacia fistula, Sweinf.

mites, ne garde que son antique arquebuse, lève le nez, ouvre l'œil, et en avant!

C'est que nous arrivons chez son illustre frère, et il convient que, devant lui et son peuple, Séliman paraisse dans toute la splendeur dont il est encore susceptible. Nous y voici. Le village s'appelle *Kiwanda*, et il est considérable. Mohammed Sowa, qui en est le chef, fait bon accueil à son frère et à nous; mais, franchement, ni pour nous, ni pour son frère, nous ne constatons la moindre exubérance d'enthousiasme. Peut-être cette vieille ruine n'en est-elle plus capable : intelligent, parait-il, et influent dans le pays, Mohammed est aujourd'hui si cassé, si courbé, si chancelant, que l'on peut prévoir la fin prochaine de son existence. Comme cadeau, il nous envoie tout de même une bouteille de genièvre, le fameux *gin* de Hambourg, à moitié vide; il faut vous dire qu'il a eu en même temps la délicatesse de nous prévenir que lui-même, en ayant goûté, ne l'a pas trouvé bon... Nous le remercions, et, sans y toucher, nous le lui renvoyons tel, en lui faisant savoir que le nectar, au rebours de certaines gens, se bonifiera à mesure qu'il vieillira.

Comme son nom l'indique, Mohammed est musulman; il a même une petite mosquée près de sa case, et, dans son village, une sorte de prédicant de Pangani fait actuellement de la propagande. Malgré cela, c'est lui qui a livré l'an dernier son coreligionnaire Boushiri aux infidèles, je veux dire aux Allemands. Battu près de Bagamoyo, le chef de l'insurrection swahilie vint se cacher dans ce pays du Zigoua d'où il espérait gagner son ancien domaine des environs de Pangani, où l'attireraient je ne sais quels intérêts personnels. Mohammed l'apprit, envoya aussitôt prévenir le major Wissmann, lui fournit des guides pour dénicher Boushiri, qui fut pris, jugé et pendu.

Aux yeux des vrais Croyants, c'est une trahison; mais voici qui l'explique. Quelque temps avant la guerre, les deux chefs avaient eu, au sujet d'une esclave, un procès dans lequel Mohammed avait eu le dessous :

« — Tu me le paieras », dit-il à Boushiri.

Et quand l'occasion s'en est présentée, Boushiri le lui a payé.

De Kiwanda à Mandéra, nous marchons trois jours, par un pays de petites collines, dont quelques-unes très pittoresques, où l'eau est relativement rare, saumâtre parfois, et, par cela même, la vie difficile. La population, qui est agricole, élève un peu de bétail; les villages ne sont nulle part bien nombreux, et l'Islamisme, sorti de

Pangani, y compte des partisans de plus en plus clairsemés. Mais ce qui est profondément triste, c'est de constater que, partout dans le pays, l'infanticide fait des ravages désastreux. Dans un village de vingt cases, où nous nous arrêtons, il n'y a qu'un seul enfant d'une douzaine d'années. Rien n'est désolé comme une cité pareille! Pas un éclat de rire, personne pour jouer, courir et sauter, pas un chant, pas un sourire; une tristesse mortelle est empreinte sur tous ces visages d'hommes et de femmes dont chacun, sous le coup d'une superstition satanique, a deux, trois, quatre, dix meurtres sur la conscience, et des meurtres d'enfants sans force pour se défendre, sans voix pour plaider leur cause.

Un missionnaire toujours regretté, le P. Cado Picarda, avait combattu de toute l'énergie de son âme apostolique cette plaie hideuse de l'infanticide africain; ses successeurs ont suivi ses traces; nous-même, en passant, ajoutons nos avertissements, nos leçons et nos menaces à tout ce qu'ils ont dit. Mais qu'en est-il et qu'en sera-t-il? Il semble que cette tribu soit destinée à se suicider elle-même, et si l'autorité allemande, qui est maintenant reconnue dans cette partie du Zigoua, n'y met ordre, avant vingt ans elle aura réussi.

Il faut dire que ces pauvres gens sont pétris de superstitions. Après notre très modeste repas, que nous faisons aujourd'hui, vers deux heures, le chef du village susdit vient me trouver : c'est à seule fin de m'expliquer comme quoi ils n'ont pas d'eau, qu'ils en souffrent et qu'ils comptent sur moi pour leur en procurer. Encore!

« — En en faisant tomber du ciel?

« — Non. Faire tomber de l'eau du ciel, rien ne te serait plus facile, nous le savons : mais ce serait pour nous la provision d'un ou deux jours, après lesquels nous ne serions pas plus avancés.

« — Et alors?

« — Voici. Montre-nous un endroit où nous trouverons de l'eau : c'est tout ce que nous te demandons.

« — Tuerez-vous encore vos enfants? »

Là-dessus, grand conseil, grand embarras, grande discussion. D'un air dédaigneux, j'ajoute de temps en temps, à la cantonnade : « Que ces gens-là sont bêtes! ils n'ont pas encore compris que le sang des enfants dessèche la terre... Qu'est-ce qu'ils deviendront quand ils n'auront plus rien à boire!... »

Finalement on s'engage par serment à respecter la vie de ceux qui viendront; mais il faut que je leur montre de l'eau.

Malheureusement, je ne dispose pas complètement des nappes souterraines que le Créateur a mises à notre disposition pourvu qu'on les cherche, et je dis au chef :

« — C'est bien. Je vous donnerai ma réponse dans deux heures... »

*
* *

Aussitôt je me mets à parcourir les alentours pour voir s'il n'y aurait pas une vallée qui, par sa configuration et surtout par les plantes qui y croîtraient, indiquerait la présence de l'eau dans le sous-sol. Je trouve bientôt ce que je cherche, et, mieux que cela, au milieu des grandes herbes vertes, je découvre un puits commencé au fond duquel on aperçoit une flaque d'eau bourbeuse.

*
* *

Je remonte au village et invite la population à me suivre. Sans rien dire, nous nous dirigeons vers l'endroit découvert et, quand nous y sommes, je m'adresse à la foule qui m'entoure :

« — Creusez là, et vous aurez de l'eau. »

« — C'est extraordinaire, reprend le chef; nous l'avons

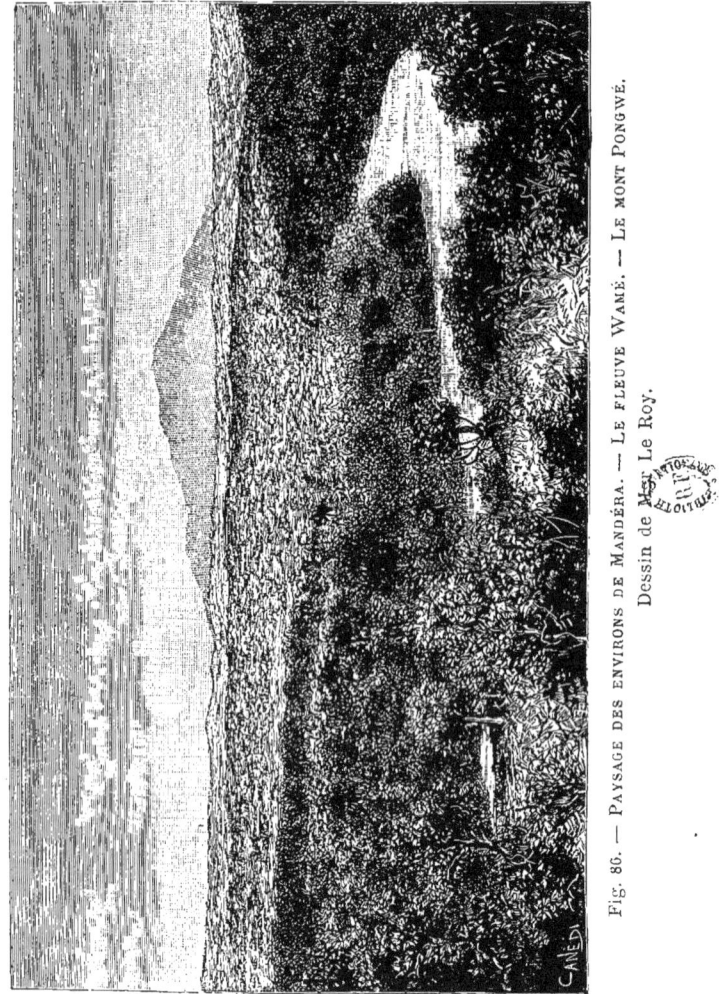

Fig. 86. — Paysage des environs de Mandéra. — Le fleuve Wamé. — Le mont Pongwé.
Dessin de Mgr Le Roy.

déjà fait et nous avons trouvé de l'eau... Ces Européens !

« — Eh bien ?

« — Alors, ayant trouvé de l'eau, nous avons eu peur de l'Esprit qui la garde, car nous l'avions mise à découvert sans sa permission. Et nul d'entre nous n'ose en prendre. »

Je les fais asseoir, je leur parle de Dieu qui a tout créé pour l'homme; je les instruis de mon mieux, et, sur la promesse réitérée de ne plus tuer leurs enfants, je consens à bénir le puits et les détermine, à la suite de cette cérémonie, à creuser plus profondément : ils auront de l'eau, et l'Esprit ne leur en voudra pas...

Mais voyez-vous ces craintes? Eh! bien, c'est le même motif qui leur fait tuer leurs enfants : si l'être humain ne naît pas dans telle et telle condition, s'il y a dans son apparition en ce monde quelque chose d'anormal, on pense qu'il fera le malheur de sa famille et de son village, et on le sacrifie. Or ici les conditions imposées au pauvre petit être sont telles que sur dix, il n'en est pas deux qui les remplissent. Ce sont d'ailleurs d'atroces vieilles femmes qui, seules, sont préposées à cette espèce de douane de la vie et de la mort, et une fois qu'elles ont tordu le cou à un de ces innocents, elles ne s'arrêtent plus, il faut que tous les enfants y passent! N'y a-t-il donc plus de cordes à la côte pour qu'on n'en décore pas le cou de ces abominables sorcières?

Cependant, à mesure que nous approchons de la mission de Mandéra (*fig.* 86), les figures deviennent plus gaies, les villages plus animés, les enfants plus nombreux : c'est déjà un commencement d'influence.

Nous entrons : grande est la joie ! Le P. Supérieur est justement en train de juger un différend que deux villages voisins ont apporté à son bienveillant tribunal. Le P. Félix Boulé, qui l'assiste dans les cas difficiles,

Felix qui potuit rerum cognoscere causas,

fait pour l'instant, à l'ombre d'un oranger, le catéchisme

Fig. 87. — Allée de cocotiers de la mission de Bagamoyo. — Dessin de Mgr Le Roy.

préparatoire au baptême prochain ; il est vraiment magnifique avec sa figure austère, ses gestes mesurés et sa longue barbe aussi rouge que patriarcale. Pas loin de là, le F. Alexandre Favre, un ancien et un vaillant, rassemble des matériaux pour sa nouvelle église.

Mais aussitôt que, par quelques coups de fusils de nos porteurs, Mgr de Courmont est signalé, chacun quitte son travail, on se précipite à la cloche qui sonne à toute volée, et en quelques instants tout le village chrétien d'à côté est là, sans parler des autres voisins et des passants.

« — Et dire qu'hier, fait le Père Supérieur, nous avions reçu de vos nouvelles par Zanzibar et Bagamoyo !

« — Quelles nouvelles ?

« — Que vous étiez morts en chemin !

« — Rien que morts ?

« — Oui, mais pas tout à fait. On avait appris de Pangani que deux revenaient : Mgr de Courmont et un seul Père ; le troisième avait disparu chez les Massaïs. Et les uns disaient : « — C'est le P. Auguste Gommenginger, « car c'était le plus faible. » Les autres : « — Non. C'est le « P. Le Roy, c'était le plus imprudent... » Mais presque tous ajoutaient : « Quoi qu'il en soit, c'est dommage... »

« De fait, cette triste nouvelle avait circulé à Zanzibar, et j'ai su plus tard que le *reporter* d'un journal l'avait signalée. Quelques confrères d'Amérique et Sierra-Leone, ayant lu cette feuille, prièrent aussitôt pour le repos de ma pauvre âme, et je tiens ici à les remercier publiquement. Mais il faut dire que je n'ai pas été moins touché, quelque temps après, lorsque j'ai reçu la lettre d'un excellent ami qui avait lu la même chose et qui m'écrivait pour savoir si c'était vrai... »

Nous traversons le *Doé*, pays de collines et d'anthropophages, plus peuplé, plus cultivé que le *Zigoua*. En ce moment tout y est tranquille, mais comment passer ici sans se rappeler toutes les tribulations que j'y ai connues avec le regretté P. Charles Gommenginger, mort depuis héroïquement au Tana, lorsque nous y vînmes pendant la guerre allemande et qu'un de nos porteurs fut mangé devant nous, au piment et au sel!

※
※ ※

Enfin, voici le fleuve que nous traversons sur une lourde embarcation : nous touchons les premières campagnes de Bagamoyo!

Aussitôt que la ligne des cocotiers de la Mission annonçant le terme de nos étapes a paru (*fig.* 87), on se forme en longue file indienne, on prépare la poudre et les fusils, on se fait un accoutrement extraordinaire avec des peaux de singes, des casques de plumes, des colliers de perles, et autres curiosités plus ou moins pittoresques que chacun a voulu rapporter du lointain Intérieur, et lentement, majestueusement, on fait son entrée. Mgr de Courmont lui-même doit se soumettre à la consigne et, son grand bâton pastoral en main — j'entends le bâton pastoral que le vieux chef de Samé lui a donné — il ferme la marche. Alors, au signal donné, ces braves gens de porteurs qui ont fort exercé notre patience pendant ces trois mois, mais à qui maintenant tout est pardonné, entonnent un chant massaï magnifiquement réussi qui remplit les passants d'une admiration profonde. On accourt, les coups de fusils partent, les acclamations s'entre-croisent, les cloches sonnent, la chapelle s'ouvre et on remercie Dieu! le voyage est fini!

DEUX ANS PLUS TARD

La relation de cette expédition apostolique, souvent demandée, n'a pu être donnée que bien tard : le missionnaire a tant de métiers à faire, de si divers et de si absorbants, que peu de temps lui reste pour raconter à ses amis inconnus les nouvelles des terres éloignées où il accomplit son pèlerinage. Par bonheur, il est parfois malade, et c'est alors que, ne pouvant faire autre chose, il écrit...

Mais, du moins, ce retard aura eu du bon : il aura servi à laisser couler le temps, se développer l'effort de l'homme et fructifier la grâce de Dieu.

Sans doute, parmi les pas que fait le missionnaire au pays sauvage, il en est de perdus; mais ils ne le sont pas tous. Il souffre aussi quelquefois, tantôt des choses, tantôt des bêtes, tantôt des hommes, souvent de tout. Mais lorsque, plus tard, regardant derrière lui, là-bas, au fond de cette Afrique à qui il a donné son âme, il voit percer la clarté où il n'avait précédemment vu que ténèbres, il oublie les tristesses du passé pour n'en voir que les charmes, il fait face au présent, il espère en l'avenir, et avec quel bonheur il remercie Dieu!

.˙.

A Mombassa, où nous avions dû camper sous les manguiers qui bordent la ville, une mission qui vient d'y être établie nous recevrait aujourd'hui et une soixantaine de catholiques nous y feraient escorte. De là au Kilima-Ndjaro, par Taita, la route est relativement courte et le ravitaillement facile. A mi-chemin, dans les superbes montagnes de Goura, Mgr de Courmont vient de fonder une mission nouvelle, dont un ancien, le P. Mével, a été chargé.

.˙.

Au Tchaga, le major Wissmann, secondé par M. d'Eltz, a dû organiser une expédition militaire contre Sina, chef de Kibosho : le vieux lion de la montagne s'est admirablement défendu ; mais devant les fusils perfectionnés et les mitrailleuses Maxim, il a dû finir par s'humilier.

L'autorité de Ngaméni, au Matchamé, étant néanmoins toujours précaire, le P. Auguste Gommenginger a fondé la mission chez Foumba, à Kilima. Fidèle à ses engagements, mon excellent frère de sang a donné une grande bananeraie, beaucoup de terrain, du bois, de l'eau. Deux autres missionnaires, le P. Rohmer et le F. Blanchard, plus tard aussi le P. Flick, ont rejoint le premier, avec une vingtaine de jeunes ménages chrétiens sortis de nos orphelinats de Bagamoyo ; et aujourd'hui l'église surmontée de la croix, les grandes maisons en briques, les jardins où poussent les légumes et les fleurs d'Europe, les champs qu'on cultive, annoncent au voyageur étranger que la civilisation évangélique a commencé sur la grande montagne,

La station est à 1,400 mètres : il n'y a plus de fièvres, mais le froid y est déjà sensible.

Les dimanches et les autres jours de la semaine, l'affluence est grande chez *Monpéra*; les parents apportent leurs petits enfants avec prière de leur verser de l'eau de Dieu qui purifie les âmes; l'école est ouverte, et les premiers élèves ont été les enfants du chef, cet excellent Mbaroukou, qui s'ornait le cou de nos perles bleues, et ce

Fig. 88. — Kirita, fils de Fumba et premier élève de la mission.

délicieux petit Kirita, qui aux perles préférait (*fig.* 88) les morceaux de sucre. Beaucoup d'autres se présentent, mais cet établissement est gratuit, et le parfait clérical qui le dirige a le regret de manquer souvent de ressources pour nourrir et habiller, si légèrement qu'il nourrisse et qu'il habille, tout ce petit monde. Des États voisins, de Marangnou, de Kiroua, les chefs, eux aussi, ont envoyé leurs enfants. Sina lui-même, le fameux Sina, qui voulait nous occire le jour que vous savez et qui l'aurait fait tout net, sans nos chapeaux, fait maintenant les instances les plus vives pour avoir une mission semblable à celle de Foumba.

***

Le P. Auguste est allé le voir :

« Quelle différence, écrivait-il à la suite de ce voyage, entre notre réception de l'an dernier et celle-ci ! Il faut ici une station. Des enfants pour les écoles? Il y en a des fourmilières, que c'en est une bénédiction ! »

***

D'un autre côté, les Allemands, dont la bienveillante faveur envers la mission catholique ne s'est jamais démentie, ont transporté leur station de Motchi à Marangnou, chez Miralé.

Mandara est mort et a été remplacé par son fils Méli. Mais celui-ci n'a pas gardé avec les « alliés d'Europe » l'amitié intéressée que leur avait vouée son père, et, à la suite de difficultés qui paraissaient d'abord peu sérieuses, il a repoussé et massacré une expédition allemande commandée par le lieutenant von Bülow et qui, jusqu'à présent, n'a point été vengée.

La mission protestante anglaise a dû se retirer à son tour.

Pour nous, au milieu de tous ces troubles, nous nous sommes maintenus sans que l'amitié de Foumba ait jamais faibli, sans que Sina ait cessé de nous réclamer. Daringo est toujours là, attaché maintenant à la mission comme chef de nos caravanes et catéchumène loyal.

Les Massaïs ont été malheureux. A la suite d'une épizootie terrible, ils ont perdu presque tous leurs troupeaux et sont réduits à la misère, une misère effrayante.

Fig. 89. — Séliman, le cuisinier de la caravane. — Dessin de Mgr Le Roy.

Que faire, eux qui n'ont jamais travaillé! Apprenant que les frères de ceux qui avaient passé dans leurs campements sont établis à Kiléma, ils s'y sont rendus, ils y ont reçu quelques secours, ont cherché à vivre aux environs et ont laissé là, pour qu'on les nourrisse, les élève et les instruise, une vingtaine de leurs enfants. Qui sait? C'est peut-être le point de départ de la prochaine évangélisation de cette race superbe, qu'on ne peut connaître sans l'aimer...

Et Séliman? Ah! Séliman (*fig.* 89)!

Le pauvre vieux a perdu son frère. On ignore combien de pleurs, à cette occasion, il a versés en son gilet; mais ce qui est certain, c'est qu'il se trouvait là pour présider à la cérémonie funèbre et que, à la suite, il fut acclamé comme chef : « Le roi est mort, vive le roi! »

A la suite de cette élévation soudaine, plus de nouvelles de lui pendant plus de trois mois.

Or, voilà qu'un soir où il faisait grand vent, un pauvre vieux frappa à la porte de la mission de Zanzibar, demandant à entrer pour passer la nuit.

Miséricorde! C'est notre Séliman en personne qui nous supplie de le recevoir comme voyageur et cuisinier, disant avec une conviction touchante et un français déplorable : « Moi fini crevé d'ennui. Trop vieux pour sultan, donne à moi mon marmite! »

Impossible de résister à cette humble requête. Nous introduisons Séliman pour le reste de ses jours, nous soignons les plaies qu'il s'est faites aux jambes, et, ce qui vaut encore mieux que tout le reste, nous le mettons au régime du catéchisme, que, chose singulière! il n'avait jamais voulu accepter jusque-là. Au ciel, lecteur, vous le retrouverez baptisé et, je l'espère, lumineux et gentil comme un chérubin...

Pauvre cher monde, adieu!

Adieu! grandes savanes, fleuves ombreux, montagnes superbes! En vous quittant pour toujours, soit qu'il meure ou qu'il se déplace, le missionnaire a, du moins, la consolation d'entrevoir en partant la lumière de la foi se lever sur votre horizon, comme celle du soleil, aux premier feux de l'aurore, éclaire là-haut le dôme majestueux du Kibô...

Gloire donc à Dieu et à son Christ, louanges à Marie-Immaculée et paix sur la terre d'Afrique aux hommes de bonne volonté!

FIN

TABLE DES MATIÈRES

Avant-propos. vii

I. Le Kilima-Ndjaro. — Etymologie. — Découverte. — Exploration. — Son intérêt scientifique, politique et religieux. — En route!. . . 3

II. A Mombassa. — Arrivée à Mombassa. — En contravention avec les lois. — Nouvelles recrues. — Sauvons-nous! — Notre itinéraire. 15

III. En panne. — Premiers embarras. — Likoni et les environs de Mombassa. — La caravane : son personnel, son matériel. . . . 23

IV. Au pays Digo. — De Mombassa à Vanga. — Physionomie du pays. — Le peuple Digo. — Chez le chef Koubo. — Armes et poisons. 35

V. A Gassi. — Chez un négrier de marque. — Un homme intrigué. — Le repaire. — Un excellent guide à bon marché. 53

VI. Plus loin. — Un beau pays désert. — Attaqués par les Amazones. — Fourmis d'Afrique. — Le pays Voumba et ses palmiers. — Le puits du Diable. 63

VII. A Vanga. — A qui est Vanga? — La ville et son monde. — Le secret d'un grand sorcier. — Sauvetage d'un innocent. — En grève. — Une porte de prison. 77

VIII. Les premières montagnes. — Le cours de l'Oumba. — Autre physionomie de pays. — Bwiti. — Séguédyous et Taitas. — Le passage de la montagne. — La savane africaine. — A Dalouni. — Un gros enterrement. 91

IX. La marche au désert. — Médecin et dentiste. — Chez des voleurs de grand chemin. — La marche de nuit. — Sur un pavé de fer, à midi. — Le désert de Gourouva. 109

X. La vallée de l'Oumba. — Les sources de l'Oumba et son cours. — La vallée, son aspect, ses habitants. — Une réunion contradictoire. — L'Islam. 123

XI. Le passage du col de Mbaramou. — En garde contre l'ennemi. — Face au danger! — Sur le col de Mbaramou. — Une nuit de misères. 143

XII. A Gondja. — Un campement Massaï. Le village de Gondja. — Un traitement contre le Diable. 151

XIII. Paré. — La chaîne de Paré. — Un salut mélodieux. — A Kisiwani. — Le Roi de la création. — En vue du lac Dyipé. — Les Indigènes. 159

XIV. Au lac Dyipé. — Perdus et retrouvés. — Sur l'antilope. — Le bonheur des premiers âges. — Une rude étape. — Double alerte. — Le Dyipé et ses bords. — Le Diable dans le corps du guide. — Un coucher de soleil. 177

XV. Tovéta. — L'oasis de Tovéta. — Campement et accueil. — Un Éden africain. 203

XVI. Sur la montagne : Kiléma. 225

XVII. Sur la montagne : A Motchi. — Une vue du Kibô. — Par monts et par vaux. — M. d'Eltz et la station allemande. — La mission de l'Église anglicane. — Chez Mandara. — Les brouillards et le coin du feu. 245

XVIII. Sur la montagne : Matchamé. — En route pour Matchamé. — Révolution et guerre civile. — L'aspect général du pays. — Une position intéressante : en face de l'Éternité. 263

XIX. Sur la montagne : Kibosho. — A Kibosho. — S. M. Sina. — Dans l'antre du lion. — La danse des guerriers, prélude de la bataille. — Accord final. — A quoi tient le salut. — La joie de vivre. . . . 281

XX. L'Ascension — Excelsior! A travers les hautes cultures, les taillis et la forêt vierge. — Une nuit sur les hauts plateaux. — Une Messe pour l'Afrique sur un autel de 6,000 mètres. — L'escalade. — Perdus et retrouvés. 299

XXI. Le massif du Kilima-Ndjaro. — Aperçu général. — Le climat. — La constitution géologique. — La Flore. — La Faune. 327

XXII. La population du Kilima-Ndjaro. — Le type des Tchagas. — Les mœurs. — Le gouvernement. — Les idées religieuses. — La langue. 345

XXIII. A Kahè. — Nouvelles de Sina. — Décision finale : ce sera chez Foumba notre vieux frère. — Kahé. — Sous la forêt tropicale. — Le trou aux éléphants. — Le Colobe à camail. — Le coup du docteur. 371

XXIV. Au Bas-Arousha. — En plaine. — La chasse au désert. — Le poste et le pays du Bas-Arousha. — L'heure de la séparation. — Un rhinocéros au bout du fusil. 383

XXV. Au pays Massaï. — La caravane. — Au pied de Paré. — Ces dames. — Le désert. — Chez les Massaïs. — Chez Mwana-Mana. — Chez les Ndorobos. — La bénédiction d'un peuple. 397

XXVI. Les Massaïs. — Le pays massaï. — Frères ennemis. — Gouvernement et genre de vie. — Type et toilette. — Armes et ustensiles. — L'existence massaïe. — Les croyances. 413

XXVII. Le Sambara. — La fin de Paré. — Dans le pays Sambara. — Chez le sultan Sambodya. — Un oiseau indiscret. — Un homme, une chèvre et un crocodile. — Les indigènes. 435

XXVIII. Le Zigoua, le Doé, la Cote. — Moyen d'avoir des vivres. — Chez le frère de Séliman. — Une tribu qui se suicide. — A Mandéra. — Dans le Doé. — Chez nous!. 445

Deux ans plus tard. 459

PARIS. — E. DE SOYE ET FILS, IMPRIMEURS, 18, RUE DES FOSSÉS-SAINT-JACQUES.

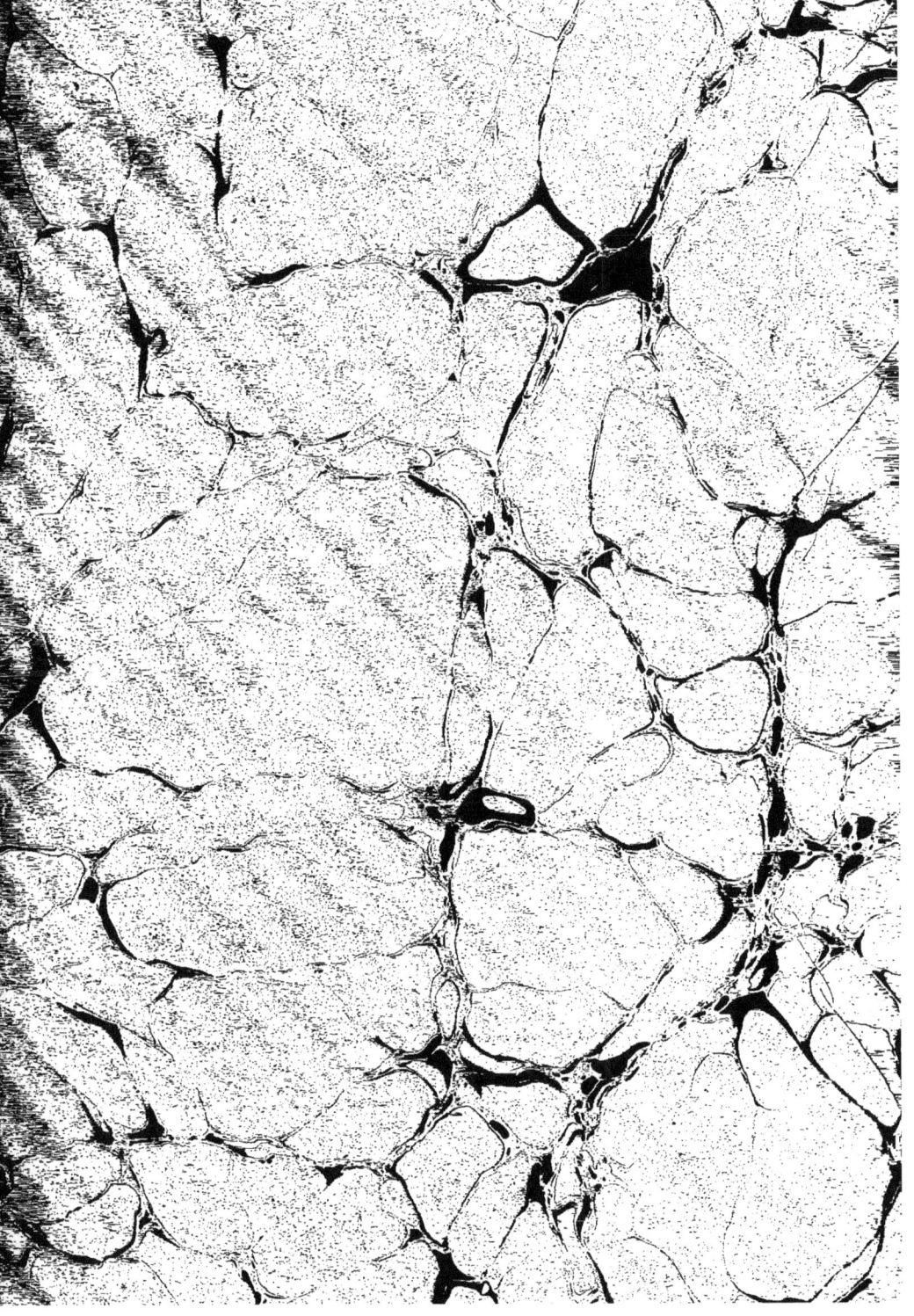

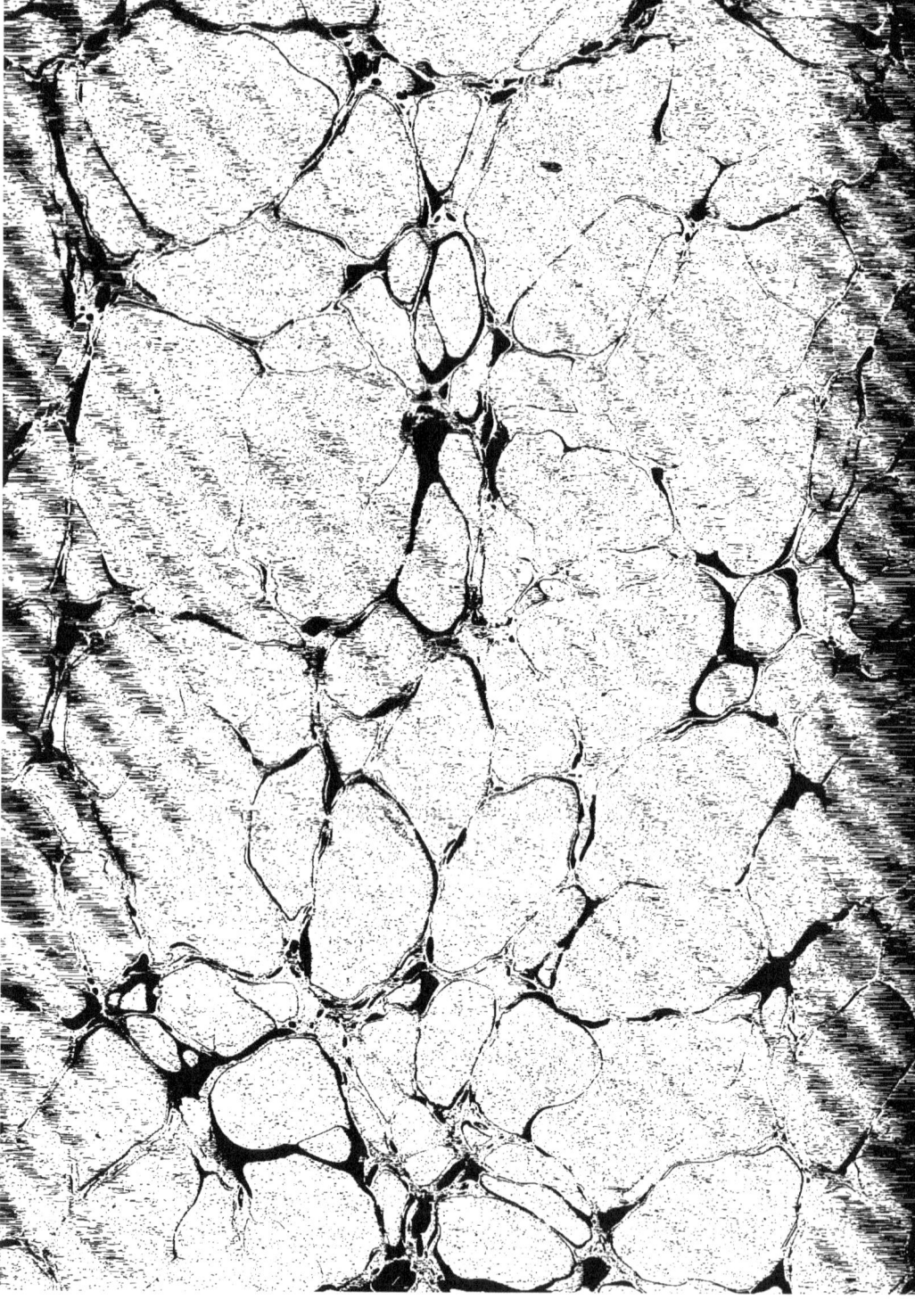

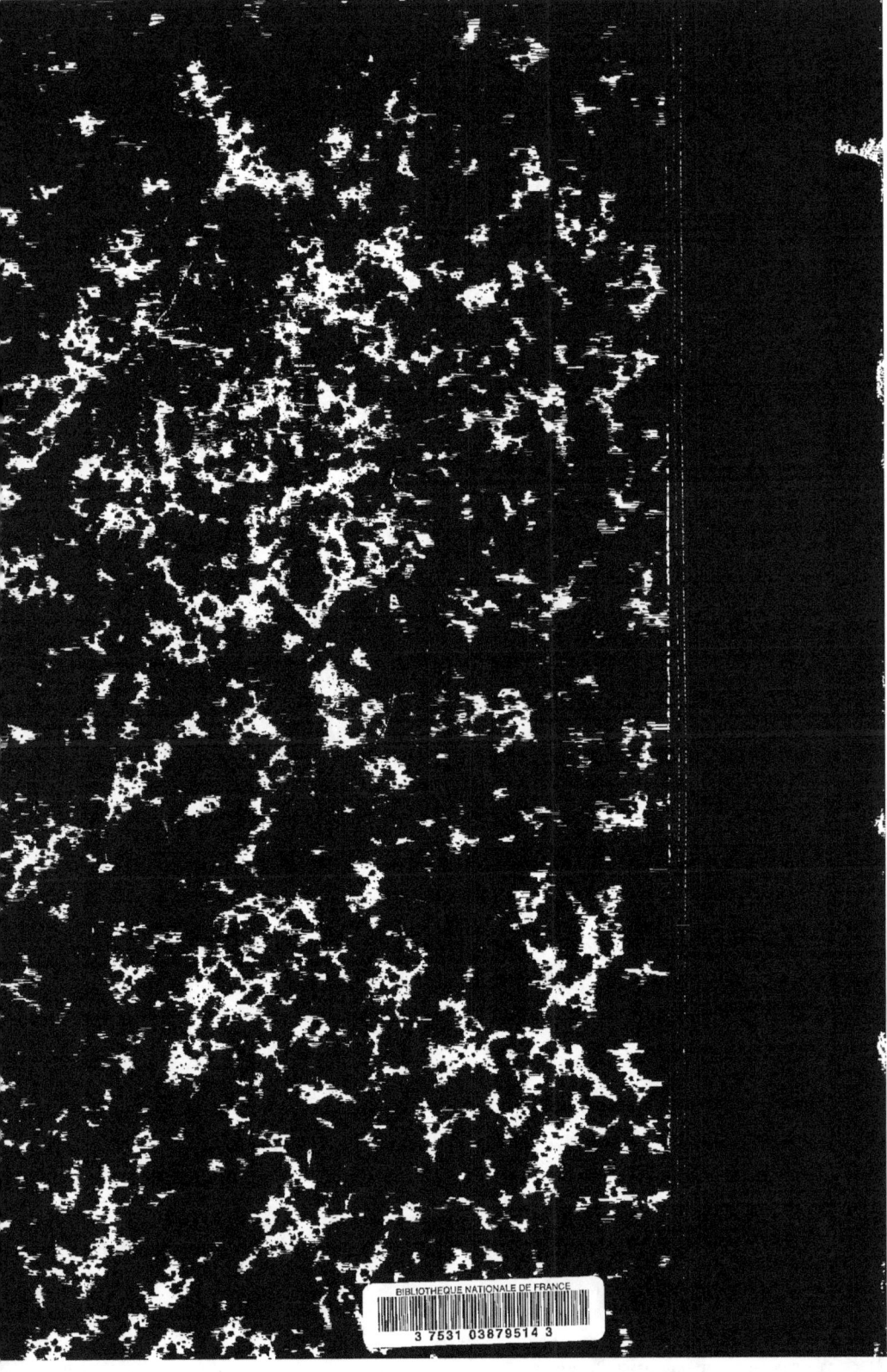

www.ingramcontent.com/pod-product-compliance
Lightning Source LLC
Chambersburg PA
CBHW060222230426
43664CB00011B/1525